西安石油大学优秀学术著作出版基金资助
国家社会科学基金项目资助

农村公共品
供给效果评估研究

唐娟莉 著

中国社会科学出版社

图书在版编目(CIP)数据

农村公共品供给效果评估研究／唐娟莉著．—北京：中国社会科学出版社，2018.11

ISBN 978-7-5203-2928-6

Ⅰ.①农⋯ Ⅱ.①唐⋯ Ⅲ.①农村—公共物品—供给制—研究—中国 Ⅳ.①F299.241

中国版本图书馆 CIP 数据核字（2018）第 172974 号

出 版 人	赵剑英
责任编辑	刘　艳
责任校对	陈　晨
责任印制	戴　宽

出　　版	中国社会科学出版社
社　　址	北京鼓楼西大街甲 158 号
邮　　编	100720
网　　址	http://www.csspw.cn
发 行 部	010-84083685
门 市 部	010-84029450
经　　销	新华书店及其他书店

印　　刷	北京明恒达印务有限公司
装　　订	廊坊市广阳区广增装订厂
版　　次	2018 年 11 月第 1 版
印　　次	2018 年 11 月第 1 次印刷

开　　本	710×1000　1/16
印　　张	16
插　　页	2
字　　数	227 千字
定　　价	69.00 元

凡购买中国社会科学出版社图书，如有质量问题请与本社营销中心联系调换
电话：010-84083683
版权所有　侵权必究

目 录

第一章 农村公共品供给效果评估的理论基础 …………… (1)
一 相关概念界定 ……………………………………………… (1)
（一）农村公共品 ………………………………………… (1)
（二）收入异质性 ………………………………………… (1)
二 农村公共品供给效果相关理论 ………………………… (2)
（一）农村公共品相关理论 ……………………………… (2)
（二）农村公共品供给水平相关理论 …………………… (7)
（三）农村公共品供给效果相关理论 …………………… (12)
（四）消费者行为理论 …………………………………… (19)
（五）集体行动理论 ……………………………………… (22)
三 本课题研究理论体系框架 ……………………………… (24)

第二章 农村公共品供给现状及特征分析 ……………… (25)
一 农村公共品供给现状分析 ……………………………… (25)
（一）农村公共品供给规模 ……………………………… (26)
（二）农村公共品供给结构 ……………………………… (40)
（三）农村公共品供给区域差异 ………………………… (44)
（四）公共品供给城乡差异 ……………………………… (46)
（五）农村公共品供给国际差异 ………………………… (50)
二 农村公共品供给特征分析 ……………………………… (53)
（一）农村公共品供给主体呈现多元化趋势 …………… (53)

1

（二）农村公共品供给资金来源渠道呈现多样化
　　　趋势 ………………………………………………（54）
　（三）农户对农村公共品的需求呈现层次性与
　　　高标准化 …………………………………………（55）
　（四）农户对农村公共品的供给意愿呈层次性 ………（57）
　（五）农村公共品供给农户参与方式多样化 …………（58）
　（六）农村公共品供给农户满意度较高 ………………（59）
　（七）农村公共品供给农户参与满意度处于中等水平 ……（60）

第三章　农村公共品供给水平测度 ………………………（62）
　一　以往文献回顾 …………………………………………（63）
　二　农村公共品供给水平评价指标体系 …………………（66）
　　（一）农村生产性公共品 ………………………………（66）
　　（二）农村生活性公共品 ………………………………（67）
　　（三）农村保障性公共品 ………………………………（67）
　三　研究方法 ………………………………………………（68）
　　（一）熵值法 ……………………………………………（69）
　　（二）因子分析法 ………………………………………（70）
　　（三）聚类分析法 ………………………………………（70）
　四　农村公共品供给水平实证检验（时间维度）………（71）
　　（一）数据来源及说明 …………………………………（71）
　　（二）熵值评价过程与结果分析 ………………………（73）
　　（三）结论与启示 ………………………………………（75）
　五　农村公共品供给水平测度与比较（空间维度）………（77）
　　（一）数据来源及说明 …………………………………（77）
　　（二）因子分析的合理性和有效性 ……………………（79）
　　（三）主因子的提取及含义的解释 ……………………（82）
　　（四）主因子得分及排名 ………………………………（85）
　　（五）聚类结果分析 ……………………………………（89）
　　（六）结论 ………………………………………………（91）

目 录

第四章 基于宏观层面（政府视角）的农村公共品供给绩效评价…………………………………………（93）
- 一 以往文献回顾 ………………………………………（94）
  - （一）农村公共品供给绩效评价方法相关研究………（94）
  - （二）农村公共品供给绩效影响因素相关研究………（96）
- 二 模型选取 ……………………………………………（97）
- 三 变量选取与数据说明 ……………………………（100）
  - （一）投入与产出变量的选取 ………………………（100）
  - （二）环境变量的选取 ………………………………（100）
  - （三）数据说明 ………………………………………（102）
- 四 实证分析 …………………………………………（103）
  - （一）第一阶段 DEA 结果分析 ……………………（103）
  - （二）第二阶段 SFA 回归结果分析 ………………（106）
  - （三）第三阶段调整的 DEA 结果分析 ……………（111）
  - （四）调整前后的比较分析 …………………………（113）
- 五 小结 ………………………………………………（117）

第五章 收入异质性视角下农户对农村公共品的需求偏好分析…………………………………………（119）
- 一 以往文献回顾 ……………………………………（120）
  - （一）需求偏好显示 …………………………………（121）
  - （二）需求意愿及其影响因素 ………………………（121）
  - （三）农户收入差异性 ………………………………（122）
- 二 模型构建 …………………………………………（123）
- 三 数据来源与变量选择 ……………………………（125）
  - （一）数据来源 ………………………………………（125）
  - （二）样本描述 ………………………………………（125）
  - （三）变量选择 ………………………………………（129）
- 四 模型估计与分析 …………………………………（132）
  - （一）Logistic 模型估计结果 ………………………（132）

3

（二）结果分析与讨论 …………………………………（133）
　五　小结 ……………………………………………………（136）

第六章　基于农户收入异质性视角的农村公共品供给效果评价 …………………………………………（138）
　一　以往文献回顾 …………………………………………（139）
　二　农户收入异质性与农村公共品供给效果之间的关系 ……………………………………………………（143）
　　（一）农户收入异质性与农村公共品有效供给之间的关系 …………………………………………………（143）
　　（二）农户收入异质性与农村公共品供给效率之间的关系 …………………………………………………（145）
　三　不同收入层次农户对农村公共品供给效果的评估 ……（147）
　　（一）研究假说 …………………………………………（147）
　　（二）模型设定、数据来源与变量选择 ………………（150）
　　（三）实证分析 …………………………………………（156）
　四　小结 ……………………………………………………（163）

第七章　案例研究 …………………………………………（164）
　一　案例一：农村道路——基于农户收入异质性视角的农村道路供给效果评估 ……………………………（164）
　　（一）以往文献综述与研究假说 ………………………（165）
　　（二）数据来源及说明 …………………………………（169）
　　（三）农村道路供给效果的评估 ………………………（171）
　　（四）农村道路供给效果评估影响因素的实证检验 …（175）
　　（五）本部分小结 ………………………………………（183）
　二　案例二：农村饮水——基于农户收入异质性视角的农村饮水供给效果评估 ……………………………（184）
　　（一）以往文献回顾与研究假说 ………………………（186）
　　（二）数据来源及说明 …………………………………（190）

（三）农村饮水供给效果的评估 ……………………………（192）
　　（四）农村饮水供给效果评估影响因素的实证检验 …（195）
　　（五）本部分小结 ……………………………………………（205）

第八章　现有农村公共品供给机制研究 …………………（207）
　一　农村公共品供给机制的模式表征 …………………………（207）
　　（一）政府供给模式 …………………………………………（207）
　　（二）市场供给模式 …………………………………………（208）
　　（三）社区供给模式 …………………………………………（209）
　　（四）自愿供给模式 …………………………………………（210）
　二　农村公共品供给机制的有效构建 …………………………（211）
　　（一）需求表达机制 …………………………………………（211）
　　（二）决策机制 ………………………………………………（212）
　　（三）筹资机制 ………………………………………………（214）
　　（四）生产管理机制 …………………………………………（215）
　三　农村公共品供给机制的政策支撑 …………………………（216）
　　（一）优化财政体制 …………………………………………（216）
　　（二）实现多元主体供给路径 ………………………………（217）
　　（三）健全农村基层治理的制度体系 ………………………（218）
　　（四）完善监督约束机制 ……………………………………（219）

第九章　优化农村公共品供给效果的政策措施 …………（221）
　一　农村公共品供给效果低下的原因分析 ……………………（221）
　　（一）公共选择问题（宏观效率损失）……………………（221）
　　（二）委托—代理问题（微观效率损失）…………………（225）
　二　优化农村公共品供给效果的政策建议 ……………………（228）
　　（一）优化农村道路供给效果的政策建议 …………………（229）
　　（二）优化农村饮水供给效果的政策建议 …………………（232）

参考文献 …………………………………………………………（234）

第一章 农村公共品供给效果评估的理论基础

一 相关概念界定

(一) 农村公共品

农村公共品是相对于农村私人品而言的，主要是为农村发展、农业生产、农民生活提供所需的产品或服务。因此，本研究将农村公共品的概念界定为：农村公共品是农村地区为了促进农村发展、推动农业生产、满足农民生活所需而提供的社会产品或服务，这些社会产品或服务具有一定非竞争性与非排他性等特性，覆盖了农村生活的各个方面，涉及大型农业基础、"四通"（道路、桥梁、电网、通信）、水利灌溉设施、生态林网建设、农村文化站、图书馆、电影等文化娱乐设施，以及医疗卫生保健、农村基础教育、农业信息、农业科研和农技推广等社会化服务。

(二) 收入异质性

彼得·布劳（1991）认为，异质性是一种水平分化现象，是指人口在不同的参数口径（如年龄、教育程度、收入水平、偏好等）上所表现出来的群体之间的差异性。人口被分成的群体数和人们在这些群体之间的分布是决定一个特定的类别参数所表示的异质性的两个条件。一般说来，异质性是对变化的一种把握，是将变化性质化、科学化、规律化。异质性具体可以划分为个体异质性和群体异质性。个体异质性是指具有不同特征的个体由于教育程度、收入水平、行为偏好、年龄的差异所表现出的不同结果,而群体异质性则是指在不同的群体规则、规范等准则下,不同特征群体所呈现出的行为模式是具有差异性的。本研究所指的收入异质性是指不同农户在收入水平上所表现出的差异性。

二 农村公共品供给效果相关理论

(一) 农村公共品相关理论
1. 多中心理论

第三部门供给公共品的理论出现于20世纪70年代后,"多中心理论"是其中最具有代表性的理论。多中心理论是由美国学者奥斯特罗姆夫妇提出的,他们隶属于印第安纳大学政治理论与政策分析研究所。奥斯特罗姆夫妇运用制度理性选择学派的观点,对公共经济的产生及其消费等特性与治理公共事务的主要模式——自组织机制进行研究。他们研究得到的多中心指的是"多中心的、分级的政府制度""治理当局——由公民组建且该组织为公民提供和创造组建的条件与机会"(奥斯特罗姆,施罗德,苏珊温,2000)。

与传统治理理论相比,多中心治理理论具有以下三方面的优点:第一,尽可能地减少公民"搭便车"①的行为、为公民提供多种选择机会及多种更加合理的决策机制。治理当局是通过多中心治理组织为公民提供和创造组建的条件与机会而创建的。如果选择的机会不是一个,而是有多个,这时农民就可以获取很多权利,这些权利类似于"消费者权益"性质,同时,这些权利是通过"用脚投票"或"用手投票"的方式获取的。第二,由于该组织允许公民通过"用脚投票"或"用手投票"的方式来获取自己的权利,所以公民可以使自己的需求偏好得以顺利地表达并得以实现,能够

---

① 所谓"搭便车",是指某些人或某些团体在不付出任何代价(成本)的情况下从别人或社会那里获得好处(收益)的行为。"搭便车"是现代西方经济学家探讨的一个重要话题,在他们看来,产权界定不清、外部性、公共产品等的存在都是"搭便车"产生的根源。大量的"搭便车"现象的产生必然导致社会经济生活的低效。

有效控制公共服务的供给情况，有效防止公共品供给不足或者供给过剩现象的发生。公共品或公共服务体系及其多中心治理体制能够促进社区所偏好的事务状态的持续性，将外部效应事务治理进行内部化处理主要是通过多层级与多样化的公共控制；经济效益的提升主要是通过将产品或者服务进行打包。这样处理的结果就使得公共治理具有和私人治理非常相似的性质，"搭便车"及其由此导致的市场失灵之类的公共困境会大大减少。第三，公共决策的民主性和有效性是多中心治理的重点（任立兵，2006）。

尽管多中心治理具有很多优点，然而，多中心治理并不可能一直都充分发挥其作用，它也有可能会失效。相关学者的研究结果显示，要防止多中心治理的失效即充分发挥其作用，必须满足三个条件：第一，也是最为关键的，不同公共品供给效应的规模必须与其各级地方政府的财政实力相一致；第二，通过采取互利的共同行动，在各个政府部门之间发展合作性安排；第三，政府部门之间的矛盾和冲突通过决策安排来处理和解决。假若多中心的建立缺乏上述三个必要条件，便会引起更多的治理问题。于是，在经济不断建设与发展的同时，对于农村公共品的供给相关问题而言，在政府治理模式变革的过程中，打破过去以往政府独裁的单一统治模式，构建多中心治理模式——包括政府、社会、市场三主体，正是多中心理论最大的应用价值所在（任立兵，2006）。该模式在经济的建设和发展过程中，能够有效地改善农村公共品供给中市场缺位以及市场失灵的问题。

2. 新公共管理理论

20世纪七八十年代，伴随着行政改革运动（比如"重塑政府""再造公共部门"）的不断推进，新公共管理理论逐渐发展和丰富起来，新公共管理理论的主要代表人物是戴维·奥斯本和特德·盖布勒。他们将新公共管理理论的十大特征在其著作《改革政府：企业精神如何改革着公营部门》中进行了阐述。新公共管理理论具有十大特征：①大部分具有企业化的政府都努力促使在产品或服务提供者之间展开竞争；②政府将产品或者服务的控制权从官僚机构那里转向社区，最终授权给公民；③政府通过后果来衡量各部门的实际绩效，而不是其投入；④政府的行为动力来自于他们的目标及其使命，而不是他们所制定的规章条文；⑤政府将他们的范围对象进行了重新界定，顾客是他们的服务对象，让顾客自由选择，选择住房、培训计划、学校等；⑥政府不会在问题堆积如山时才来提供各种服务，而是会防患于未然；⑦它们的精力不仅仅是为了花钱，还为了挣钱；⑧通过权力的下放，积极采取参与式管理模式；⑨不倡导官僚主义机制，而是选择市场机制；⑩关注的重点要发生转变，需要向私人、第三部门等组织添加催化剂，激励私人、第三部门等组织行动起来解决其发展过程中存在的问题，不应该只将简单地提供公共品或服务作为其唯一的目标；创造合理的运营机制，将私人部门和自愿服务等引入公共产品供给，共同解决公共管理问题（奥斯本，盖布勒，1996）。

新公共管理理论与传统公共管理理论相比，发生了许多变化，主要体现在研究方法、研究目标、研究重点、研究思路等方面。新公共管理理论主张研究方法的不断改革创新，鼓励用新方法来研究实际问题；研究的目标转向了公共利益的实现上，将"公共部门与公共机构之间经济效益关系"问题作为研究的重点。新公共管理理论提出了一套全新的思路来解决公共管理实践问题，这些研究思路的变化主要有几个方面：在公共品的供给问题上宁可选择小规模机构来提供，而不愿意选择大规模机构来提供；在劳动的选择上，不愿意选择没有终结的职业承包，而喜欢选择劳务承包的方式来完成其任务；在公共品的提供方式上，宁可选择多元化的主体提供方式，也不倾向于单一的主体供给方式；通过收费方式而不是普通税金的方式提供公共品或服务；在公共品的提供工具方面，不愿意由带有官僚体制的组织或机构来提供，而是喜欢选择独立或私人企业来提供。实际上，在公共品的供给上，不仅要考虑利益问题，还要对官僚机构不断进行健全和拓宽，而且所有这些职能也可以由其他机构来提供，最终应该选择哪种方式来提供公共品，主要的依据是公众对于公共品的需求可以以哪一种方式得到最有效地实现,并且是最经济可行的(布莱克维尔,1992)。

3. 新公共服务理论

新公共服务理论是20世纪80年代由罗伯特·B. 登哈特和珍尼特·V. 登哈特提出的,该理论是在对新公共管理理论进行反思和批判的基础上,将各种修补方案进行归纳总结所提出的公共服务管理新范式(罗伯特,珍尼特,2004)。

第一,对政府职能进行重新界定。该理论认为政府职能旨在服务,其角色是帮助公民提出诉求并给予满足,而非试图控制社会的未来发展方向。政府应该与私人利益机构一起,共同协商解决公共管理的办法。

第二,公共利益是目标。公务员要致力于建立能够共享的、集体的公共利益观念,针对公民的不同利益需求不可简单回应,而应该通过与公民对话清楚表达共同的公共利益,形成共同的价值观念。

第三,战略性思想和民主性行动。鼓励公民参与教育方案和培养公民领袖,能够激发公民的自豪感和责任感,进一步激发公民参与各项事务的强烈意识,为树立共同的公共利益、形成共同的价值观提供良好的思想基础。

第四,公民服务不同于顾客服务。简单地对公民的要求进行回应,而忽视在公民间建立信任和合作关系是十分不妥的。过于注重"顾客"的服务理念可能会产生对自私的人追求短期利益强调过多,而长远的需求和利益可能会被忽略掉。

第五,要重视人在公共管理中的作用。要以人为本,通过合作和分享来运作公共管理实务。

第六,对责任问题的认识要清晰明确。公务员应该对公共管理的各种制度和标准等复杂因素负责。

第七,要重视公民权和公共服务。公民权和公共服务比企业家精神更为重要,公务员在公共资源中,要担任好管理员、监督者以及与民主对话的促进者角色,要认清自己的角色是为公民服务,要懂得分享权力，运用中介服务解决公共问题。

该理论虽然还不成熟，但是公共管理从管理向服务转变，从顾客服务向公民服务转变，避免过于注重短期利益，注重长期利益对当前公共行政理论具有重要的补充意义。

4. 选择性激励理论

传统的经济学理论指出，一个拥有相似利益的群体，其成员应该为了他们的共同利益而付出自己的努力和贡献，从而完成一种集体行动。可是，曼瑟尔·奥尔森教授的著名著作《集体行动的逻辑》里面的观点驳斥了这一传统经济学理论，他指出，传统经济学理论并不能充分阐释集体行动的结果，原因在于，现实中很多与群体成员共同利益一致的集体行动没有实际完成，反而出现个体的自私自利行为，而这些看似理性的个体行为，却致使群体整体利益遭受了很大的损失。曼瑟尔·奥尔森教授的这一理论论断的基础在于，要区分群体的规模，即划分群体的大小。因为群体成员间普遍存在着"搭便车"的心理及行为，所以越大的群体规模，群体成员成功实现集体行动的概率越低，这就是集体行动的困境。

要突破集体行动的困境，就需要外在的激励来打破群体现有的激励结构，以形成新的激励体系，而曼瑟尔·奥尔森教授对集体行动的阐述，恰恰也给出了相似的概念，即如果存在"选择性激励"，那么集体行动的困境就可以在一定程度上得到解决。群体可以通过提供一定的"选择性激励"，来进一步限制群体成员的行为决策空间，并制约各个群体成员之间的利益关系，致使群体成员主动屏蔽其机会主义心理与行为，从而实现对环境不确定的减弱，来进一步降低集体行动过程中的交易成本。"选择性激励"可以有多种类型，概言之，主要包括经济激励（如金钱、物质等）与社会激励（如荣誉、道德等）两个大类，而且在很多集体行动的情形下，社会激励比经济激励在突破集体行动困境时更加有效。

现实中，在农户参与农村公共品供给的过程中，由于农户间存在较强的"搭便车"心理及行为，致使利用一些经济激励的形式，促使农户参与农村公共品供给的措施难以实现应有的作用。然而，采用一些社会激励的形式，可以有效缓解农户参与农村公共品供给的"搭便车"心理及行为，促使农户能够更好地、积极地承担农村公共品供给的成本及费用，从而实现农户参与农村公共品供给。这验证了，社会激励比经济激励在促进农户参与农村公共品供给这一类型的集体行动中更有效果。加之，农户一般生活在一定的村庄内，而村庄内部的农户规模一般变化不大，其农户同质性一般也较高，这就形成了一个"熟人社会"。在这样的一个"熟人社会"里，农户可以有效利用村庄内部各种已有的文化传统和生活习惯，并动员可以使用的各种有利资源，使得农户参与农村公共品供给的需求意愿得以有效表达，并顺利实现农户参与农村公共品供给过程，从而使村庄内部农户形成一种自发的"选择性激励"类型，以进一步完善农村公共品供给的体制机制，以此提高农村公共品供给的效果。

（二）农村公共品供给水平相关理论

1. 农村公共品的需求与供给理论

（1）农村公共品的需求。农村公共品需求是在一定价格水平下，农民对公共品有支付能力的需要。农村公共品的市场需求曲线是农民个人需求曲线的垂直加总，农民对于公共品需求的目的就是得到满足，也就是效用，而公平是农民对公共品需求价值评价的标准。农村公共品的需求具有三个特征：一是农村公共品的需求具有公共性；二是公共品需求的表达方式是以政治方式通过公共渠道来实现的；三是农村公共品的需求难以判定。究其原因，主要有三点：①农民对公共品的需求是多样化的，并具有一定的差异性，加之部分公共品的需求是地方性的，于是，无法用统一的标准或者尺度来衡量每个农民对公共品的需求程度；②难以度量农村公共品需求的变化情况；③农民对公共品需求的数量和标准具有一定的差异性，不同的人对公共品的需求不同。影响农村公共品需求的因素主要有三方面：一是农村的经济发展水平。农民对公共品的需求与该地区的经济发展水平密切相关，高标准化是农民在基本的生产生活条件得到满足之后更进一步的较高层次需求，因此，农村的经济发展水平越高，农民对公共品的需求水平越高、规模越大。二是农民的基本素质及消费观念，这主要会影响到农民对公共品需求的规模、质量和水平。三是农民的收入水平。农民的收入水平与其对公共品的需求息息相关，农民收入水平的高低直接决定了其对公共品需求的大小。当农民的收入水平较低时，农民对公共品的需求比较小，而且以必需型的公共品为主；随着农民收入水平的不断提升，农民对公共品的需求也随之增长，同时对发展型公共品的需求增加。

（2）农村公共品的供给。公共品的供给与私人产品的供给不同，因为公共品的特殊性决定了公共品完全由私人供给是不科学的，会使公共品的供给无效率。然而由政府统一来提供农村公共品，也会产生资源浪费、资源配置不合理、供给不均衡等现象，造成社会福利的损失，因此农村公共品的供给需要多方统一来提供。农村公共品的供给主体主要包括政府、村集体、私人、市场。相应地，农村公共品的供给方式主要有政府供给、私人供给、市场供给、村集体供给，农村公共品供给资金主要有政府财政资金、村集体资金、私人资金等。公共品按其性质可以划分为纯公共品和准公共品（或混合公共品）。

一般而言，农村公共品的主要供给主体是政府。对于纯公共品来说，只能由政府来进行提供，这是由其特性即非竞争性和非排他性所决定的。由于纯公共品同时具有非竞争性和非排他性，使得一个农民消费农村公共品并不能排除其他农民也消费该项农村公共品（由非排他性决定，但往往会导致"搭便车"现象发生），同时也意味着增加一个农民消费所引起的边际成本为零（由非竞争性决定），但是这个农民并不需要支付消费该项农村公共品的费用，然而该项农村公共品的供给是需要成本的。假若由市场来提供该项农村公共品，私人部门必然对享受该项农村公共品的农民进行收费以弥补自己的成本支出，这会导致该项农村公共品的价格升高，最终致使农民放弃消费该项农村公共品。于是，由市场提供纯公共品会出现闲置现象。这说明，在纯公共品的资源配置领域存在市场失灵，因此，纯公共品只能由政府来提供，其成本费用可以通过征税等手段来补偿。

对于具有非排他性的公共品由市场供给所导致的"搭便车"现象，用图1-1来简单地进行解释说明。按照边际收益和边际成本相等的原则，私人部门提供公共品，往往容易导致公共品的供给量低于社会最优量，最终造成社会福利损失。如图1-1所示，横轴和纵轴分别代表公共品的数量与价格，分别用 Q 和 P 来代表，曲线 S 代表供给曲线，曲线 D_1 和 D_2 分别代表个人收益曲线和社会收益曲线。Q_1 代表私人部门提供公共品的最优量，Q_2 代表公共品供给的社会最优量，而未实现的供给量为 Q_1Q_2。

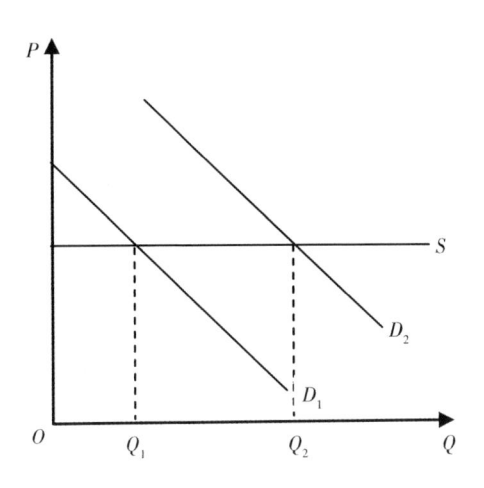

图 1-1　私人部门提供农村公共品

对于准公共品而言，即部分具有非竞争性和非排他性的公共品，可以由政府、市场、营利组织等主体来提供。对于排他性较强而排他的技术成本较低的公共品，就可能收费，此时可以由市场来提供该项公共品。

（3）农村公共品的供求均衡。公共品供求均衡理论模型主要研究确定为满足社会公众的需求，使消费者效用达到最大化时的公共品的供给数量和供给价格。其中，庇古均衡模型和萨缪尔森均衡模型（包括局部均衡和一般均衡）是比较有影响的供求均衡模型。

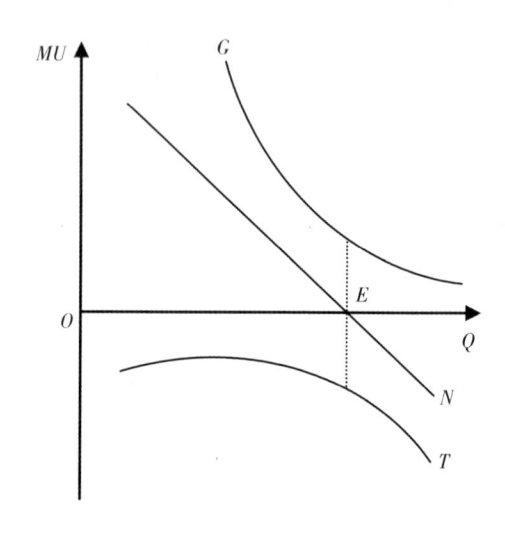

图 1-2　庇古均衡

庇古均衡模型是研究关于资源在公共品与私人产品之间最佳配置的问题。假设每个农民均从消费公共品的过程中受益，即获得正效用，同时又为消费公共品而付费，也就是需要承担相应的税收，即获得负效用，在此将其定义为农民放弃消费私人产品的机会成本。要实现公共品最有效的供给，对于每个个体来说，必须满足公共品的边际效用等于税收的边际负效用条件。图 1-2 是庇古均衡模型图，横轴 Q 代表公共品的数量，纵轴 MU 代表效用水平，公共品消费的边际正效用曲线和税收的边际负效用曲线分别用 G 和 T 代表，曲线 N 代表由公共品消费的边际正效用曲线和税收的边际负效用曲线共同所产生的边际净效用，点 E 是庇古均衡点，此时边际净效用为零，也就是说，此时实现了税收的边际负效用等于公共品的边际效用。在 E 点左边的任意一点，边际净效用曲线 N 位于横轴的上方，表示税收的边际负效用要小于公共品的边际效用，这说明公共部门的资源配置存在不足，则公共部门资源配置向 E 点扩张是理想的，代表资源配置更趋于合理化；相反，在 E 点右边的任意一点，边际净效用曲线 N 位于横轴的下方，表示税收的边际负效用要大于公共品的边际效用，这说明公共部门的资源配置存在超额现象，由合理化向非合理化转变，此时资源配置没有达到最优，需要增加私人产品的消费数量同时减少公共品的消费数量，进而实现社会福利水平的提升。因此，只有在 E 点，资源在公共品与私人产品之间的配置才是最佳的。

萨缪尔森的局部均衡模型：农村公共品的特性即具有非排他性和非竞争性，决定了全体农民消费公共品的边际收益是单个农民消费公共品的边际收益的加总。萨缪尔森的一般均衡模型是利用无差异曲线和生产可能性曲线分析两种产品（公共品和私人产品）、两个社会成员情况下的一般均衡，分析的是在社会可能约束条件下两种产品（公共品和私人产品）供给的一般均衡。萨缪尔森的一般均衡模型利用无差异曲线进行分析所得出的结论是：假定公共品和私人产品均存在，则公共品供给实现帕累托最优的必要条件是产品的边际转换率等于各个消费者的边际替代率之和，即 $MRT_{gx} = MRS_{gx}^1 + MRS_{gx}^2 + \cdots + MRS_{gx}^n$，其中 g 为公共品，x 为私人产品，MRT_{gx} 表示公共品 g 与私人产品 x 之间的边际转换率，MRS_{gx} 表示公共品 g 与私人产品 x 之间的边际替代率。边际转换率实际上表示的是公共品供给的机会成本，边际替代率表示的是各个消费者对公共品相对效用水平的评价。于是，要实现帕累托最优，公共品供给的机会成本要与消费者从消费公共品中所得到的收益相等。

2. 农村公共品最优供给理论

由政府所提供的农村公共品最优规模是多少才合适呢？或者是为了满足农民的需求偏好，进而促使农民的效用达到最大化，应该将农村公共品的供给数量与供给价格（均衡数量和均衡价格）确定在何种水平上才是最优的？本研究在此借助图1-3来进行解释说

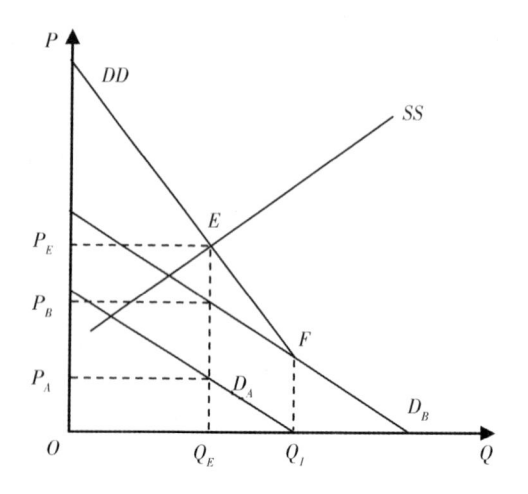

图1-3 农村公共品的最优供给

明。假设社会上只有农户 A 和农户 B 两个人。如图1-3所示，横轴和纵轴分别代表公共品的数量与价格，分别用 Q 和 P 来代表，曲线 D_A 和 D_B 分别代表农户 A 和农户 B 对农村公共品的需求曲线，曲线 SS 代表农村公共品的供给曲线（边际成本曲线）。由于在现实生活中，农户不愿说明其消费公共品的边际效用和愿意支付的税收价格，因此，萨缪尔森称其为"虚拟的需求曲线"。鉴于农村公共品的特性即具有非竞争性和非排他性，一旦提供农村公共品，每个农户必然消费相同的数量，但是公共品的效用评价带有每个农户迥然各异的特征，即每个农户愿意支付的税收价格是不同的，因此，农村公共品的社会总需求曲线是所有农户需求曲线的纵向相加，即 $DD = D_A + D_B$。社会总需求曲线 DD 与供给曲线 SS 的交点 E 是供需均衡点，决定农村公共品的均衡量为 Q_E，均衡价格为 P_E，$P_E = P_A + P_B$。在 E 点实现了社会边际收益与边际成本相等，农村公共品的供给量达到最优。

（三）农村公共品供给效果相关理论

农村公共品有效供给的最终目标是满足农户的公共需求，提高社会福利水平。农村公共品有效供给不能单纯地强调供给效率,还必须考虑公平问题。如果农村公共品供给只强调效率而不讲公平,换句话说农村公共品只是为部分农户或者特殊群体提供的产品或服务,而大多数农民却享受不到,也就是说农村公共品的供给存在不公平现象(非均衡供给),所以纵使农村公共品供给量再多,也并不能表明具有较高的社会福利水平。因此,效率和公平就成了评价农村公共品有效供给的基本准则。

1. 公共品与私人产品的组合效率

公共品与私人产品组合效率问题是研究在现实生产率条件下,如何使全体社会成员的满足程度达到最大化,即实现整体社会福利最大化问题。本研究在此借助无差异曲线和生产可能性曲线来解释说明公共品与私人产品组合效率问题,如图 1-4 所示。假设全社会产品可以划分为两类:公共品和私人产品,图 1-4 中,横轴和纵轴分别表示私人产品和公共品的数量,曲线 U 是一簇无差异曲线,表示在效用水平一定的条件下,不同产品组合的轨迹,可以表示一个社会的偏好,也可以表示一个人的偏好。曲线 AB 是生产可能性曲线,是指在其他条件不变的情况下,消费者效用达到最大化的边界位置。生产可能性曲线 AB 具有向右下方倾斜的特征,这表示在资源和技术既定条件下,沿着生产可能性曲线,公共品供给数量的减少将会导致私人产品数量的增加。生产可能性曲线是由生产契约曲线(满足帕累托效率标准)发展而来的,即生产可能性曲线是具有生产效率的曲线。如图 1-4 所示,点 E 处于生产可能性曲线上,即点 E 是具有生产效率的点;对于位于生产可能性曲线以外的点,如点 C 是不存在的,因为在现有的资源配置和技术条件下都无法实现,也即超越了现有的生产能力;对于位于生产可能性曲线以内的点,如点 D 是不具有生产效率的,或者缺乏效率,因为其所代表效用没有达到最大化,可能存在资源浪费。

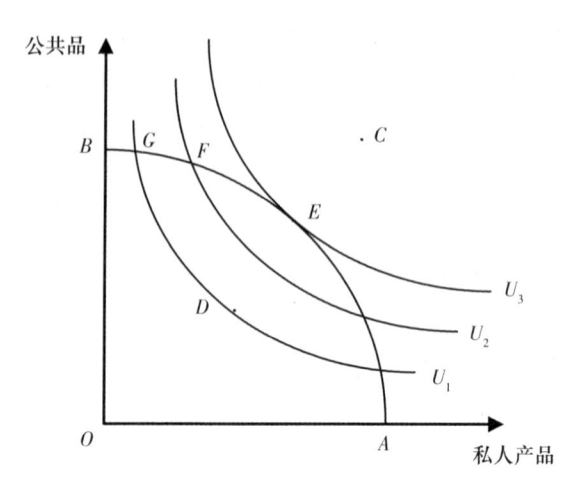

图1-4 公共品与私人产品组合效率

假设无差异曲线簇中的一条无差异曲线 U_1 与生产可能性曲线 AB 的其中一个交点为 G 点，点 G 处于生产的最优状态，但并不一定是最优的产品组合点。在点 G 处，公共品供给数量过多，私人产品供给量不足（私人产品不足的部分由公共品过剩部分所挤占），致使部分福利损失，整体社会福利水平降低。而在无差异曲线 U_1 与生产可能性曲线 AB 的另一个交点上的情况恰好相反，这时私人产品供给过量，公共品供给不足，效用水平较低。若点 G 沿着生产可能性曲线 AB 向右移动时，就可以得到更大效用的产品组合，如 F 点，过 F 点的效用曲线为 U_2，很明显，$U_2 > U_1$。虽然效用水平提高了，但是 F 点仍不是最优的产品组合点，由此可见，上述分析并不符合萨缪尔森的公共品最优供给原则。公共品最优供给是在无差异曲线和生产可能性曲线相切时才能实现，如图1-4所示的曲线 AB 和效用曲线 U_3 的切点 E，此时产品实现了最优组合，不存在至少不降低当前效用水平的其他产品组合，任何组合的重新构建均会造成福利的损失。因此，公共品最优供给的条件是公共品和私人产品的边际转换率等于社会成员消费公共品和私人产品时所获福利的边际替代率，公共品与私人产品组合达到了帕累托效率，实现了社会福利最大化，即 $U_3 > U_2 > U_1$。

2. 农村公共品的均衡供给

通常情况下，公共资源具有很强的流动性，在生产过程中会由于效率水平的变化而自由流动，实现投入产出效率的最优化，进而促使社会经济福利最大化目标的最终实现。要实现农村公共资源配置效率达到最优就要以实现社会经济福利最大化目标为前提。然而，在实际中，由于农民普遍存在"搭便车"的行为及市场失灵现象的时有发生，于是，在市场机制的调节作用下，要实现农村公共资源配置效率的帕累托最优基本上是不可能的，在此种情况下，需要借助于政府的力量，充分调动政府的宏观调控机制，发挥政府的宏观调控功能以弥补市场的不足和缺陷，实现公共资源配置效率的帕累托最优（刘苏社，2009）。虽然帕累托效率标准可以使公共资源配置达到最优，但是其不能很好地体现公平性，无法实现社会公平，正因如此，帕累托效率作为一种评价标准，并不能使全社会成员满意。所以，本研究在此引入"埃奇渥斯框图"来解释说明农村公共品的均衡供给问题，也就是如何配置资源来体现社会公平问题。

假设公共品与私人产品是全社会产品存在的两种形式，农村地区只有两个农户 A 和 B。图 1-5 反映了所有产品在两个农户 A 和 B 之间的分配情况。如图 1-5 所示，曲线 $O_A O_B$ 是契约线，契约线上的所有点满足效率原则；O_A、O_B 分别代表农户 A 和农户 B。横轴和纵轴分别代表私人产品 X 和公共品 Y，分别表示以 O_A、O_B 为原点出发的两类产品 X 和 Y 在两个农户 A 和 B 之间的分配。点 e_1 和点 e_5 分别代表公共品和私人产品的两种配置情况，不同之处在于点 e_1 位于契约曲线上（满足帕累托效率标准），而点 e_5 不在契约曲线上（不满足帕累托效率标准，即缺乏效率）。同理，点 e_2、e_3、e_4 也位于契约曲线上，也是效率点，满足帕累托效率标准。e_1 点（位于埃奇渥斯框图的左下角）的产品配置并非最优，因为农户 A 消费的私人产品和公共品数量分别为 X_A 和 Y_A，均很少，而农户 B 消费的私人产品和公共品数量分别为 X_B 和 Y_B，均偏多。同理，e_4 点（位于埃奇渥斯框图的右上角）的产品配置也并非最优，因为此点上农户 A 消费的私人产品和公共品数量均偏多，而农户 B 消费的私人产品和公共品数量均偏少。很明显，不公平现象就产生了，然而不公平性又与均衡化供给农村公共品这一目标相偏离。虽然点 e_5 位于契约曲线之外，但农户 A 和 B 消费的公共品或者私人产品中的一种是比较多的，于是位于契约曲线之外的点 e_5 与位于契约曲线之上的点 e_1 和点 e_4 相比较，更能体现公平性，但未能体现效率水平。所以，如果一个经济体（社会或组织）不注重公平性，却只讲求效率，那么，e_1 点更符合农户的意愿；若社会不仅看重效率，而且更在意公平性，e_5 点的产品配置情况可能优于 e_1 点，虽然 e_5 点是缺乏效率的。但是，在实际中，是很难找到既满足效率原则又兼顾公平原则的均衡点的（唐娟莉，2016）。

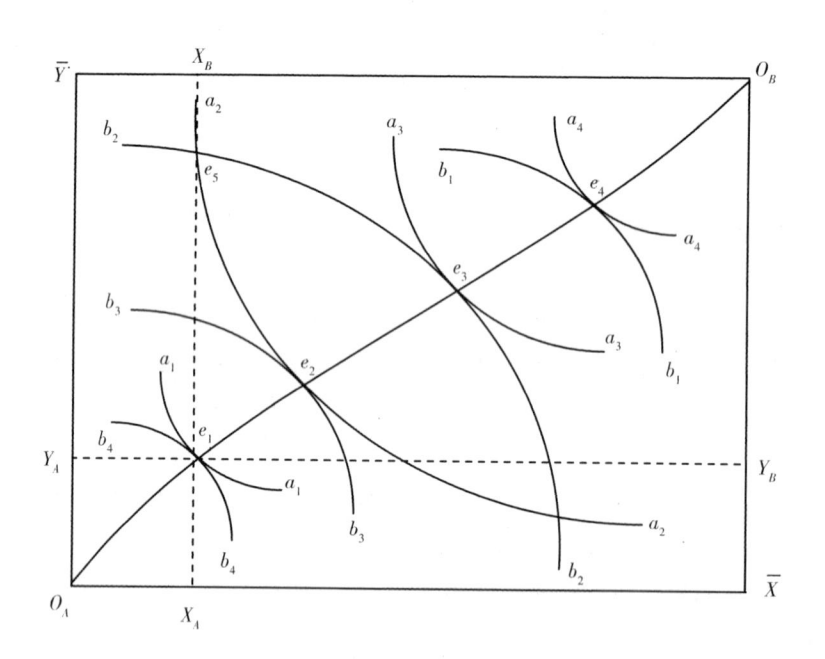

图 1-5　农村公共品的均衡供给

由此可见，帕累托效率准则虽然能使公共资源配置达到最优状态，但是还不能对可供选择的资源配置情况进行排序。究其原因，主要是因为帕累托效率准则的前提条件是个人效用的不可比性，正是由于效用的不可比性，正好说明并验证了要素初始分配状态的合理性（江明融，2007）。公共资源的配置和利用状况都可以通过帕累托效率准则来进行验证，然而无法用其来验证收入分配状态如何体现社会公平，即收入分配达到怎样的状态才是最理想的。所以，必须在兼顾效率的同时，还要考虑社会公平，这样才能正确地判断社会经济运行状况及公共政策的实施效果。

3. 农村公共品供给的"囚徒困境"

公共品与私人产品的供给原理是不同的。私人产品一般由市场关系进行调节供给，而公共品主要是由政府来供给，由于公共品自身的特性（非竞争性和非排他性），消费者大多不会按照其偏好、受益程度来支付公共品价格，致使市场机制无法正常运行，导致市场失灵现象的发生。此外，也正是由于农民不会按照其偏好、受益程度来支付公共品价格，即因有免费享有公共品的心理，所以，"搭便车"行为自然而生。由于农民普遍存在免费"搭便车"的心理，加之"从众效应"的影响，为了追求自身利益最大化，农民可能会隐瞒自己对公共品的真实需求偏好，这样会导致农民需求偏好表达的"囚徒困境"。市场失灵和"搭便车"现象的存在会导致农村公共品供给不足，而私人产品供给却相对过剩。在此，本研究借助博弈论中的"囚徒困境"原理来加以分析说明。

"囚徒困境"是人们出于自身利益的考虑而做出的选择，往往得到对自己不利的结果的一种现象。假设全社会产品可以划分为两类：公共品和私人产品，农村地区只有两个农户甲和乙，并且假定甲和乙都提供公共品和私人产品，甲和乙都对公共品和私人产品具有一定的需求。我们假设将公共品的供给成本定为12个单位，农户甲和乙均可以从公共品的供给中获得10个单位的收益。如果甲和乙都具有两种选择，即合作提供与不合作提供，则可以得到农户甲、农户乙提供公共品的"囚徒困境"博弈的支付模型，见表1-1。

表1-1 公共品供给"囚徒困境"

策略选择		农户乙的策略	
		合作提供	不合作提供
农户甲的策略	合作提供	4, 4	-2, 10
	不合作提供	10, -2	0, 0

如果农户甲和乙提供公共品并平均分摊供给成本，那么农户甲和乙均可以获得10个单位的收益，成本平均分摊之后均为6个单位，净收益均为4个单位。如果农户甲、农户乙仅仅只考虑自己的利益，即如果农户甲选择合作提供而农户乙选择不合作提供，则农户甲的净收益为-2个单位，农户乙的净收益为10个单位；如果农户乙选择合作提供而农户甲选择不合作提供，则农户甲的净收益为10个单位，农户乙的净收益为-2个单位。由此可见，在农户甲或者农户乙策略确定的前提下，农户乙或者农户甲将会选择的策略是不合作提供，这样做主要是为了追求自身利益的最大化，其最终结果就是农户甲和农户乙都不会提供公共品，即选择的策略是（不合作提供，不合作提供）。如果农户甲和农户乙选择的策略是（合作提供，不合作提供）或者（不合作提供，合作提供），那么农户甲和农户乙都存在"搭便车"的心理，要么农户甲提供公共品，农户乙"搭便车"享受农户甲提供的公共品；要么是农户乙提供公共品，农户甲"搭便车"享受农户乙提供的公共品。这样农户甲和农户乙就陷入了公共品供给的"囚徒困境"中。由于公共品和私人产品的供给原理和支付方式不同，所以公共品供给和私人产品供给的"囚徒困境"模式就不相同，这样就会导致公共品和私人产品供给的不均衡，即公共品供给不足，而私人产品供给却相对过剩。每个农户都希望政府能够为其提供更多的公共品供给资金，这样农户之间就会为争取到更多的公共品供给资金而展开竞争，或者是一方期望另一方提供公共品，自己采取"搭便车"行为，这些行为会导致社会效率低下，甚至无效率。因此，要实现公共品的最优配置，需要中央政府充分发挥其在公共品供给上的主导作用，对农村地区进

行投资或者补贴以供给公共品，保障农民基本生产和生活需要。但是政府并不能完全地提供所有的公共品，公共品的供给主要是以政府为主导，要充分发挥村集体、第三部门等社会组织的力量，确保农村公共品的全面充足供给。因此，在农村公共品的供给过程中，需要明确划分政府职责和提供公共品的范围。这一界限的划定就需要建立健全的公共财政制度，这一公共财政制度既要与社会主义市场经济体制相适应，也要与财政本质属性相协调。

（四）消费者行为理论

在对农村公共品、供给水平、供给效果相关理论进行探讨的基础上，本研究认为有必要对消费者行为理论进行探讨，因为农村公共品供给主要是为农民提供产品或服务，农民是其消费者。消费者行为理论又称为效用理论。人们在选择事物或者东西的时候总是选择他们能负担得起的、最好的东西。

根据马克思主义社会再生产环节的基本理论，即生产—分配—交换—消费，农村公共品的供给实际上涵盖了生产、分配、交换三个环节，生产的目的是消费，于是之后的环节必然是对农村公共品的消费。农村公共品供给的目的是满足农民的消费需求（农民的需求呈现出多样化和高标准化的特性），实现农民福利的最大化，促进农民增收和农村经济发展。农村公共品供给通过两个方面间接和直接地对农民消费产生影响。农村公共品按生产性质可以划分为农村生产性和非生产性公共品，以农田水利设施、农村道路、农技推广、农业信息等为代表的农村生产性公共品，主要是直接为农业生产服务，可以有效地提高农业综合生产能力，进而增加农业产出和增加农民收入，以这种方式形成的是收入效应，对农民消费水平和消费结构产生间接影响；以农村教育、医疗卫生、社会保障、文化娱乐设施、通信等为代表的农村非生产性公共品，主要是为农民的生活服务，创造非农产业发展的空间，净化消费环境，扩大消费领域，增加农民对公共品及服务的需求量，促使农民需求个性化、多样化、多层次发展及其需求结构的升级，促使农民的消费水平不断上新台阶,以这种方式形成的是消费效应,对农民消费水平和消费结构产生直接影响。农民对公共品的消费实际上是为了满足心中的某种欲望、增加福利,农民会从公共品的消费中得到一种满足感,这种满足感实际上就是效用。农民的消费包括对公共品的消费,也包括对私人产品的消费,在农民收入一定的情况下,如果农民减少了对公共品的消费,则意味着农民对私人产品的消费就会增加,即农民对公共品的消费与对私人产品的消费之间具有替代关系。因此,此问题就可以转化为消费最优化问题,即效用最大化问题。换言之,在农民收入和产品价格既定的情况下,农民应如何选择对公共品和私人产品的消费数量以使农民对这两类产品的消费组合达到最优,以获得最大的效用。

假定农民的预算收入是既定的,农民的收入用于消费农村公共品和私人产品,农村公共品的价格用农民向政府缴纳的税收表示(罗光强,2002)(政府是农村公共品供给的主要主体),私人产品的价格由市场决定,则农村消费最优化问题就可以转化为以下函数公式:

$$\begin{cases} \max U = f(X,Y) \\ P_X \cdot X + P_Y \cdot Y = I \end{cases} \quad (1-1)$$

式(1-1)中,效用函数用 U 来表示,农民消费农村私人产品和农村公共品的数量分别用 X 和 Y 来表示,P_X 代表农村私人产品的价格,P_Y 代表农村公共品的价格,I 代表农民消费的预算收入。

在农民的消费预算收入约束下,农民消费效用最大化的均衡条件是农村公共品和私人产品的边际替代率(由农民的主观偏好决定,即主观评价)与市场上这两类产品的价格之比(客观评价)相等,即 $MRS_{XY} = P_X/P_Y$;或者农民用1单位货币购买农村公共品得到的效用(Y 上1单位货币的边际效用)与用1单位货币购买农村私人产品得到的效用(X 上1单位货币的边际效用)相等,即 $\dfrac{MU_X}{P_X} = \dfrac{MU_Y}{P_Y}$($MU_X$ 代表农村私人产品的边际效用,MU_Y 表示农村公共品的边际效用)。

$$MRS_{XY} = \frac{P_X}{P_Y} = \frac{MU_X}{MU_Y} \qquad (1-2)$$

另外，此问题也可以借助图形（无差异曲线和预算线）来进行解释说明，见图 1-6。无差异曲线 U 代表效用函数 $U = f(X,Y)$，预算线 AB 代表农民消费的预算收入约束 $P_X \cdot X + P_Y \cdot Y = I$，则农民获得最大效用的均衡点为预算线 AB 与无差异曲线 U_1 的切点 E_1，即农民消费农村私人产品和公共品的最优数量组合为 (X_1, Y_1)。

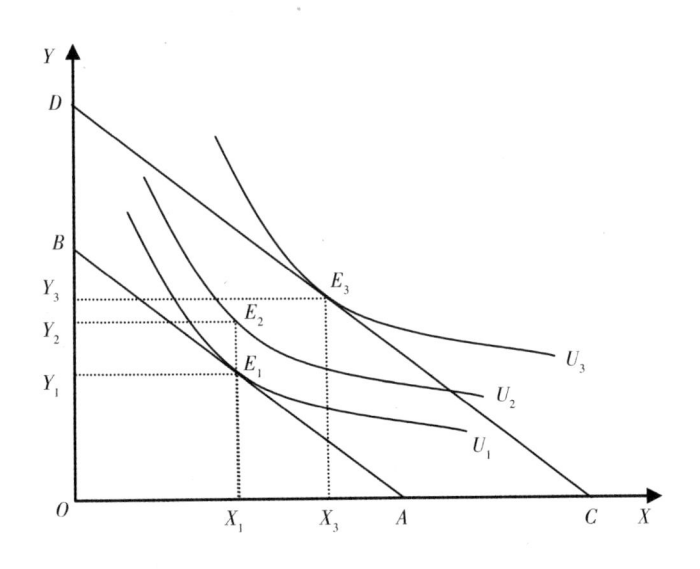

图 1-6 农民消费最优组合问题

从我国农村的实际情况来看，农村公共品供给不足或短缺的现象还较为普遍，公共品供给不足使得农民对公共品的需求及消费处于较低的水平，此外还受到收入、政策、消费观念等因素的限制。图 1-6 中，假定现实中农民对农村公共品的消费处于较低的水平，即点 E_1 为农民消费私人产品和公共品的均衡点，此时农民消费私人产品和公共品的数量分别为 X_1 和 Y_1，农民消费的效用水平为 U_1，即此时，农民的福利在较低的经济发展水平上实现了最大化。现在假定在此较低的经济发展水平上，假若农民对私人产品的消费不变，如果增加农村公共品的供给或者在实行城乡统筹发展的策略下，城市的部分财富用于农村公共品的供给，那么，此时农村公共品的供给水平就会提高（由 Y_1 增加到 Y_2），农民的福利水平（或者消费收益）会相应地提高，农民的效用曲线将会上移到较高的效用水平 U_2 ($U_1 < U_2$) 上，最佳效用点也相应地变为 E_2。事实上，随着农村经济的发展，农民的收入水平不断提高，农民的消费观念也在不断地更新、消费质量也在不断地提高，可见，农民消费需求意愿在不断地提升，过去单一的消费需求已不能满足农民个性化和多样化的需求意愿，于是，为了满足农民多样化和高标准化的消费需求意愿，就必须通过农村公共品的供给来刺激扩大农村的消费需求。农民收入水平的提高会带动消费水平的提升，于是，在农民收入水平逐步提高的过程中，图 1-6 中的预算线 AB 会不断向右平移，假定平移到 CD 位置上，这时与更高的无差异曲线 U_3 ($U_1 < U_2 < U_3$) 相切于点 $E_3(X_3, Y_3)$，此时，农民对私人产品的消费量由 X_1 增加到 X_3，对农村公共品的消费量增加到 Y_3，农民的福利水平进一步提升，在较高的经济发展水平上实现了最大化。由此可见，随着经济的不断发展，农村私人产品消费量增加的同时，农民也会增加对农村公共品消费数量，实际上，代表了农村公共品供给量的增加，如果农村公共品供给不足或者出现短缺现象，就会抑制农民对私人产品的消费。因此，跟随农村经济不断发展和农民收入水平不断提升的步伐，伴随农民需求多元化和高标准化的要求，需适时地提供与农民生产生活相配套的公共品，这样农村潜在的消费能力才能得到提升，才能将潜在消费转化为现实消费，不断扩大农村的消费市场（唐娟莉，2015）。

（五）集体行动理论

集体行动理论由奥尔森于 1971 年提出，其关注的问题为传统经济学忽略的非市场决策问题即公共品提供的问题，该研究隶属于公共选择理论，都以理性人假设为基础，使经济学方法论不仅能解释市场问题，奥尔森还在其著作《集体行动的逻辑》对集体行动理论进行了详细的阐述，指出集体行动的困境。奥尔森区分了集体利益，将其分为排他性、相容性两类。

排他性集体利益为利益主体零和博弈。每个利益主体追求自己的利益最大化，并不考虑集体利益，从而出现"囚徒困境"，以及个体理性与社会理性并不能达成一致。而集体利益意味着资源的外部性、非排他性，即成员不需要投入成本，采取"搭便车"的策略，希望其他成员付出成本提供公共品，免费享用集体公共品，个体成员基于自身利益都不会投入资金，公共品也不能得到提供，从而造成集体不理性。为实现集体理性，必须采用强制等手段促使集体成员对公共品进行投入从而实现集体行动，确保共同利益的实现。这一逻辑同样适合农户参与农村公共品供给问题。

奥尔森还提出相容性集体利益，并指出相容性集体利益能够实现利益主体的正和博弈，从而实现共同利益。为解决"搭便车"问题，以及个体理性与集体理性冲突的困境，奥尔森强调选择性激励的引入，即强调对集体成员采用针对性的激励措施，利用奖励与惩罚措施促使集体成员参与集体行动。激励措施不仅包括物质激励，更为重要的是精神、社会激励。根据激励理论易知，人们关注的不仅是物质利益，名声、优越感、自我实现等也有极大的激励效果。名声能够确保成员顾忌其他集体成员的看法，从而考虑集体成员的利益。优越感即为个人地位的提升，因为尊重需要的满足，确保集体成员愿意损失自身利益为集体利益付出。自我实现意味着成员自我实现价值较高，愿意为集体付出，利他性行为能够有效促进集体行动的实现。当然选择性激励措施往往需要花费成本，如监督成本、实施成本，而随着集体规模的扩大，集体的组织成本增大，选择性激励措施往往代价过大，集体行动也不能实现。因此，通过集体利益的强调，引导集体成员重视集体利益，借助低成本的社会激励与惩罚手段，鼓励集体成员投入集体行动，通过社会压力降低集体成员"搭便车"行为的可能性。

即使是相容性集体利益，集体行动中的"搭便车"行为因为低成本的激励措施的缺乏往往难以克服，集体成员并不能有效地考虑集体利益以及短视性都不可避免地引发了集体理性的失败，而且社会激励机制的匮乏即集体凝聚力的缺失导致了集体行动差强人意、效率低下。此外，集体规模的大小极大地影响社会激励的激励效果，从而影响集体行动的效果，奥尔森指出小集团往往更能实现个人利益与集体利益的一致，即规模越小，集体行动实现的可能性越高，奥尔森的理论很好地解释了现阶段中国农户为何缺乏参与农村公共品供给的动力。

三 本课题研究理论体系框架

本课题研究理论体系框架如图1-7所示。

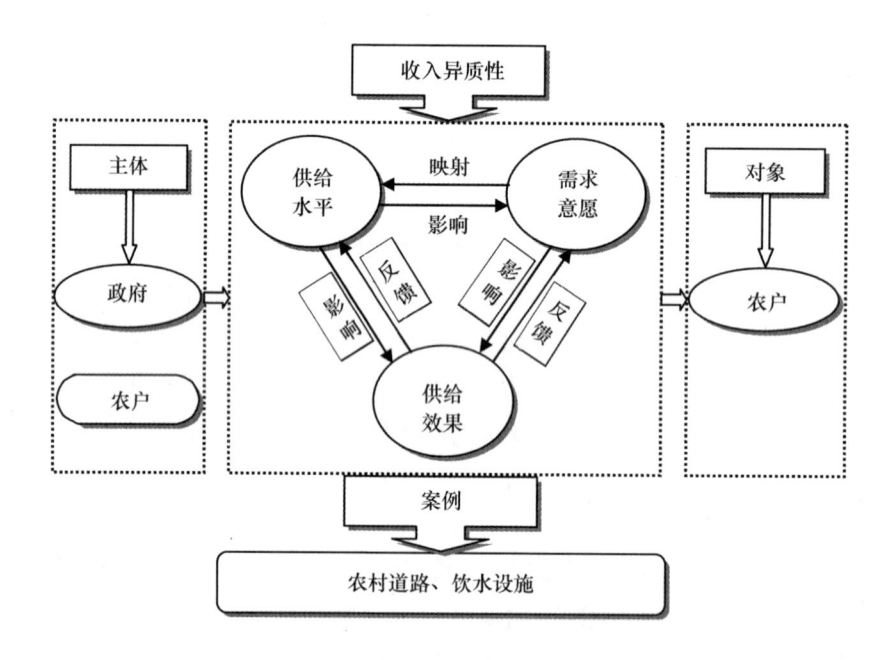

图1-7 本课题研究理论体系框架

第二章 农村公共品供给现状及特征分析

改革开放以来，经过40年的发展，我国社会经济发展取得了卓越的成绩，实现了跨越式发展，社会发展前景一片大好。提供农村公共品是政府的一项重要职能，各类社会组织及其力量也应参与其中，并充分发挥其作用，因此，国家应不遗余力，采取各种手段和措施，确保农村公共品的足额有效供给，特别是需要加大对偏远山区、落后地区及农业弱质地区的公共品投入力度，逐步解决这些地区农村公共品供给严重不足的问题，并逐步缓解农民日益增长的需求与农村公共品供给不足之间的矛盾。进入21世纪，特别是2003年以来，社会主义新农村建设战略与城乡统筹发展战略持续推进以及财政"三农"支出力度的加大，我国支农惠农政策力度不断加大，国家财政从规模和结构上都加大了对农村公共品的支出力度。近年来，我国农村发生了重大的变化，医疗卫生保健、基础教育、社会养老保障、最低生活保障、文化娱乐、饮水安全、交通、通信、能源等方面都取得了快速的发展，农村公共品供给规模和供给数量不断加大，农民得到的实惠越来越多。

一 农村公共品供给现状分析

社会公共服务的重要有机组成部分之一是农村公共品和服务，理所当然这是政府的重要职能，相应地，也是我国公共财政的重要服务领域。农村公共品供给的主要主体是政府，自然而然，农村公共品供给就需要以政府的公共财政作为物质保障基础，于是，可以按照财政支出的规模与结构作为衡量农村公共品供给水平的标准。本部分主要基于财政视角，利用统计数据，从农村公共品供给规模、供给结构、区域差异、城乡差异、国际差异五个方面分析农村公共品的供给状况，为国家政策的制定提供事实依据。

（一）农村公共品供给规模

随着社会经济的不断发展与政府职能范围的不断扩大，国家财政对公共品的支出范围也相应地不断丰富和发展。进入21世纪，特别是2003年以来，我国财政"三农"支出力度和支农惠农政策力度不断加大，国家财政从规模和结构上都加大了对农村公共品的支出力度，我国农村公共品供给水平迅速提高。

1. 农村公共品投资总量逐年增加，但占国内生产总值的比重却徘徊不前

政府是农村公共品的供给主体，其供给资金主要来源于国家财政资金，其他资金来源较少。表2-1提供了我国进入21世纪以来国家财政支出及占国内生产总值（GDP）或国民生产总值（GNP）比重的情况。

表2-1　　　　我国财政支出占GDP/GNP的比重

年份	财政支出（亿元）	国民生产总值（GNP）（亿元）	财政支出占GNP的比重（%）	国内生产总值（GDP）（亿元）	财政支出占GDP的比重（%）
2000	15886.5	98000.48	16.21	99214.55	16.01
2001	18902.58	108068.2	17.49	109655.17	17.24
2002	22053.15	119095.68	18.52	120332.69	18.33
2003	24649.95	134976.97	18.26	135822.76	18.15
2004	28486.89	159453.6	17.87	159878.34	17.82
2005	33930.28	183617.37	18.48	184937.37	18.35

续表

年份	财政支出（亿元）	国民生产总值（GNP）（亿元）	财政支出占GNP的比重（%）	国内生产总值（GDP）（亿元）	财政支出占GDP的比重（%）
2006	40422.73	215904.41	18.72	216314.43	18.69
2007	49781.35	266422	18.69	265810.31	18.73
2008	62592.66	316030.34	19.81	314045.43	19.93
2009	76299.93	340319.95	22.42	340902.81	22.38
2010	89874.16	399759.54	22.48	401512.8	22.38
2011	109247.79	468562.38	23.32	473104.05	23.09
2012	125952.97	518214.75	24.31	519470.1	24.25
2013	140212.1	566130.18	24.77	568845.21	24.65

资料来源：根据2014年《中国统计年鉴》整理而来。

由表2-1可知，国家财政支出总额逐年增加，由2000年的15886.5亿元增加到2013年的140212.1亿元，年均增长率为18.24%，可见增长速度之快；从增长速度来看，2000—2013年，我国财政支出的增长速度呈现出下降—上升—下降的趋势，2000年的增长速度为20.5%，2003年降到谷底（11.8%），之后上升，2008年达到25.7%，增长速度最快，2013年的增长速度最慢，为11.3%（见图2-1）。虽然我国的财政支出总额逐年增加，且增长速度较快，但与世界水平相比，仍处于较低的水平状态。我国财政支出占GDP（GNP）的比重整体呈上升趋势，但是比重偏低，直到2009年才超过20%，2013年还未达到25%，而美国、澳大利亚、德国、俄罗斯等国的财政支出占GDP的比重在1996年时就已经超过了25%，同时经济建设支出在政府财政预算支出中占了较大比例。由此可见，我国财政支出水平还较低，这主要是与我国现行的财政体制有关，这将不利于社会经济持续、稳定、健康的发展，更为重要的是会制约公共品的供给总量和供给水平。

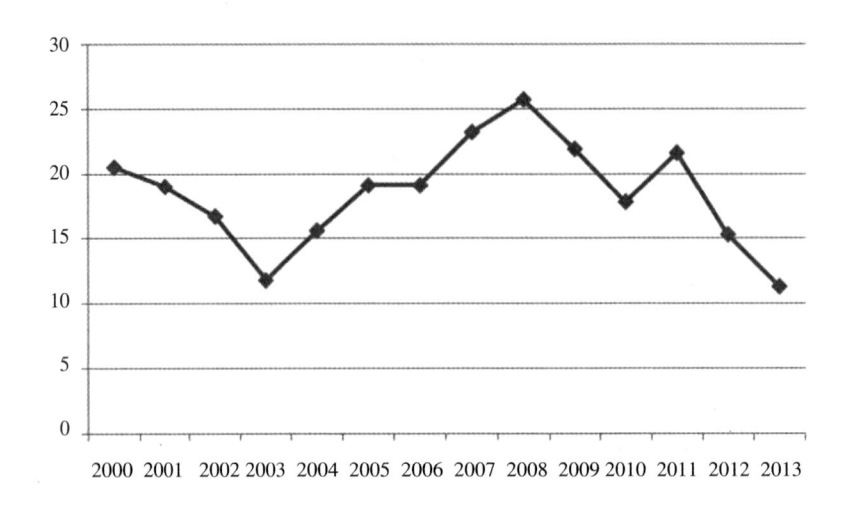

图 2-1　2000—2013 年我国财政支出增长速度（%）

资料来源：根据 2014 年《中国统计年鉴》整理而来。

我国公共服务的支出规模随着财政支出规模的不断扩大而呈现出逐年扩大的趋势。图 2-2 提供了 2007—2013 年我国财政一般公共服务支出及其增长速度情况。从总量上来看，国家财政对于公共服务的支出呈增长趋势，2007 年为 8514.24 亿元，2011 年突破 1 万亿元，2013 年达到 13755.13 亿元，2013 年的支出额是 2007 年的 1.62 倍；从增长速度来看，2008 年公共服务支出的增长速度为 15.05%，2009 年大跌，为 -6.45%，也是唯一出现负增长的年份，2010 年开始回升，2011 年达到最大速度 17.68%，之后又跌落，2013 年降为 8.3%，波动幅度较大。虽然我国财政一般公共服务支出额呈现出逐年增加的态势，但占财政支出和占 GDP 的比重却呈下降态势。2007 年，公共服务支出占财政支出和占 GDP 的比重最高，分别为 17.1% 和 3.2%，之后开始下滑，公共服务支出占财政支出的比重在 2013 年降到最低点，为 9.81%，而公共服务支出占 GDP 的比重在 2011 年降到最低点，为 2.32%（见表 2-2）。这表明，虽然我国公共服务的支出规模不断扩大，但其供给总量仍然偏低，无法满足我国当前迅速增长的公共服务需求，这又会对我国经济社会的发展产生阻碍作用。

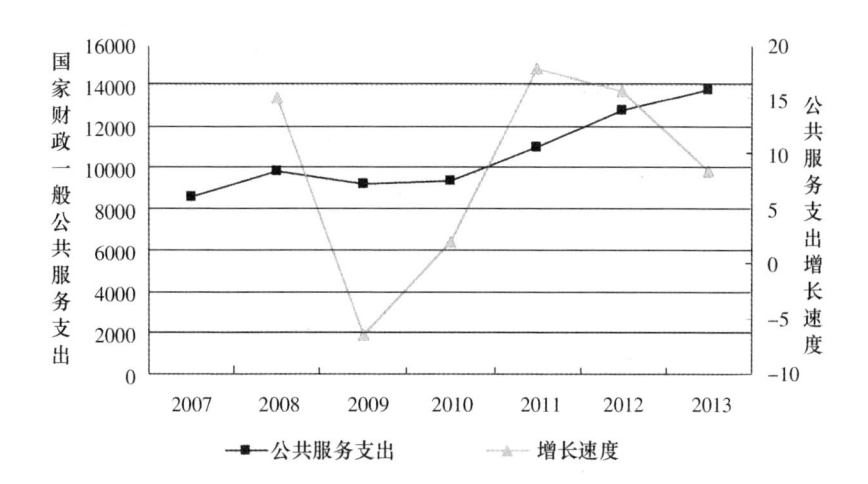

图 2-2　2007—2013 年我国财政一般公共服务支出及其增长速度（亿元、%）

资料来源：根据 2008—2014 年《中国统计年鉴》整理而来。

表 2-2　　　一般公共服务支出占财政支出及其 GDP 的比重　　　单位：%

年份	2007	2008	2009	2010	2011	2012	2013
占财政支出比重	17.1	15.65	12.01	10.39	10.06	10.08	9.81
占 GDP 比重	3.2	3.12	2.69	2.33	2.32	2.44	2.42

资料来源：根据 2008—2014 年《中国统计年鉴》整理而来。

改革开放以来，国家对农业给予了高度的重视，加大了对农业的投入，特别是进入 21 世纪以来，国家财政用于农业支出的力度不断加大，但与农业发展的需求相比仍显不足。从总量上来看，1978—2012 年，国家财政用于农业的支出在整体上呈现逐年增加的趋势，由 150.66 亿元增加到 12286.6 亿元，其中从 1998 年开始超过 1000 亿元，2011 年和 2012 年超过 1 万亿元，分别达到 10497.7 亿元和 12286.6 亿元，年均增长率为 13.82%（见表 2-3）。从支出比重来看，国家财政用于农业支出的比重在整体上呈现

29

下降趋势，但下降幅度较小，围绕在10%左右波动，其中1979年的支出比重最高，为13.6%，支出比重最小的年份是2003年，仅为7.12%（见表2-3和图2-3）。从增长速度来看，农业支出的增长速度呈现出波动性，且波动幅度较大，其中波动幅度最大的年份出现在1981年和1998年，同时也是农业支出增长率最低与最高的年份，1981年农业支出的增长率为-26.5%，降到最低点，这一指标在1998年为50.68%，达到最高点，此外，在1980年、1999年、2008年的增长波动幅度也较大（见图2-3）。由此可见，我国财政用于农业的支出总额在不断增加，但占财政支出的比重偏低，不能满足农业发展的需要。

表2-3　　　　　国家财政用于农业的支出　　　　单位：亿元、%

年份	农业支出	支农支出	农业基本建设支出	农业科技三项费用	农村救济费	其他	用于农业支出占财政支出的比重
1978	150.66	76.95	51.14	1.06	6.88	14.63	13.43
1979	174.33	90.11	62.41	1.52	9.8		13.6
1980	149.95	82.12	48.59	1.31	7.26	10.67	12.2
1981	110.21	90.11	24.15	1.81	9.08		9.68
1982	120.49	79.88	28.81	1.31	8.6		9.8
1983	132.87	86.66	34.25	1.81	9.38		9.43
1984	141.29	95.93	33.63	2.18	9.55		8.31
1985	153.62	101.04	37.73	1.95	12.9		7.66
1986	184.2	124.3	43.87	2.7	13.33		8.35
1987	195.72	134.16	46.81	2.28	12.47		8.65
1988	214.07	158.74	39.67	2.39	13.27		8.59
1989	265.94	197.12	50.64	2.48	15.7		9.42
1990	307.84	221.76	66.71	3.11	16.26		9.98

续表

年份	农业支出	支农支出	农业基本建设支出	农业科技三项费用	农村救济费	其他	用于农业支出占财政支出的比重
1991	347.57	243.55	75.49	2.93	25.6		10.26
1992	376.02	269.04	85	3	18.98		10.05
1993	440.45	323.42	95	3	19.03		9.49
1994	532.98	399.7	107	3	23.28		9.2
1995	574.93	430.22	110	3	31.71		8.43
1996	700.43	510.07	141.51	4.94	43.91		8.82
1997	766.39	560.77	159.78	5.48	40.36		8.3
1998	1154.76	626.02	460.7	9.14	58.9		10.69
1999	1085.76	677.46	357	9.13	42.17		8.23
2000	1231.54	766.89	414.46	9.78	40.41		7.75
2001	1456.73	917.96	480.81	10.28	47.68		7.71
2002	1580.76	1102.7	423.8	9.88	44.38		7.17
2003	1754.45	1134.86	527.36	12.43	79.8		7.12
2004	2337.63	1693.79	542.36	15.61	85.87		8.2
2005	2450.31	1792.4	512.63	19.9	125.38		7.22
2006	3172.97	2161.35	504.28	21.42	182.04	303.88	7.85
2007	4318.3	1801.7					8.67
2008	5955.5	2260.1					9.51
2009	7253.1	2679.2					9.51
2010	8579.7	3427.3					9.55
2011	10497.7	4089.7					9.61
2012	12286.6						9.75

资料来源：根据1979—2007年《中国统计年鉴》、2012年《中国农村统计年鉴》及中国农业新闻网（http://www.farmer.com.cn/zt/ncpjyh/xw/201311/t20131128_917037.htm）整理而来。

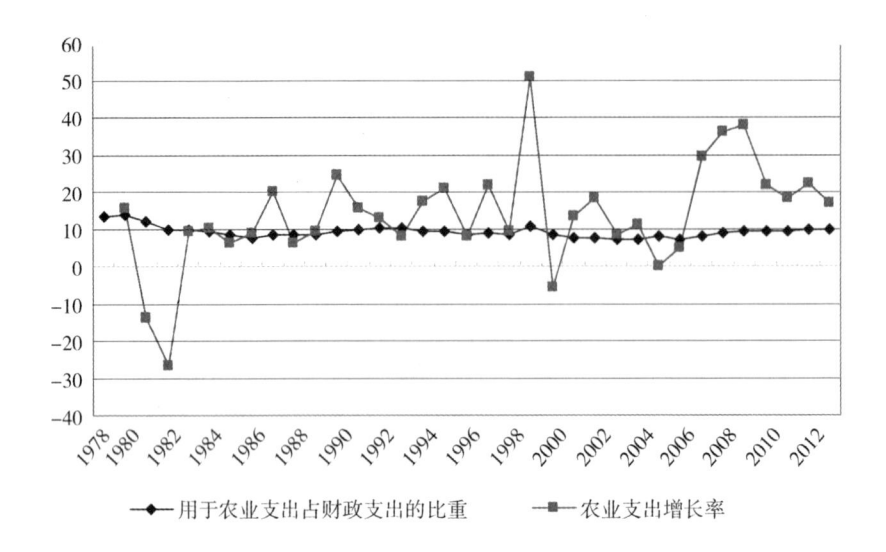

图 2-3 改革开放以来农业支出增长率与占财政支出比重趋势（%）

资料来源：根据 1979—2007 年《中国统计年鉴》、2012 年《中国农村统计年鉴》及中国农业新闻网（http://www.farmer.com.cn/zt/ncpjyh/xw/201311/t20131128_917037.htm）整理而来。

2. 主要农村公共品的供给规模

在上述对农村公共品供给规模进行分析的基础上，继续对主要类型的农村公共品的供给规模进行分析，在此主要以农村基础教育、农村医疗卫生、农田水利设施、农村社会保障为例进行说明。

（1）农村基础教育。教育是民族振兴的基石，在社会主义新农村建设、城乡一体化新格局形成等方面发挥着基础性、全局性、先导性的重要作用。2000年以来，国家对农村基础教育给予了关注，投入了大量的财力、物力和人力，实现了农村免费义务教育。

进入21世纪，国家财政对农村基础教育经费投入呈现逐年增长的趋势，2001—2011年，财政性经费由759亿元增加到5955.8亿元，年均增长率为22.88%，其中，预算内农村基础教育经费投入也呈现出逐年增长的态势，同期由738.7亿元增加到5582.9亿元，年均增长22.42%，其占财政性农村基础教育经费的比重一直徘徊在95.6%左右（见表2-4），可见，财政性农村基础教育经费投入增长速度较快。财政性农村基础教育经费占财政支出的比重在5%上下波动,这一指标在2001年为4.02%,之后逐年上升,2008年达到最高,为5.72%,之后又有所下降,2011年降为5.45%。财政性农村基础教育经费占GDP的比重呈逐年上升趋势,这一比重2001年为0.69%,2007年突破1%,为1.07%,2011年上升到1.26%(见表2-4)。

表2-4　　　　国家财政性农村基础教育经费投入　　　单位:亿元、%

年份	财政性经费	预算内拨款	预算内拨款占财政性经费的比重	财政性经费占财政支出的比重	财政性经费占GDP的比重
2001	759	738.7	97.32	4.02	0.69
2002	941	920.4	97.81	4.27	0.78
2003	1143	1094	95.74	4.64	0.84
2004	1394	1326	95.11	4.89	0.87
2005	1654	1567	94.76	4.87	0.89
2006	1977	1881	95.12	4.89	0.91
2007	2839	2707	95.35	5.7	1.07
2008	3580.8	3420.4	95.52	5.72	1.14
2009	4273.9	4094.7	95.81	5.6	1.25
2010	4884.2	4669.7	95.61	5.43	1.22
2011	5955.8	5582.9	93.74	5.45	1.26

资料来源:2002—2009年《中国教育经费统计年鉴》、2002—2014年《中国统计年鉴》。

由表2-4可见,国家财政对农村基础教育经费支出规模在不断扩大,农村基础教育经费长期不足的瓶颈在一定程度上得到缓解,农村基础教育质量有所提高。截至2013年年底,我国农村共有小学和初中的学校数量分别为140328所和18470所,在校学生数分别为3217.04万人和814.53万人。由于人口出生率的下降,小学和初中在校学生数呈下降趋势，而我国财政教育经费却在逐年增加，分摊到人头上，人均教育经费数量呈现较快增长。截至2011年年底，农村小学和初中的专任教师数量分别为244.3万人和85.7万人。

（2）农村医疗卫生。医疗卫生服务体系是保障公民生命健康的基础，是一项重要的公共服务内容。农民的生命健康状况与农村医疗卫生服务直接相关，已成为制约农村经济发展与农民脱贫致富的主要影响因素之一。2000年以来，国家给予了农村医疗极大的关注，不断加大对其的投入力度，加之新型农村合作医疗制度的实施，农村医疗卫生条件和环境在一定程度上得到改善，农民"看病难""看病贵"的状况得到缓解，推动了农村医疗卫生事业的发展。

进入21世纪以来，随着国家财政投入力度的不断加大，农村的医疗状况得到了较大的改善。截至2013年年底，共建有乡镇卫生院37015个，乡镇卫生院床位数113.65万张，每万农业人口乡镇卫生院床位数12.97张，这两个指标值分别是2000年的1.55倍和1.62倍；共有村卫生室648619个，乡村医生和卫生员108.11万人，每万人拥有农村卫生技术人员36人。

我国自从2003年开始试点推行新型农村合作医疗制度以来，农村有病不治疗、大病拖延的现象普遍减少，农民参合积极性较高，主要表现为参合人数、参合率、人均筹资额均呈现出逐年攀升的趋势。2004—2013年，参合人数由0.8亿人增加到8.02亿人，增长了10倍，其中2010年参合人数规模最大，为8.36亿人；新型农村合作医疗制度的覆盖面不断扩大，同期，参合率由75.2%上升到98.7%，人均筹资额由50.36元增加到370.59元，增长了7.36倍（见表2-5）。在农民参合积极性不断增长的同时，新型农村合作医疗制度的受益度也在不断扩大，主要表现为当年基金支出规模和补偿受益人数呈现出逐年增加的态势，当年基金支出规模由2004年的26.37亿元增加到2013年的2909.2亿元，2010年开始超过1000亿元，年均增长率为68.64%，这一增长速度是很高的；补偿受益人次由2004年的0.76亿人次增加到2013年的19.42亿人次，增加了18.66亿人次，年均增长率为43.34%（见表2-5和图2-4）。

表 2-5　　　　　　　新型农村合作医疗制度实施情况

年份	参合人数（亿人）	参合率（%）	人均筹资（元）	当年基金支出（亿元）	补偿受益人次（亿人次）
2004	0.8	75.2	50.36	26.37	0.76
2005	1.79	75.7	42.09	61.75	1.22
2006	4.1	80.7	52.1	155.8	2.72
2007	7.26	86.2	58.95	346.63	4.53
2008	8.15	91.5	96.3	662.3	5.85
2009	8.33	94.2	113.4	922.9	7.59
2010	8.36	96	156.6	1187.8	10.87
2011	8.32	97.5	246.21	1710.19	13.15
2012	8.05	98.3	308.5	2408	17.45
2013	8.02	98.7	370.59	2909.2	19.42

资料来源：根据 2005—2014 年《中国统计年鉴》整理而来。

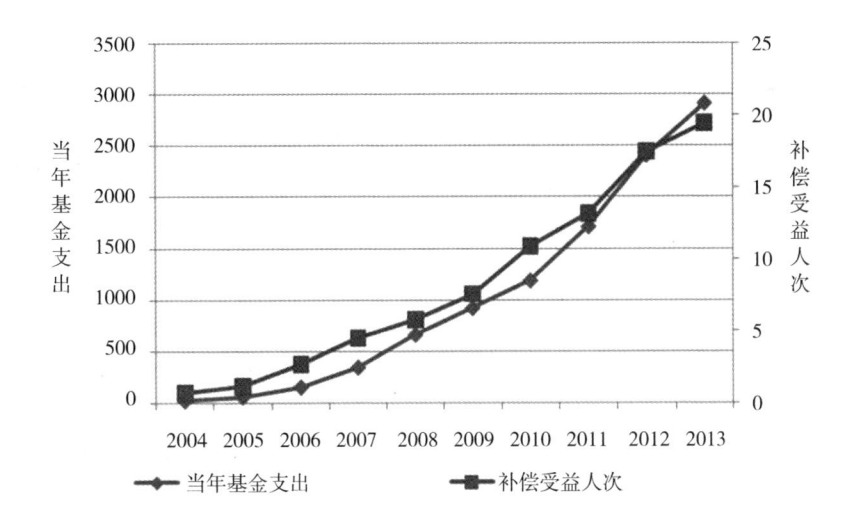

图 2-4　新型农村合作医疗当年基金支出及补偿受益情况（亿元、亿人次）

资料来源：根据 2005—2014 年《中国统计年鉴》整理而来。

(3) 农田水利设施。水利是农业的命脉。农田水利设施属于准公共品范畴，是提高农业综合生产能力、抵御自然灾害的强有力手段，在农业生产中发挥着至关重要的作用。

2008—2011年中央"一号文件"将农田水利设施建设作为重点投资领域，加大了对农田水利设施建设的投资，凸显了国家对农田水利设施建设的重视。图2-5提供了1990—2013年我国农田的有效灌溉面积及其增长率情况。由图2-5可知，我国农田的有效灌溉面积呈稳步增长的态势，由1990年的47403.1千公顷增加到2013年的63473.3千公顷，增加了16070.2千公顷，年均增长率为1.28%。由此可见，我国农田水利设施建设投资资金的不断增长，较大地改善了农田水利设施状况，农田有效灌溉面积不断增加，目前我国农田的有效灌溉面积在世界范围内居于首位，进而，灌溉面积占全国耕地面积不到一半（48%），然而在全国总量的比重中，却产出了75%的粮食与90%以上的经济作物，在历史上，粮食等农产品供给实现了重大突破。

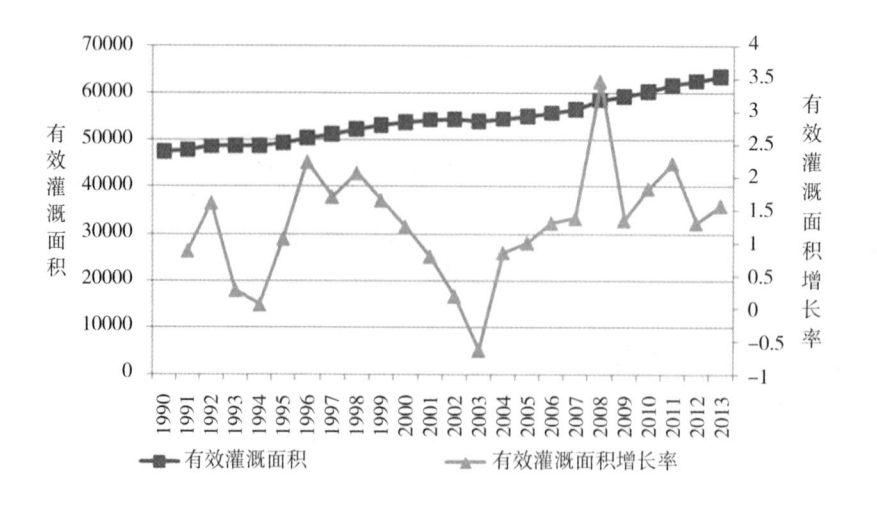

图2-5　1990—2013年有效灌溉面积及其增长率情况（千公顷、%）

资料来源：2014年《中国统计年鉴》、2012年《中国农村统计年鉴》。

1990—2011年,我国农田旱涝保收面积和机电排灌面积均呈现出稳定的增长态势。如表2-6所示,旱涝保收面积由1990年的33638.55千公顷增加到2011年的43383.4千公顷,增加了9744.85千公顷,年均增长率为1.22%;同期,机电排灌面积由27148.33千公顷增加到41464.7千公顷,增加了14316.37千公顷,年均增长率为2.04%,比旱涝保收面积年均增长率高出0.82个百分点。

表2-6　　　　　　　　我国农田水利建设情况　　　　　　单位:千公顷

年份	旱涝保收面积	机电排灌面积	年份	旱涝保收面积	机电排灌面积
1990	33638.55	27148.33	2005	40236.1	36715.4
1995	36118.8	32205.33	2006	36913.4	36913.4
2000	38336.3	35954.11	2007	41152.8	37761.6
2001	39434.7	36211.9	2008	42024.9	39277.5
2002	39350.2	36213.1	2009	42358.2	40016.3
2003	39475.4	36161	2010	42870.8	40750.22
2004	39704.2	36055.2	2011	43383.4	41464.7

资料来源:根据2003—2012年《中国农村统计年鉴》整理而来。

(4)农村社会保障。农村社会保障制度关乎农民的切身利益,也与农村社会的稳定及全面健康发展紧密相关,在经济社会发展中起着"稳定器"和"调节器"的作用,对于缓解农村贫困、稳定农村发展等具有重要的意义。

2003年以来,我国对于农村社会保障事业给予了关注和重视,农村社会保障事业财政支出呈逐年上升的态势。1995—2011年,农村社会救济费呈现出稳定的增长态势,1995年农村社会救济费仅为3亿元,2000年增加到8.7亿元,翻了将近两番,2006年开始超过100亿元,为147.8亿元,2011年达到838.96亿元,2011年农村社会救济费是1995年的280倍,是2000年的96.4

倍，2000—2011年的年均增长率为51.5%（见图2-6）。1995—2011年，自然灾害救济费呈先上升后下降的趋势，1995年为23.5亿元，2000—2007年均未超过80亿元，2008年一跃上涨到609.8亿元（这主要是因为2008年发生了汶川大地震、雪灾等自然灾害，国家财政拨付大量救灾物资等），2009年下降为199.2亿元，2010年上升到237.18亿元，2012年为128.7亿元，2000—2011年年均增长率为12.5%，比农村社会救济费的增长速度低39个百分点。

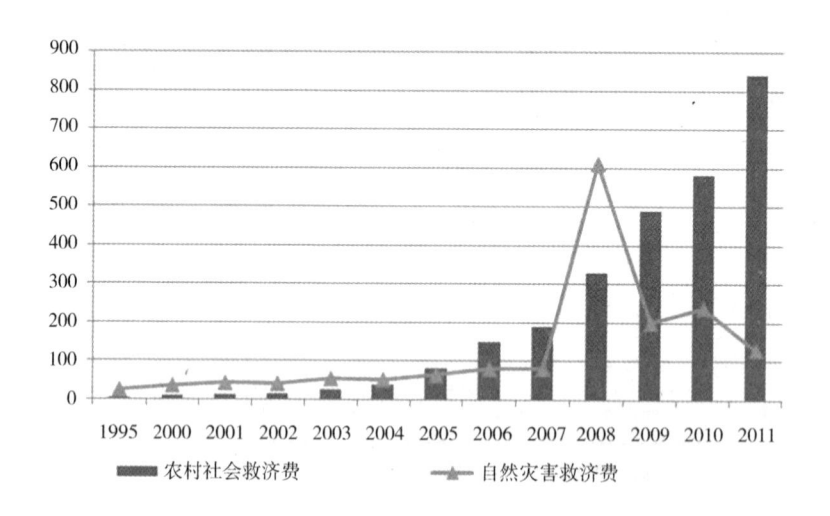

图2-6 农村社会保障事业费支出情况（亿元）

资料来源：根据2012年《中国农村统计年鉴》整理而来。

1995—2011年，在农村社会救济费呈现出稳定的增长态势的同时，其占民政事业费支出的比重在整体上呈上升趋势，但所占比重仍偏低，1995年这一指标值为2.9%，2005年超过10%，达到11.1%，2011年达到26%；同期，自然灾害救济费呈先上升后下降的趋势，其占民政事业费支出的比重在整体上呈下降趋势，1995年这一指标值为22.7%，1996年开始下降，2008年大幅度回升，达到28.4%（这主要是因为2008年发生了汶川大地震、雪灾等自然灾害，国家财政拨付大量救灾物资等,自然灾害救济费2008年达609.8亿元,因此其占民政事业费支出的比重较高),2009年出现大幅回跌,跌至9.1%,2010年继续下降,降为8.8%,2011年降低至4%(见图2-7)。由此可见,虽然农村社会保障事业费支出在逐年增加,其中农村社会救济费占民政事业费支出的比重在整体上呈上升趋势,而自然灾害救济费占民政事业费支出的比重在整体上呈下降趋势,但从财政支出规模来看,同时与农村不断增长的需求相比,农村社会保障事业费支出仍显不足,占财政支出的比重仍偏低。

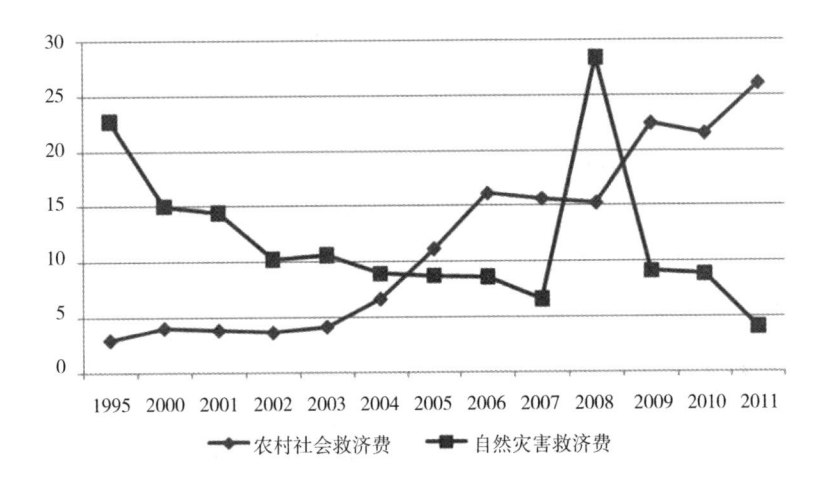

图2-7 农村社会救济费与自然灾害救济费占民政事业费支出的比重(%)

资料来源:根据2001—2012年《中国农村统计年鉴》整理而来。

我国于2009年开始试点实行新型农村社会养老保险制度,从实行情况来看,农民参与新型农村社会养老保险制度的积极性较高,这项制度为农民的养老提供了可靠的保障。2010年和2011年我国新型农村社会养老保险参保人数分别达到10276.8万人和32643.5万人,达到领取待遇年龄的参保人数分别为2862.6万人和8921.8万人,分别占到了参保总人数的27.86%和27.33%,基金支出额分别为200.4亿元和587.7亿元。

(二) 农村公共品供给结构

公共服务按性质可划分为社会性公共服务（如教育、医疗、社会保障等）、经济性公共服务（以政府投资为主）、维护性公共服务（如行政管理、国防等）三类。

如前所述，随着我国财政支出规模的逐年扩大，国家财政用于公共品的支出规模也呈现出逐年扩大的趋势，但从其结构上看，农村公共品的供给结构不尽合理，主要表现为社会性公共服务支出（比重）不足（偏低），而经济性支出比重过高。表2-7提供了我国2007—2013年财政支出构成情况。由表2-7可知，财政用于各类公共品的支出呈现出逐年攀升的态势，如国家财政用于交通运输的支出由2007年的1915.38亿元增加到2013年9348.82亿元，增长了近4倍，年均增长率为30.24%，在各项财政支出中增长速度最快；对于教育而言，2007—2013年，财政支出由7122.32亿元增加到22001.76亿元，翻了两番，年均增长率为20.68%，在各项财政支出中增长速度处于中等水平，比交通运输财政支出增长速度低了近10个百分点；对于一般公共服务，同期，财政支出由8514.24亿元增加到13755.13亿元，年均增长率为8.32%，在各项财政支出中增长速度最慢，远低于财政交通运输支出的增长速度。

表2-7　　　　　　　　财政支出构成　　　　　　单位：亿元、%

项目	2007年	2008年	2009年	2010年	2011年	2012年	2013年	增长率
一般公共服务	8514.24	9795.92	9164.21	9337.16	10987.78	12700.46	13755.13	8.32
国防	3554.91	4178.76	4951.1	5333.37	6027.91	6691.92	7410.62	13.02
公共安全	3486.16	4059.76	4744.09	5517.7	6304.27	7111.6	7786.78	14.33
教育	7122.32	9010.21	10437.54	12550.02	16497.33	21242.1	22001.76	20.68
科学技术	2135.7	2611	3276.8	4196.7	4797	4452.63	5084.3	15.55

续表

项目	2007年	2008年	2009年	2010年	2011年	2012年	2013年	增长率
文化体育与传媒	898.64	1095.74	1393.07	1542.7	1893.36	2268.35	2544.39	18.94
社会保障和就业	5447.16	6804.29	7606.68	9130.62	11109.4	12585.52	14490.54	17.71
医疗卫生	1989.96	2757.04	3994.19	4804.18	6429.51	7245.11	8279.9	26.82
环境保护	995.82	1451.36	1934.04	2441.98	2640.98	2963.46	3435.15	22.92
农林水事务	3404.7	4544.01	6720.41	8129.58	9937.55	11973.88	13349.55	25.57
交通运输	1915.38	2354	4647.59	5488.47	7497.8	8196.16	9348.82	30.24

资料来源：根据2008—2014年《中国统计年鉴》整理而来。

从财政支出构成比例来看，2007—2013年，国家财政用于医疗卫生、教育、农林水事务、交通运输的支出占财政支出的比重在整体上呈现上升趋势，一般公共服务、国防、公共安全财政支出比重呈现下降态势，科学技术财政支出比重呈现出先升后降的趋势，文化体育与传媒、社会保障和就业、环境保护财政支出比例变动幅度很小，基本持平，分别在1.8%、10%、2.4%上下浮动。同期，财政支出构成比例先后次顺依次大概是：教育＞一般公共服务＞社会保障和就业＞农林水事务＞国防＞公共安全＞交通运输＞医疗卫生＞科学技术＞环境保护＞文化体育与传媒（见图2-8）。由此可见，教育、社会保障和就业等财政支出比例较高，这主要是因为进入21世纪，国家对其给予了高度重视，投入了大量的财政支出，不断改善其状况；国防、公共安全、交通运输等财政支出比重处于中等水平；医疗卫生、环境保护等财政支出比重偏低，因此，从长期看，政府应不断调整并优化财政支出结构，将有限的公共财政资源优先用于教育、医疗、社会保障等方面，逐步提高社会性公共服务支出的比重，不断缩小经济性公共服务支出的比重，促使国家发展和民生关系的改善，推动社会经济稳定健康持续发展。

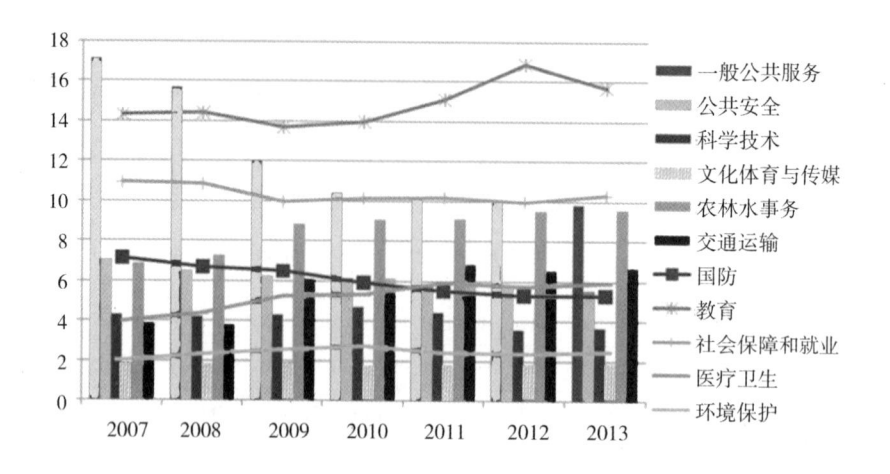

图 2-8 财政支出构成比例（%）

资料来源：根据 2008—2014 年《中国统计年鉴》整理而来。

另外，本研究在此以我国水利基本建设投资结构为例来进行说明。我国水利基本建设主要包括四个方面，即防洪工程、水资源工程、水土保持及生态工程、水电及其他专项，其中，国家财政主要以防洪工程和水资源工程建设（"南水北调"工程加大了其投资力度）为主。近年来，中央"一号文件"都明确指出"三农"问题的重要性，强调要加强解决"三农"问题，加大了与"三农"问题密切相关的民生工程投资力度，逐渐弱化了对防洪工程的投入，加大了其他项支出，但用于水土保持及生态环境建设的支出一直较少，且投资力度很小。从水利基本建设构成上看，国家财政用于各类水利基本工程建设的支出总体上均保持了快速增长的趋势，但各类工程建设财政支出之间存在着明显的差异，即国家财政主要以防洪工程和水资源工程建设为主，而对水土保持及生态工程、水电及其他专项工程的投资较少。如图 2-9 所示，2002—2013 年，国家对于防洪工程、水资源工程、水土保持及生态工程、水电及其他专项的投资额整体上均呈现出增长的态势，如防洪工程投资额由 481.2 亿元增加到 1335.8 亿元、水资源工程投资额由 247.5 亿元增加到 1733.1 亿元（水资源工程投资额翻了六番），而水土保持及生态工程投资额仅由25.7亿元增加到102.9亿元，但其占水利基本建设投资的比重变化趋势差异较大，具体而言，防洪工程投资比重呈现下降趋势，水资源工程投资比重呈现上升趋势，水电及其他专项投资比重居于防洪工程和水资源工程投资比重之后，呈现出波动性，水土保持及生态工程投资比重最小，且呈下降趋势。由此可见，我国水利基本建设投资结构不尽合理，需不断调整和优化其结构，推动农村、农业的快速发展。

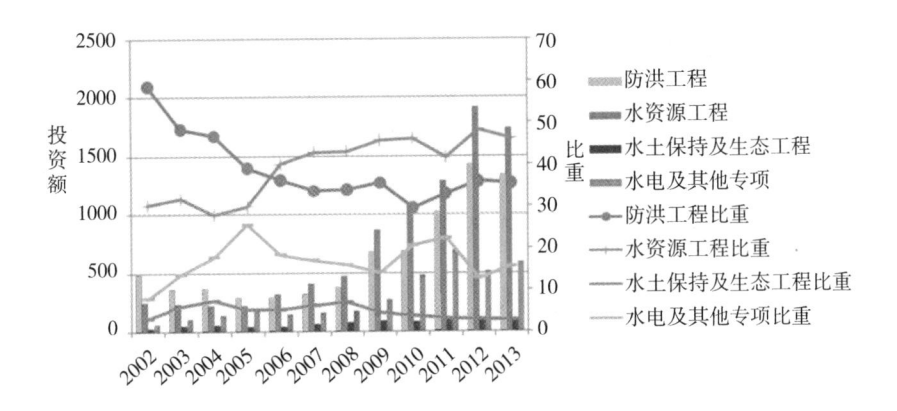

图2-9 水利基本建设投资结构及其比重（亿元、%）

资料来源：根据2002—2013年《全国水利发展统计公报》整理而来。

究其原因，造成农村公共品供给结构不合理的原因主要是供给决策机制不合理。目前我国农村公共品供给呈现出四大趋势，主要表现为：第一，愿意投资兴建时间短、易出政绩、成效快而好的公共品或公共服务设施，而不愿意投资时间长、不易出政绩、见效慢且具有挑战性的公共品或公共服务设施；第二，对于准公共品而言，如镇村的自来水饮用工程、村内与村村道路建设、环境卫生、小型农田水利设施等，往往会集中各方力量大力搞好建设，而对于那些全国性的且具有很强外溢性和外部性的纯公共品非常不愿意投资和提供；第三，愿意投资那些形象工程、政绩工程的公共服务设施，因为这些公共服务设施具有看得见、摸得着和形象代表意义的特征，而对于那些软性公共品和服务，如农村清洁能源、农业科技推广与培训、农村信息设施、农村综合发展规划等不愿意投资和提供；第四，对于新建公共项目愿意投资，而对于维修存量公共品和服务不愿意提供。这四大投资趋势直接导致了农民急需的公共品（如大型农田水利设施等）供给严重短缺，如基础教育等涉及农村可持续发展的公共品供给严重匮乏，而农民较少需求的公共品（如农贸市场等）或与政府政绩密切相关的公共品存在严重的供给过剩现象，如农村基础教育、医疗卫生、道路等农民急需的公共品与政府提供的公共品（如通信、电力等）之间，存在着较为严重的结构性失衡和供求失衡问题（胡华，刘毅，2006）。农村公共品供给结构的不合理会对其供给质量、规模、农村经济发展等产生影响，也会对社会主义新农村建设目标的实现产生一定的阻碍作用。

（三）农村公共品供给区域差异

我国各地区由于资源、历史等原因所形成的地区差异，导致区域经济出现非均衡发展，导致各地区经济实力及其财力也出现了巨大的差异，最终致使各地区之间农村公共品供给出现较大的差异，即非平衡性发展趋势。东部地区财政实力雄厚，经费充裕；中西部地区经济发展缓慢，财政实力薄弱，经费不足，公共财政资源短缺，于是，在农村公共品供给水平上，东部地区要高于中西部地区，但区域差距有缩小的趋势。本研究在此以水利基本建设和农村社会保障为例来说明。

我国水利基本建设投资表现出明显的地区差异，东部地区水利设施发展较快，而中西部地区发展缓慢，但进入21世纪后，国家弱化了对东部地区的投入力度，而加大了对西部地区水利基本建设的投入力度，投资额呈快速增长趋势，2007—2013年年均增长率为29.4%。2002年，西部地区这一指标投资和比重分别为238.1亿元和29.1%。2007年，西部地区的这两个指标分别为292.6亿元和31%，分别比东部地区低79.5亿元、8.4%；2013年，西部地区的这两个指标分别为1373.2亿元和36.5%，分别比东部地区和中部地区高出256亿元、317.2亿元和6.8%、8.4%（见表2-8）。2007—2013年，东部地区水利基本建设投资比重由39.4%下降到29.7%，西部地区呈增长态势，由31%上升到36.5%。由此可见，近年来，西部地区水利基本建设投入力度不断加大，农田水利基础设施得到了较快的发展，为农业生产、农村经济发展奠定了坚实的基础。

表2-8　　　　2007—2013年东、东北、中、西部地区水利
基本建设投资情况　　　　单位：亿元、%

年份	东部 投资额	东部 比重	东北 投资额	东北 比重	中部 投资额	中部 比重	西部 投资额	西部 比重
2007	372.1	39.4	48.9	5.2	231.3	24.5	292.6	31
2008	379.5	34.9	66.6	6.1	246.1	22.6	396	36.4
2009	625.1	33	135.8	7.2	555.6	29.3	577.5	30.5
2010	813.8	35.1	116.6	5	646	27.8	743.5	32.1
2011	881.1	28.6	180.1	5.8	1035.6	33.6	989.2	32
2012	1154	29.1	293.9	7.4	1237.2	31.2	1279.2	32.3
2013	1117.2	29.7	211.2	5.6	1056	28.1	1373.2	36.5

资料来源：根据2007—2013年《全国水利发展统计公报》整理而来。

进入21世纪，随着国家对中、西部地区投入力度的不断加大，中、西部地区农村社会保障事业费快速增加，农村社会保障事业全面发展。如图2-10所示，2001—2011年，东、中、西部地区的农村社会救济费均呈现出增长趋势，特别是西部地区的增长势头迅猛。西部地区农村社会救济费由2001年的2.1亿元增加到2011年的376.42亿元，年均增长率为68%，增长速度很快；

中部地区农村社会救济费由 2001 年的 1.8 亿元增加到 2011 年 251.51 亿元，年均增长率为 64%，增长速度低于西部地区 4 个百分点。2011 年，东部地区的农村社会救济费是 211.03 亿元，中部地区这一指标值为 251.51 亿元，西部地区为 376.42 亿元，西部地区农村社会救济费分别是东、中部地区的 1.8 倍和 1.5 倍。同期，东部地区农村社会救济费占全国的比重呈现快速的下降趋势，由 64.2% 下降为 25.15%，而中部地区和西部地区所占比重整体上呈现出增长态势，中部地区比重由 16.5% 增加到 29.98%，其中 2008 年的比重最高，为 35.2%；西部地区比重由 19.3% 增加到 44.87%。由此可见，虽然东部、中部、西部地区农村社会保障事业费具有明显的差异，但差异逐步缩小，这有利于区域经济社会的协调发展。

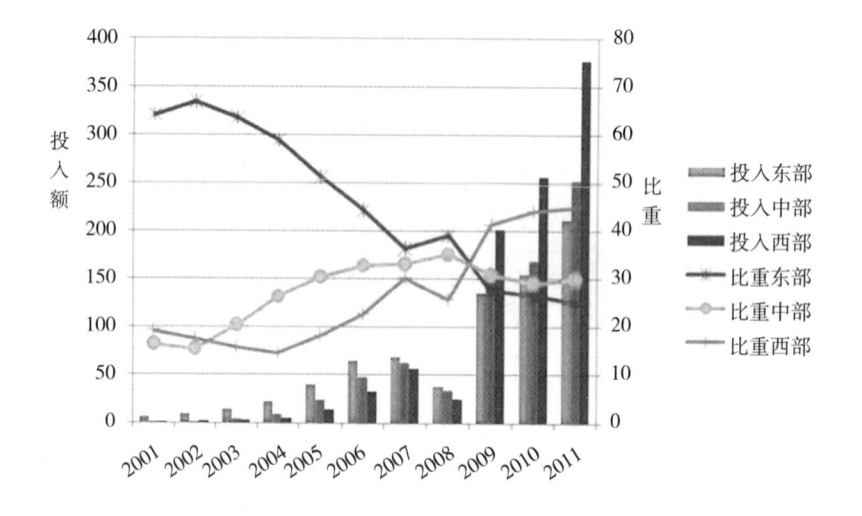

图 2-10 东部、中部、西部地区农村社会救济费投入及比重（亿元、%）
资料来源：根据 2002—2012 年《中国农村统计年鉴》整理而来。

（四）公共品供给城乡差异

长期以来，由于城乡二元经济结构体制的影响，国家将有限的公共财政资源更多地投向了城市和工业，用于农村的却很少，致使我国国民收入与社会利益分配格局处于非均衡状态，同时由于城乡有别的公共服务供给制度的实施，最终造成城乡在公共品供给上存在明显的差异，换句话说就是，城市居民与农村居民享受着不同级别的公共服务，城乡差距明显。具体表现是：城市居民享受的公共品全部由政府提供，便利的交通、高质量的教育和医疗服务等，而农村居民享受的公共品大多是由农民通过筹资的方式提供，落后的交通、低水平的教育和医疗服务、恶劣的居住环境等。近些年，随着我国对"三农"问题的关注，财政资金不断地向农村倾斜，使原来的状况有所改变，但从投资总量和相对量上来看，都是比较低的。本研究在此主要以医疗卫生服务和社会救助体系为例进行说明。

从卫生费用总量上来看，农村远低于城市，并且呈现出不断扩大的趋势。从卫生费用总量来看，1990—2009年，城市卫生费用呈现快速增长的态势，而农村卫生费用增长缓慢，1990年城市和农村的卫生费用分别是396亿元和351.39亿元，城市卫生费用是农村的1.13倍，之后差距逐步扩大，2007年城市卫生费用是农村的3.45倍，差距最大，2008年和2009年有所缩小。从城乡卫生费用占总费用比重看，同期，城市卫生费用比重总体上呈现上升趋势，而农村卫生费用的比重却呈现下降态势，城市卫生费用比重在2007年高达77.5%，相应地，农村卫生费用在2007年的比重最低，为22.5%，也是城乡差距最大的（见图2-11）。从人均卫生费用来看，1990—2013年，城市和农村的人均卫生费用均呈逐年攀升的态势，但城市和农村之间的差距仍较大，1990年城市和农村的人均卫生费用分别为158.8元和38.8元，农村为城市的24.4%，2007年农村人均卫生费用仅为城市的23.6%，2013年为39.4%（见表2-9），整体上看，农村人均卫生费用水平仅为城市的30%左右。这说明，较少的城市人口拥有较大比例的卫生资源，城乡之间失衡严重，导致城乡之间差距不断扩大。

农村公共品供给效果评估研究

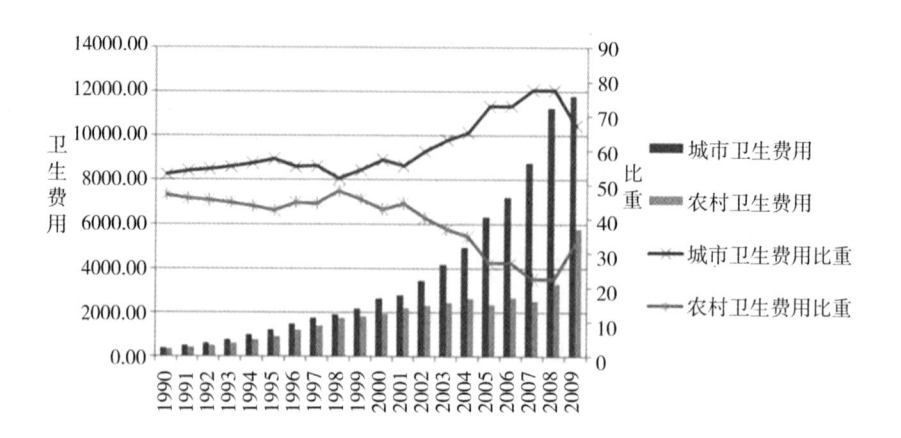

图 2-11　城乡卫生费用及比重（亿元、%）

资料来源：根据 2010 年《中国卫生统计年鉴》及 2009 年《我国卫生事业发展统计公报》整理而来。

表 2-9　　　　　　　城乡人均卫生费用比较　　　　　　单位：元

年份	城市	农村	年份	城市	农村	年份	城市	农村
1990	158.8	38.8	1998	625.9	194.6	2006	1248.3	361.9
1991	187.6	45.1	1999	702.0	203.2	2007	1516.3	358.1
1992	222.0	54.7	2000	813.7	214.7	2008	1861.8	455.2
1993	268.6	67.6	2001	841.2	244.8	2009	2176.6	562.0
1994	332.6	86.3	2002	987.1	259.3	2010	2315.5	666.3
1995	401.3	112.9	2003	1108.9	274.7	2011	2697.5	879.4
1996	467.4	150.7	2004	1261.9	301.6	2012	2999.3	1064.8
1997	537.8	177.9	2005	1126.4	315.8	2013	3234.1	1274.4

资料来源：根据 2010 年《中国卫生统计年鉴》、2009 年《我国卫生事业发展统计公报》及 2010—2014 年《中国统计年鉴》整理而来。

图 2-12 提供了 2005—2013 年我国城市和农村的最低生活保障及"五保"人数情况。如图 2-12 所示，就城市最低生活保障人数而言，低保人数由 2005 年的 2234.2 万人减少到 2013 年的 2064.2 万人，其中，2008 年增长率最高，为 2.8%，2010—2013 年呈现出负增长，最低降到 -5.9%。就农村最低生活保障人数而言，同期，低保人数由 825 万人增加到 5388 万人，其中 2007 年的增长率最高，达到 123.9%；农村"五保"供养人数由 2005 年的 300 万人增加到 2013 年的 537.2 万人，其中 2010 年的"五保"人数最多，为 556.3 万人。

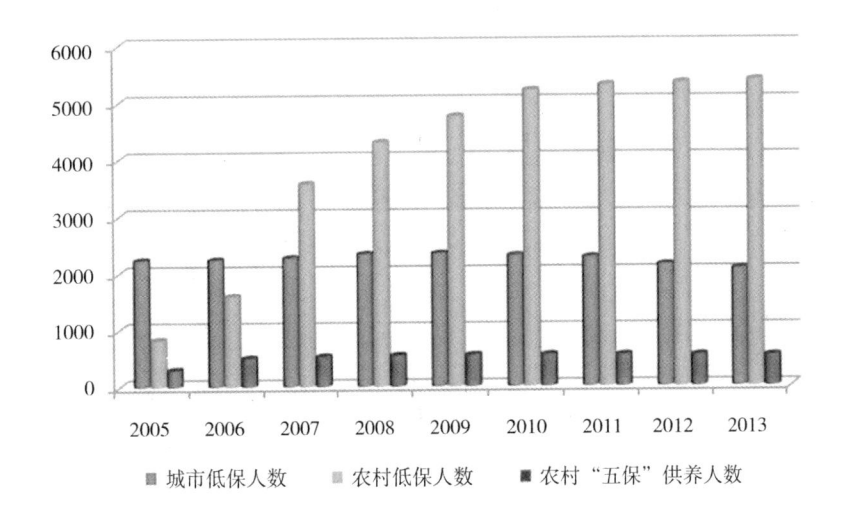

图 2-12 2005—2013 年我国最低生活保障及"五保"人数（万人）

资料来源：根据 2010—2013 年《民政事业发展统计报告》整理而来。

图 2-13 提供了 2002—2013 年我国城市和农村的最低生活保障资金及增长速度情况。如图 2-13 所示，就城市最低生活保障资金而言，低保资金由 2002 年的 108.7 亿元增加到 2013 年的 756.7 亿元；低保资金虽然逐年增加，但是其占全国低保资金的比重却呈现下降趋势，由 93.9% 下降到 46.61%；城市低保资金增长率呈波动化趋势，其中，2008 年增长率最高，为 41.8%，2012 年增长率

最低，仅为2.2%。就农村最低生活保障资金而言，同期，低保资金由7.1亿元增加到866.9亿元；农村低保资金逐年增加，上升速度较快，同时其占全国低保资金的比重也呈上升态势，由6.1%上升到53.39%；农村低保资金增长率也呈波动化趋势，基本上呈倒"U"型状态，其中，2007年的增长率最高，达到150.8%，2008年的增长率也超过100%，达到109.6%，2012年增长率最低，为7.5%。

2013年全国城市和农村的生活保障平均标准分别为373元/人·月和2434元/人·年，全国城市和农村的生活保障补助水平分别为264元/人·月和116元/人·月。

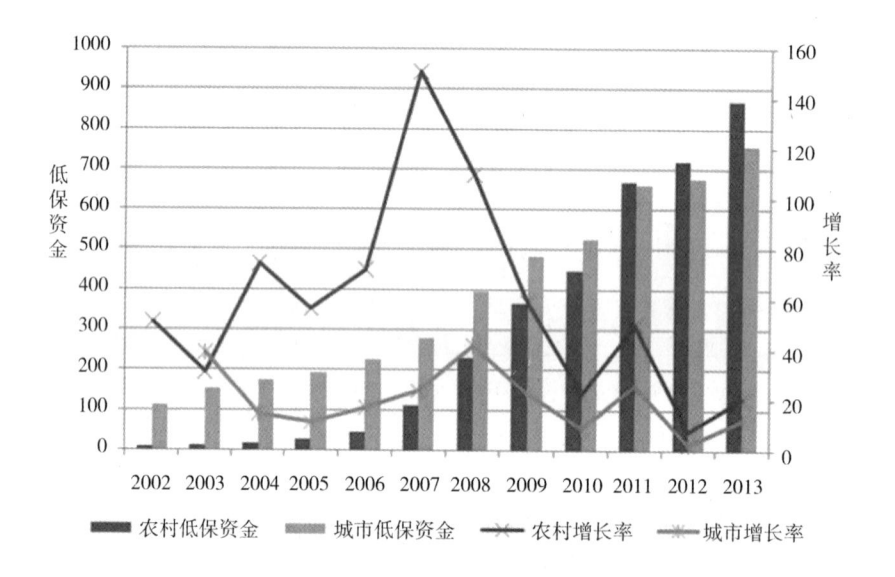

图2-13 我国最低生活保障资金与增长速度（亿元、%）

资料来源：根据2002—2010年《中国农村统计年鉴》、2010年《社会服务发展统计报告》及2002—2013年《民政事业发展统计报告》整理而来。

（五）农村公共品供给国际差异

长期以来，我国财政收入一直处于不断萎缩的状态，所以这也造成了国家财政用于农村公共品的支出也是有限的，导致我国农村公共品供给水平与国际水平之间存在较大的差距。

"十五"期间,我国财政用于公共品的支出比例大约保持在50%,在整体上呈逐年递减的趋势,但缩小的幅度较小,2006年国家财政用于公共品的支出占财政支出的比例为50.83%。而发达国家和部分发展中国家,财政用于公共品的支出占财政支出的比重都在60%以上,最高的是泰国,达到81.78%(见表2-10)。这表明,我国财政用于公共品的支出水平还比较低,与我国居民不断增长的公共服务需求相比,两者之间的矛盾更加尖锐。

表2-10 发达国家和部分发展中国家财政用于公共品支出的比例

单位:%

国家	年份	公共品	其他	国家	年份	公共品	其他
美国	1997	79.38	20.62	澳大利亚	1997	72.39	27.61
日本	1993	69.53	30.47	泰国	1997	81.78	28.22
英国	1995	66.8	33.2	马来西亚	1997	71.01	28.99
新加坡	1997	78.59	21.41	韩国	1997	62.12	37.88
加拿大	1997	75.08	24.92				

资料来源:句华:《公共服务中的市场机制:理论、方式与技术》,北京大学出版社2006年版,第191页。

从总体上来看,我国公共服务财政支出水平还很低,与国际差距较大,发达国家在收入保障、社会保障、医疗卫生等公共服务方面的财力均超过60%。具体来说,在教育上,我国财政性教育经费支出占GDP的比重偏低。财政性教育经费占GDP的比重为4%是世界衡量教育水平的基础线。然而,我国直到2012年才实现4%这一目标,2012年GDP比重为4.28%,2011年为3.93%,这一水平还远低于世界平均水平。比如,发达国家如美国、澳大利亚等达到4.8%,欠发达国家如哥伦比亚、古巴等达到5.6%。

在医疗卫生方面，我国的支出水平也远低于世界平均水平。从人均医疗卫生支出情况看，美国、德国、日本等发达国家远远高于我国的水平，如日本在 2000 年、2006 年和 2007 年此项指标的支出额分别为 2298 美元、2242 美元和 2237 美元，相比之下同期我国人均支出仅为 17 美元、38 美元和 49 美元。从医疗卫生支出占 GDP 的比重来看，我国的这一比重比较低，2000 年为 4.6%，2007 年降到 4.5%，远低于美国、德国、加拿大等国家的水平，甚至比埃及的水平还要低，埃及在 2000 年、2006 年和 2007 年的这一比重分别为 5.6%、6.3%、6.3%（见表 2－11），也高于我国 2013 年 5.57% 的水平。

表 2－11　　　　　　　　卫生费用支出国际比较　　　　　单位：美元、%

国家	人均政府卫生支出			卫生总费用占 GDP 比重		
	2000 年	2006 年	2007 年	2000 年	2006 年	2007 年
中国	17	38	49	4.6	4.6	4.5
澳大利亚	1160	2237	2691	8.3	8.7	8.9
加拿大	1461	2759	3086	8.8	10	10.1
法国	1684	3139	3655	9.6	11	11
埃及	31	38	39	5.6	6.3	6.3
德国	1897	2858	3236	10.3	10.6	10.4
印度	4	7	11	4.3	3.6	4.1
日本	2298	2242	2237	7.6	8.1	8
英国	1441	2908	3161	7.2	8.2	8.4
美国	1997	3076	3317	13.2	15.3	15.7
韩国	243	651	748	4.5	6.4	6.3

资料来源：根据 2009—2010 年《中国卫生统计年鉴》整理而来。

二 农村公共品供给特征分析

本部分主要基于典型农户的实地调查数据，主要以农村公共品的供给主体、供给方式（供给资金的来源渠道）、农户需求状况、农户供给意愿、农村公共品供给农户满意度、农户参与情况等为研究视角，归纳分析农村公共品供给特征。

（一）农村公共品供给主体呈现多元化趋势

我国经济在世界经济发展的大趋势下，得到了迅猛的发展，农村经济也表现出了良好的发展势头，农村经济的良好局面带动了农村社会事业的全面发展，我国农村公共品的供给规模不断扩大、供给质量逐步提高，即农村的公共品和公共服务明显得到加强，农村贫困落后面貌得到了极大的改善，农村社会事业停滞不前的局面得到了较大的缓解。我国农村公共品或公共服务得到了如此大的发展和变化，主要是由于国家财政投入了大量的资金，主要以国家的财政资金为主——国家从2003年开始加大了对农村的投入力度，从农村的实际情况来看，农村公共品的供给主体有政府、村集体、社会力量（私人、民间组织）等，政府是最主要的供给主体，其他主体为辅，即农村公共品供给主体呈现出多元化发展趋势。

实地调查结果表明，在农村公共品供给主体中，从整体上看，政府是主要供给主体，所占份额最大，分别为93.1%和92.44%（2010年和2013年两次调研数据统计结果，以下相同，不再逐一说明）；其次是村集体，但由于村集体资金的有限性，其作用有所减弱，其所占份额分别为27.57%和27.44%；接下来是社会力量所发挥的作用，并逐渐增强，其中私人所占份额分别为3.01%和3.14%，民间组织所占份额分别为0.79%和0.84%；其他投资主体（如企业等）比重最小，分别仅为0.14%和0.18%（见表2-12）。但是随着时间的推移，政府的主体地位有所减弱，社会力量的作用逐渐凸显，政府主要发挥其主导作用、积极引导社会力量参与其中。由此可见，农村公共品供给主体虽多元化，但供给的主要主体仍是政府，但政府的主体地位有所减弱，社会力量的作用逐渐增强。

表 2-12　　　　　农村公共品供给主体　　　　　单位：%

主体占比例 年份	政府	村集体	私人	民间组织	其他
2010	93.1	27.57	3.01	0.79	0.14
2013	92.44	27.44	3.14	0.84	0.18

资料来源：分别根据2010年3—6月四川、陕西、贵州、内蒙古、甘肃、山西6省区及2013年7—10月四川、河南、山西、陕西、贵州、宁夏6省区的实地调查数据整理而来。

（二）农村公共品供给资金来源渠道呈现多样化趋势

实地调查结果表明，我国农村公共品供给资金的来源渠道和方式呈现多样化趋势，以国家财政为主（见表2-13）。由表2-13可知，农村公共品供给资金来源于国家财政资金的比例分别为91.1%和90.85%，资金来源于农民自筹和以工代赈（如农民按投劳或者投资的方式参与村内道路、饮水设施、小型灌溉设施等的修建）的比重分别为31.37%和31.6%，资本市场和银行贷款两个资金来源渠道所占比重较小，资本市场所占比重分别为2.73%和0.93%，银行贷款所占比重分别为0.88%和2.74%。由此可见，从两次实地调查情况来看，随着政府主体地位的减弱和社会力量作用的逐渐凸显，国家财政资金的投资力度有些许下降，但仍是以国家财政资金为主，同时农民自筹和银行贷款的比例呈上升趋势。

表2-13 农村公共品供给资金来源渠道和方式　　　单位:%

年份\来源占比例	财政资金	资本市场	农民自筹、以工代赈	银行贷款
2010	91.1	2.73	31.37	0.88
2013	90.85	0.93	31.6	2.74

资料来源:分别根据2010年3—6月四川、陕西、贵州、内蒙古、甘肃、山西6省区及2013年7—10月四川、河南、山西、陕西、贵州、宁夏6省区的实地调查数据整理而来。

(三) 农户对农村公共品的需求呈现层次性与高标准化

随着农村经济的发展,农民的收入水平和生活质量在不断地提高,相应地,农户对农村公共品的需求也呈现出多元化和高标准化的特征。

实地调查结果表明,农户对农村公共品的需求表现出一定的层次性特征,其需求优先级情况具体见表2-14。

表2-14 农户对各类农村公共品的需求优先顺序　　　单位:%

2010年			2013年		
指标	比例	优先顺序	指标	比例	优先顺序
道路	33.78	3	道路	33.89	3
供电	3.29	9	供电	3.45	9
饮水	35.77	2	饮水	35.13	2
医疗	39.76	1	医疗	38.49	1
教育	30.44	5	教育	28.9	6
水利	25.9	6	水利	25.85	7
垃圾处理	32.02	4	垃圾处理	31.99	5
文化娱乐	19.05	8	文化娱乐	33.76	4
农业科技推广	19.42	7	农业科技推广	18.82	8

资料来源:分别根据2010年3—6月四川、陕西、贵州、内蒙古、甘肃、山西6省区及2013年7—10月四川、河南、山西、陕西、贵州、宁夏6省区的实地调查数据整理而来。

从两次调研的结果来看，2010年和2013年农户需求居于前三位的依次均是医疗、饮水、道路，而对农业科技推广、供电等的需求意愿较弱，排于最后，对垃圾处理、教育的需求意愿处于中等水平。两次调查结果均显示，医疗卫生服务都是农户最为需要的，分析其原因，主要是因为随着农村经济的发展和农民收入水平的不断提高，加之目前生态环境的不断恶化，给农民的身体健康构成了极大的威胁，同时，随着农民保健意识的不断增强，农民对健康状况的关注度和重视程度更高，于是，对医疗的依赖程度就更高，当然对医疗的需求更为强烈。事实上，在一定程度上，新农合制度的实施对农民的负担起到了减缓作用，使农民享受到了一定的实惠，但这并未从根本上解决问题。新农合制度实施的报销门槛较高，很多药品和检查项目都不在报销范围内等，这实际上又加剧了农民的负担，于是，农民更需要健全的医疗卫生服务体系。同时，农民对饮水设施的需求也较为强烈，究其原因，主要是因为农村饮用水水质超标、存在安全隐患，普遍存在水苦、咸、涩、浑浊等现象。长期饮用不安全的水，对农民的身体健康构成了严重的威胁，这主要是因为水污染严重，农民在未对饮用水进行任何处理的情况下，直接饮用地下水或地表水或河水等。而农民对身体健康状况越来越重视，对饮用水的要求也在逐步提高，要求饮用安全放心的水，因此农民对饮水设施的需求意愿也较为强烈。其次，农户对农村公共品的需求也表现出一定的高标准化特性，如需要健康舒适的生活环境、丰富多彩的文化娱乐活动等。农民对文化娱乐活动的追求不断提高，因为这可以为农民在经历了繁重的劳动之后，带来精神的放松和愉悦。目前在农村中娱乐活动的形式逐渐多样化，如广场舞、敲锣鼓、扭秧歌、唱秦腔等，参与的人数也越来越多。此外，实地调查结果显示，农民对生态环境的关注不断升温，主要是因为现在的生态环境不断地恶化，对人们的身体健康状况带来了极大的威胁和隐患；同时，社会治安也引起了部分农民的关注，农民对人身安全和家人安全考虑得更多，因此，农民对社会治安的需求会不断增强。

(四) 农户对农村公共品的供给意愿呈层次性

实地调查结果表明,农户对农村公共品的供给意愿表现出一定的先后顺序。表 2-15 提供了农户对各类农村公共品的供给意愿优先顺序情况。

表 2-15　　　　农户对农村公共品的供给意愿　　　单位:%

2010 年			2013 年		
指标	比例	优先顺序	指标	比例	优先顺序
道路	33.41	3	道路	34.25	3
供电	3.24	9	供电	3.23	9
饮水	35.26	2	饮水	35.04	2
医疗	39.48	1	医疗	38.67	1
教育	29.56	5	教育	28.94	5
水利	25.44	6	水利	25.5	6
垃圾处理	31.14	4	垃圾处理	31.51	4
文化娱乐	18.58	7	文化娱乐	18.25	7
农业科技推广	17.93	8	农业科技推广	17.81	8

资料来源:分别根据 2010 年 3—6 月四川、陕西、贵州、内蒙古、甘肃、山西 6 省区及 2013 年 7—10 月四川、河南、山西、陕西、贵州、宁夏 6 省区的实地调查数据整理而来。

从两次实地调研的结果来看,2010 年和 2013 年农户对公共品供给意愿居于前三位的依次均是医疗、饮水、道路,与其需求意愿一致,对垃圾处理、教育、水利的供给意愿处于中等水平,对农业科技推广、供电、文化娱乐活动的供给意愿较弱,排于最后。由此可清晰地看出,农户供给意愿最强烈的是医疗卫生服务,可见,身体健康状况越来越得到农户关注和重视。其次是饮水设施,这是与农户生活息息相关的公共品，供给意愿也较为强烈，对文化娱乐、农业科技推广等公共品的供给意愿较弱。2013年的实地调查结果显示，农户对文化娱乐活动的需求意愿较为强烈，然而其供给意愿并未表现出较为强烈的愿望，和2010年调查结果基本一致，可能是因为参与文化娱乐活动的只是一部分农民，而其余的农民并未参与其中，这部分未参与的农民认为供给文化娱乐设施，自己不仅要出资，还不能从中享受到真正的实惠，因而不愿意供给，因此，虽然农户对文化娱乐活动的需求意愿较为强烈，而其供给意愿却较弱。此外，由于部分农民对社会治安有需求，那么肯定有农民愿意对其进行供给。

（五）农村公共品供给农户参与方式多样化

农户参与方式能够在一定程度上反映农户的收益问题，能对农户产生一定的激励作用，这也是农户表达自己对农村公共品真实需求意愿的一种渠道、一种方式，农户需求表达渠道越顺畅，农户的真实需求意愿才越可能得以实现。

实地调查结果显示，农户参与农村公共品供给的方式主要有四种，即民间组织、委托给村委会、村民代表大会、"一事一议"制度，其中主要以委托给村委会、村民代表大会这两种方式为主，其比例分别为49.45%和47.25%，民间组织和"一事一议"制度的参与比例分别为1.05%和2.25%（见表2-16）。这说明，农户参与农村公共品供给的方式越完善（如委托给村委会、村民代表大会），越能促使农户的真实意愿得以顺畅的表达和真正的体现，促使政府提供的公共品更符合农户意愿，更贴近农业生产、农民生活的需要，即农户急需或迫切需要的、涉及可持续发展的公共品得以有效供给，而农户较少需要的公共品供给的虚假过剩现象会得以遏制，推动农村公共品供求关系更趋于均衡化，供给结构更趋于合理化，这体现了利益驱动机制的重要性。

表 2-16　　　　　农村公共品供给农户参与方式　　　　　单位:%

评价指标	民间组织	委托给村委会	村民代表大会	"一事一议"制度
比例	1.05	49.45	47.25	2.25

资料来源:根据 2013 年 7—10 月四川、河南、山西、陕西、贵州、宁夏 6 省区的实地调查数据整理而来。

(六) 农村公共品供给农户满意度较高

农村公共品供给农户满意度如何,是反映农村公共品供给是否有效的一个衡量标准。农村公共品供给农户满意度能够客观反映农民需求的满意程度和社会福利水平。农村公共品供给农民满意度研究的目标就是要将政府工作重点定位在农民公共需求及变化上。要实现农村公共品供给的有效性,就必须满足农户的需求偏好、提高农户的满意度 (朱玉春,唐娟莉,2010)。农户对农村公共品供给满意度作出客观评价,有助于公共品供给更加的有效,有利于最大限度地将农村发展中存在的各种不稳定、不利因素消除掉,推动城乡统筹发展,建设社会主义新农村。

实地调查结果显示,农村公共品供给农户满意度较高,具体结果见表 2-17。由表 2-17 可知,2010 年和 2013 年两次实地调研结果中,农户对农村公共品供给满意度评价结果为"满意"和"非常满意"的概率分别为 63.95%、63.1% 和 1.44%、1.5%,概率合计分别为 65.39% 和 64.6%,评价结果为"基本满意"的比例分别为 32.34% 和 32.88%,评价结果为"不满意"和"非常不满意"的概率较低,概率合计分别为 2.27% 和 2.52%。由此可见,两次实地调研结果中农户对农村公共品供给满意度的评价结果基本上是一致的。农村公共品供给过程中虽然存在着诸多不合理的现象,有些可能未满足农户的需求,但农户对农村公共品供给的整体状况相对还是比较满意的,即农村公共品的供给是较为有效的。

表 2-17　　　　　　农村公共品供给农户满意度　　　　　　单位:%

比例 年份	非常满意	满意	基本满意	不满意	非常不满意
2010	1.44	63.95	32.34	2.22	0.05
2013	1.5	63.1	32.88	2.48	0.04

资料来源：分别根据 2010 年 3—6 月四川、陕西、贵州、内蒙古、甘肃、山西 6 省区及 2013 年 7—10 月四川、河南、山西、陕西、贵州、宁夏 6 省区的实地调查数据整理而来。

（七）农村公共品供给农户参与满意度处于中等水平

农户既是农村公共品的直接消费者，也是最终消费者，可谓是其受益者。农户参与到农村公共品供给过程中，不仅可以使农户的需求意愿得以真正、顺畅的表达，更重要的是可以促使农民最真实的需求意愿得以实现，推动农村公共品供求关系更趋于均衡化，供给结构更加合理化。

实地调查结果显示，农村公共品供给农户参与满意度处于中等水平，具体结果见表 2-18。由表 2-18 可知，2010 年和 2013 年两次实地调研结果中，农户参与农村公共品供给决策满意度的评价结果为"满意"和"基本满意"的概率较高，其中"满意"的概率分别为 47.27% 和 46.31%、"基本满意"的概率分别为 47.03% 和 47.86%，评价结果为"不满意"的概率分别为 4.4% 和 4.6%，评价结果为"非常满意"和"非常不满意"的概率较低，分别为 1.21%、1.19% 和 0.09%、0.04%。这说明，大多数农户并未亲身参与到农村公共品的供给过程中，农户的需求意愿未能得以顺畅、真正的表达，农户的主体地位和满足感并未得到增强。

表 2-18 农村公共品供给农户参与满意度 单位:%

比例 年份	非常满意	满意	基本满意	不满意	非常不满意
2010	1.21	47.27	47.03	4.4	0.09
2013	1.19	46.31	47.86	4.6	0.04

资料来源：分别根据2010年3—6月四川、陕西、贵州、内蒙古、甘肃、山西6省区及2013年7—10月四川、河南、山西、陕西、贵州、宁夏6省区的实地调查数据整理而来。

第三章 农村公共品供给水平测度

农村公共品是农村地区为了促进农村发展、满足农民生活、推动农业生产而提供的社会产品或服务，具有一定非竞争性与非排他性等特性，涉及农村公共事业、公共福利、公共设施和公共服务等各个领域。进入21世纪，特别是2003年以来，随着统筹城乡经济社会发展战略和社会主义新农村发展战略的推进及财政"三农"支出的不断增加，我国支农惠农政策力度不断加大，国家财政从规模和结构上都加大了对农村公共品的支出力度，农村公共品取得了长足的发展，但是结构失衡与区域失衡问题并未得到解决，即仍存在结构性与区域性不足问题，造成了供给不足和供给过剩并存的局面。在我国经济迅猛发展的同时，社会资源不断的丰富（丰富的公共资源能保证农民从公共品的供给中使自己的利益需求得到体现，也能够提供优质、高效、多样化的公共品），加之国家对农村公共品投入了大量的财政资金，农村公共品供给水平本应有较大的提升，然而由于种种原因导致我国农村公共品的供给水平仍然处于一个较低的水平（赵泽洪，吴义慈，2010）。

农村公共品供给水平的提升，对农村经济发展和社会进步具有重要的促进作用。农村公共品供给水平的高低涉及农村居民普遍关心的民生问题。一方面，在我国农村经济迅猛发展、农民收入水平快速提高的当今社会，农民的需求偏好也随之发生了较大的变化，农民更多地追求更高层次、精神娱乐等方面的公共品，然而目前农村公共品的供给却不能满足农民日益增长的需求，即农村公共品供给不足与农民需求日益增长之间的矛盾更加尖锐；另一方面，由于城乡二元经济结构体制的实施，造成城乡居民享受着不同国民待遇的公共品，城乡公共服务非均等化问题严重，这会制约农村经济和农业生产的发展，形成城乡经济发展不协调的格局。已有研究结果显示，增加公共品供给数量并提高其质量对缩小收入差距具有显著的作用（Calderon，Serven，2004），同时，公共资源向农村地区的倾斜和公共品供给的增加能促进城乡公共服务均等化的实现（王谦，2008），缩小城乡收入差距。因此，要不断加大对农村公共品的投入力度，同时要充分考虑农民的需求意愿，提高农村公共品供给的有效性，不断提升农村公共品供给水平，使城乡居民享受较为公平的待遇，提高农村居民的社会福利水平。为农村居民提供优质、高效、多样化的公共品，对于促进农村经济发展、解决"三农"问题、和谐社会构建等具有非常重要的意义。于是，这就需要政府在提供农村公共品时，要更多地考虑公共财政支出的效果，将农民的需求意愿与政府的财政支出范畴相统一，切实提高农村公共品供给的有效性（贾智莲，卢洪友，2010），以此不断提高农村公共品供给水平，努力促进农村公共服务均等化的实现，逐步缓解农民日益增长的公共需求与农村公共品供给不足之间的矛盾，因为提供充足的农村公共品是政府公共财政职能发挥的根本所在。同时，提高农村公共品供给能力及其水平，一直是各级政府非常关注的重要问题。为了不断提高我国农村地区公共品的供给水平，首先最为关键的就是要构建一套科学完善的评价指标体系，以此来综合评价农村公共品供给水平及其能力，发现其供给过程中的优势与不足，这对于提供优质、高效、多样化的农村公共品，满足农民日益增长的公共需求具有重要的理论价值和实践意义。

一 以往文献回顾

可以从不同的角度，来构建农村公共品供给指标体系，现有的研究如《中国人类发展报告》（2007/2008）指出，基本公共服务包括义务教育、医疗卫生、社会保障、公共就业服务四大类。王俊霞和王静（2008）构建了包括公共管理、社会服务、经济发展三方面的农村公共品供给绩效评价体系。王俊霞等（2013）选取的绩效评价体系包括公共设施、公共管理、农村社会服务、农业经济发展四个方面。胡颖廉（2008）建立的公共服务评价指标有教育事业费、卫生经费、社会保障补助支出、抚恤和社会福利救济费、文体广播事业费等。吴丹和朱玉春（2011）构建了包括文化教育、公共卫生、社会保障、基础设施4个方面9个具体指标的农村公共产品供给能力评价体系。刘波和崔鹏鹏（2010）构建的政府公共服务供给绩效指标体系包括基础教育、医疗卫生、社保福利、公共设施、环境保护、科学技术6个方面。张东豫和莫光财（2007）从教育、医疗卫生、文化服务、公共安全、法律服务等方面对公共服务水平进行了定性分析。任维德（2008）从教育、公共卫生、科学技术、环境保护、公共设施等方面对我国各地区政府公共服务能力进行了评价。

　　近年来，随着我国对"三农"问题关注度的持续升温，各级政府对于农村公共品供给问题给予了高度关注，农村公共品在农村经济发展中的作用越来越重要，这引起了学者们的重视和广泛关注，并从不同角度、运用不同的方法对农村公共品供给能力或水平问题展开了研究。李林君和杨斌（2013）基于增量的角度，运用基尼系数、广义熵指数测度了公共服务不平等程度，研究发现，我国目前公共服务增量供给不平等程度很高，主要是由于不能有效提高公共服务供给水平、公共服务供求失衡等原因造成的（雷晓康等，2011）。因此，要通过公共服务体制机制的创新，为社会大众提供更加有效的公共服务（肖结红，2011）。在评价方法上，姜岩等（2006）采用模糊综合评价法，通过专家打分法确定了公共服务供给能力各指标的权重。付林和荣红霞（2007）采用层次分析法研究了政府能力，结果显示，公共服务能力占政府能力的权重为0.45。王俊霞和王静（2008）采用综合评价方法——标准化评分法，对农村公共品供给绩效进行了评价。研究发现，农村公共品供给绩效评价高低顺序依次是道路、水利、公共卫生、义务教育。王俊霞等（2013）运用组合赋值法，对农村公共产品绩效评价值进行了测算。研究表明，绩效价值大小依次是农村公共设施、农村公共管理、农村社会服务、农业经济发展。吴丹和朱玉春（2011）采用因子分析法和地理信息系统（GIS）工具，对我国31个省份的农村公共品供给能力进行了综合评价。研究发现，我国农村公共品供给能力地区差异显著，不同类型农村公共品供给能力也表现出差异性。在测算农村公共品供给水平的基础上，利用随机森林法实证研究了农村公共产品供给能力的影响因素（吴丹，朱玉春，2012），而经济、政治、社会、信息与技术因素是影响农村公共品供给能力的主要因素（张开云等，2010）。此外，也有学者运用综合指数法对我国的养老公共服务供给水平进行了客观评价（陈英姿，满海霞，2013）。

从现有的研究看，学者们选取的农村公共品供给水平评价指标不系统、不全面，这对农村公共品供给水平的反映可能会存在偏差，不能准确地反映供给水平；同时，现有研究和实践都已证明我国农村公共品供给不足，然而，我国政府公共财政供给农村公共品的能力与实际的需求并不是一致的或不在同一水平上，学者们提出了多种可行的途径、政府也采取了多种手段和措施来提高农村公共品供给水平。本研究认为要提高农村公共品供给水平，最为关键的是要明确其供给能力，这样提出的政策建议才更加具有针对性。此外，学者们的研究虽然建立了评价指标体系，但学者们对于农村公共品供给水平的研究更多地趋于定性研究，定量研究相对比较欠缺。在此情况下，本研究在构建评价指标体系的基础上，采用熵值法、因子分析法和聚类分析法，分别从时间（2000—2013年）和空间（2013年全国31个省份）两个维度，实证研究我国农村公共品供给水平，并比较分析地区之间供给水平的差异性，以此找出导致农村公共品供给水平低下的根本原因，这对解决供给不足、供给效率低下等具有非常重大的现实意义。

二 农村公共品供给水平评价指标体系

综合评价农村公共品供给水平，首先最关键的是要构建系统、全面、科学的评价指标体系。构建的评价指标体系既要体现农村社会服务的前提条件，又要反映农村社会经济发展的动力机制，同时还要评价农村公共管理保障机制。本研究在广泛阅读相关文献资料的基础上，对相关指标进行定性的判定之后，综合考虑指标数据的可获得性，遵循评价指标选取的系统性、典型性、科学性、针对性、可操作性等原则，构建了三大类12个方面农村公共品供给水平评价指标体系，指标体系构建情况如下。

（一）农村生产性公共品

农村生产性公共品主要是为农业生产直接服务，有助于提高农业生产效率、增加农业产出、促进农民增收，主要包括农村道路、农田水利设施、农业科技推广与培训。农村生产性公共品具体评价指标见表3-1。

表3-1　　农村生产性公共品评价指标体系

一级指标	二级指标	三级指标
农村生产性公共品	农村道路	农村公路建设固定资产投资
		农村公路里程
		国家财政用于农业的支出
	农田水利设施	有效灌溉面积
		农用机械总动力
		水库库容量
	农业科技推广与培训	农业科技普及率
		农业科研成果的转化效率
		农户技能培训状况

(二) 农村生活性公共品

农村生活性公共品主要是为农民的生活服务,创造非农产业发展的空间,净化消费环境,扩大消费领域,增加农民对公共品及服务的需求量,促使农民需求个性化、多样化、多层次的发展及其需求结构的升级,不断提高农民的消费水平,主要包括农村基础教育、农村医疗卫生、农村饮水、农村文化娱乐、农村电网、农村通信、农村生态环境。农村生活性公共品具体评价指标见表3-2。

表3-2　　　　　农村生活性公共品评价指标体系

一级指标	二级指标	三级指标
农村生活性公共品	农村基础教育	财政性教育经费支出
		农村初中和小学在校学生数
		农村初中和小学专任教师数
	农村医疗卫生	农村卫生费用支出
		乡镇卫生院床位数
		乡村医生和卫生员数
	农村饮水	农村饮水安全累计投资额
		解决饮水安全问题人数
		自来水普及率
	农村文化娱乐	乡镇文化站
	农村电网	乡村办水电站
		农村用电量
	农村通信	农村通信支出
		农村电话数
	农村生态环境	农村改水累计受益人口
		农村卫生厕所普及率

(三) 农村保障性公共品

农村保障性公共品主要是为农民的生活提供保障、维持农村长治久安，主要包括农村社会保障、农村公共安全。农村保障性公共品具体评价指标见表3-3。

表3-3　　　　农村保障性公共品评价指标体系

一级指标	二级指标	三级指标
农村保障性公共品	农村社会保障	农村社会救济费
		农村养老服务机构数
		农村最低生活保障人数
		农村集中供养"五保"人数
	农村公共安全	自然灾害救济费
		受灾面积
		火灾、交通等事故发生概率

三　研究方法

由于农村公共品供给水平评价指标体系中各项指标统计单位的不一致性，对于各项指标不能直接相加或综合，所以，需要采用一种综合方法将统计单位不一致的各项指标加以量化，综合来进行评价和分析。从本研究的内容和目的出发，主要是确定各项指标的权重，然后根据指标权重得分对农村公共品供给水平进行评价分析。

多指标评价中最为关键的是确定指标权重，权重的确定有主观赋权评价法和客观赋权评价法两种形式。主观赋权评价法如层次分析法（AHP）、德尔菲法、模糊评价法、功效系数法等，主要是通过专家打分来确定指标权重，对指标的相对重要性会产生较大的主观误差，从而影响评价结果的准确性。客观赋权评价法如熵值法、主成分分析法、因子分析法、变异系数法等，主要是综合指标之间的相互关系，通过指标的信息量确定权重，准确度较高。因此，本部分研究从时间维度上，运用综合评价法——熵值法，综合评价

2000—2013 年我国农村公共品的整体供给水平;同时,从空间维度上,综合运用因子分析法和聚类分析法,综合评价和比较分析 2013 年我国各地区农村公共品供给水平及其差异。

(一) 熵值法

熵值法是利用信息论中的信息熵来确定指标权重的一种客观赋值法,可以反映出指标信息熵值的效用价值,所确定的指标权重具有较高的可信度(魏亚平,贾志慧,2014)。熵是对不确定性的一种度量,对于某项指标,信息量越大,不确定性越小;信息熵越小,则该指标的信息量权重就越大。反之,对于某项指标,信息量越小,不确定性越大;信息熵越大,信息量权重越小。于是,可以利用信息熵来计算各项指标的权重,以此来综合评价农村公共品供给水平。本研究所建立的熵值评价模型如下:

设有 m 个评价对象,n 个评价指标,$x_{ij}(i=1,2,\cdots,m;j=1,2,\cdots,n)$ 是第 i 个对象的第 j 项指标的指标值,x_{ij} 经过无量纲化处理后的值为 y_{ij}。

(1) 指标无量纲化处理:首先对于逆向指标取其倒数使所有指标正向化;其次采用极值化方法,即

$$x'_{ij} = \frac{x_{ij} - \min(x_{ij})}{\max(x_{ij}) - \min(x_{ij})} \quad (3-1)$$

[其中,$\max(x_{ij})$ 为第 j 项指标的最大值,$\min(x_{ij})$ 为第 j 项指标的最小值]对各指标进行无量纲化处理;最后,对经过无量纲化处理的指标进行平移,以避免在取对数求熵值时无意义,平移后的指标用 y_{ij} 来表示。

(2) 第 j 项指标下第 i 个评价对象值在此指标中所占的比重:

$$f_{ij} = \frac{y_{ij}}{\sum_{i=1}^{m} y_{ij}} (i=1,2,\cdots,m;j=1,2,\cdots,n) \quad (3-2)$$

(3) 第 j 项指标的信息熵值:

$$e_j = -k \sum_{i=1}^{m} f_{ij} \ln f_{ij} (i=1,2,\cdots,m;j=1,2,\cdots,n) \quad (3-3)$$

其中，$0 \leq e_j \leq 1$，$k = \dfrac{1}{\ln m}$，且 $k > 0$。

（4）第 j 项指标的效应值：

$$g_j = 1 - e_j \qquad (3-4)$$

（5）第 j 项指标的权重：

$$w_j = \dfrac{g_j}{\sum_{j=1}^{n} g_j} \qquad (3-5)$$

（6）各评价对象的综合得分：

$$D_i = \sum_{j=1}^{n} w_j f_{ij} \qquad (3-6)$$

（二）因子分析法

因子分析法是一种将多个实测变量转换为少数几个不相关的综合指标即因子的多元统计分析方法。也就是说，因子分析法是研究如何有效地以最少的信息损失成本，从而把众多的实测变量浓缩为少数几个因子的方法（李卫东，2008）。因子分析模型的一般形式为：

$$X_i = \mu + a_{i1}F_1 + a_{i2}F_2 + \cdots + a_{im}F_m + \varepsilon_i \quad (i = 1, 2, \cdots, p)$$

式中，观测到的随机变量用 X_i 来表征，不可观测的变量用 F_i 来表征，代表第 i 个公共因子，因子载荷用 a_{ij}（$j = 1, 2, \cdots, m$）代表，特殊因子用 ε_i 来代表。

（三）聚类分析法

聚类分析法是指根据对象属性将相似程度大的对象聚为一类，差异大的聚为不同类的分析方法（李卫东，2008）。其基本思路如下：

（1）将原始数据标准化，以消除数据量纲的不同影响，计算相关系数矩阵 R 的特征值和特征向量。

（2）确定因子个数。设 m 个主因子即用 $F_1, F_2, \cdots, F_m$ 来代表，当累计方差贡献率大于等于75%时，对于原评价对象的解释就可

以用前 m 个主因子来进行。

（3）计算因子旋转载荷矩阵。运用方差最大正交旋转法对因子载荷阵进行旋转，主要是为了明确地解释各主因子的实际意义。

（4）采用回归法计算因子得分，并进行排序。

（5）根据主因子贡献率的大小，计算因子综合得分。

$$F = (\alpha_1 F_1 + \alpha_2 F_2 + \cdots + \alpha_m F_m)/\delta$$

$\alpha_1, \alpha_2, \cdots, \alpha_m, \delta$ 分别为因子贡献率和累计贡献率。

（6）根据综合得分对 31 个省（自治区、直辖市）进行聚类分析。

四 农村公共品供给水平实证检验（时间维度）

本部分主要立足于时间维度，利用 2000—2013 年的统计数据，运用综合评价法——熵值法，对 2000—2013 年我国农村公共品的供给水平进行综合评价。

（一）数据来源及说明

本部分研究所选指标数据来源于《中国统计年鉴》（2001—2014）、《中国农村统计年鉴》（2003—2014）、《中国卫生统计年鉴》（2009—2014）、《中国教育统计年鉴》（2012—2013）、《我国卫生事业发展统计公报》（2000—2013）、《全国教育经费执行情况统计公告》（2000—2013）、《全国水利发展统计公报》（2000—2013）、《公路水路交通运输行业发展统计公报》（2000—2013）、《中国妇女发展纲要（2011—2020 年）》实施情况中期评估报告、2013 年《中国妇女发展纲要（2011—2020 年）》实施情况统计报告、近十五年来中国妇女的健康状况与健康促进［王金玲，山西师范大学学报（社会科学版），2011，37（6）：7-14]，2002 年和 2003 年的农村改水累计受益人口和农村卫生厕所普及率指标数据从中经网获取，共收集了我国 2000—2013 年的统计数据。

在本部分研究中，由于个别指标数据无法获取，所以对所建立的指标体系进行了些许的修改，修改后的指标体系包括三大类 10 个方面 24 个具体指标（见表 3-4）。

表 3-4　　　　　　农村公共品供给水平评价指标体系

一级指标	二级指标	三级指标
农村公共品供给水平评价指标体系	农村生产性公共品（A_1）	农村道路（B_1）
		农村公路建设固定资产投资（X_1，亿元）
		农村公路里程（X_2，万公里）
		农田水利设施（B_2）
		国家财政用于农业的支出（X_3，亿元）
		有效灌溉面积（X_4，千公顷）
		农用机械总动力（X_5，万千瓦）
		水库库容量（X_6，亿立方米）
	农村生活性公共品（A_2）	农村基础教育（B_3）
		农村初中、小学生均财政教育事业费（X_7，元）
		农村初中和小学在校学生数（X_8，万人）
		农村初中和小学专任教师数（X_9，万人）
		农村医疗卫生（B_4）
		农村人均卫生费用（X_{10}，元）
		乡镇卫生院床位数（X_{11}，万张）
		乡村医生和卫生员数（X_{12}，万人）
		农村文化娱乐（B_5）
		乡镇文化站（X_{13}，个）
		农村电网（B_6）
		乡村办水电站（X_{14}，个）
		农村用电量（X_{15}，亿千瓦时）
		农村通信（B_7）
		农村电话数（X_{16}，万户）
		农村生态环境（B_8）
		农村改水累计受益人口（X_{17}，万人）
		农村卫生厕所普及率（X_{18}，%）
	农村保障性公共品（A_3）	农村社会保障（B_9）
		农村社会救济费（X_{19}，亿元）
		农村养老服务机构数（X_{20}，个）
		农村最低生活保障人数（X_{21}，万人）
		农村集中供养"五保"人数（X_{22}，万人）
		农村公共安全（B_{10}）
		自然灾害救济费（X_{23}，亿元）
		受灾面积（X_{24}，千公顷）

（二）熵值评价过程与结果分析
1. 用熵值法确定指标权重

根据式（3-1）—式（3-5），可以计算得到各评价指标的权重。表3-5提供了三级指标层各评价指标的权重结果。由表3-5可知，在三级指标中，比重较大的指标主要有农村最低生活保障人数（X_{21}）、农村社会救济费（X_{19}）、乡镇卫生院床位数（X_{11}）、有效灌溉面积（X_4）、国家财政用于农业的支出（X_3），这五个三级指标分别隶属于二级指标中的农村社会保障、农村医疗卫生、农田水利设施，是影响农村公共品供给水平的重要因素；比重较小的指标主要有农村电话数（X_{16}）、受灾面积（X_{24}）、乡镇文化站（X_{13}）、农村改水累计受益人口（X_{17}）、自然灾害救济费（X_{23}），这五个比重较小的三级指标分别隶属于二级指标中的农村通信、农村公共安全、农村文化娱乐、农村生态环境，对农村公共品供给水平的影响较小。

表3-5　　　　　　三级指标层各评价指标权重

X	w_j	X	w_j	X	w_j	X	w_j
X_1	0.03633	X_7	0.043101	X_{13}	0.02863	X_{19}	0.053151
X_2	0.060843	X_8	0.034221	X_{14}	0.072788	X_{20}	0.031297
X_3	0.046525	X_9	0.034852	X_{15}	0.035042	X_{21}	0.067517
X_4	0.048662	X_{10}	0.04143	X_{16}	0.023468	X_{22}	0.035861
X_5	0.041287	X_{11}	0.052582	X_{17}	0.031601	X_{23}	0.031768
X_6	0.042179	X_{12}	0.041594	X_{18}	0.036766	X_{24}	0.028505

根据上述三级指标的权重来测算二级指标的权重，结果见表3-6。由表3-6可知，在二级指标权重中，权重值最大的是农村社会保障（B_9），其权重值为0.187826，其次依次是农田水利设施（B_2）、农村医疗卫生（B_4）、农村基础教育（B_3）、农村电网（B_6）、农村道路（B_1）、农村生态环境（B_8）、农村公共安

全（B_{10}）、农村文化娱乐（B_5）、农村通信（B_7），这一排序结果与上述三级指标的排序结果基本是一致的。综合表3-5和表3-6可知，农村公共品供给水平的高低主要取决于农村社会保障、农村医疗卫生、农田水利设施等的供给情况。另外，需要加大对农村通信、农村公共安全、农村文化娱乐、农村生态环境的投入力度，进一步调整和优化农村公共品的供给规模和供给结构，进一步提升农村公共品的供给水平。

表3-6　　　　　　　二级指标层各指标权重及排序

二级指标	权重	排序	二级指标	权重	排序
B_1	0.097173	6	B_6	0.10783	5
B_2	0.178653	2	B_7	0.023468	10
B_3	0.112174	4	B_8	0.068367	7
B_4	0.135606	3	B_9	0.187826	1
B_5	0.02863	9	B_{10}	0.060273	8

然后再根据二级指标层各指标的权重，可以计算得到一级指标层各指标的权重，具体结果见表3-7。由表3-7可知，在一级指标权重中，农村生产性公共品（A_1）、农村生活性公共品（A_2）、农村保障性公共品（A_3）的权重分别为0.275826、0.476075、0.248099，由此可见，生活性公共品供给在整个农村公共品供给中占据重要的地位，这是与农民的生活息息相关的，另外，生产性公共品和保障性公共品的供给也不容忽视，这是保障农村生产和生活的公共品，在农民的生产和生活中具有不可替代的作用。

表3-7　　　　　　　一级指标层各指标权重

一级指标	A_1	A_2	A_3
权重	0.275826	0.476075	0.248099

2. 计算综合得分

根据式（3-6）即 $D_i = \sum_{j=1}^{n} w_j f_{ij}$，可以分别计算得到2000—2013年我国农村公共品供给水平综合得分值。表3-8和图3-1分别提供了2000—2013年我国农村公共品供给水平综合得分值、综合得分增长率及其趋势图。由表3-8和图3-1可知，2000—2013年我国农村公共品供给水平综合评价得分在整体上呈现出递增态势，其中，2000—2003年农村公共品供给水平综合得分呈逐年下降趋势，从2004年之后，呈现出逐年增长的趋势，2003年和2013年农村公共品供给水平综合得分分别达到最小和最大，其综合得分值分别为0.059033和0.090193，两者的差距为0.03116。相对应地，2000—2013年我国农村公共品供给水平综合得分增长率呈现出波动趋势，其中，2000—2003年农村公共品供给水平综合得分增长率呈负增长，2004—2013年农村公共品供给水平综合得分增长率呈正增长，2008年农村公共品供给水平综合得分增长率最高，达到11.687%，2006年的综合得分增长率为6.632%，位居第二，其余正增长年份的增长率处于1.6%—4.4%，2001年的增长率为-1.153%，是最低的。究其原因，主要是因为2003年以来，我国支农惠农政策力度不断加大，国家投入了大量的人力、物力、财力在农村公共品上，即国家财政从规模和结构上都加大了对农村公共品的支出力度，农民可以从公共品的供给中使自己的利益需求得到体现。特别是2008年我国经历了特大灾难，如汶川大地震的发生、南方冰雨天气等，国家财政投入力度快速增强，农村公共品供给规模迅速扩大。

（三）结论与启示

本部分研究通过构建包括生产性、生活性、保障性三大类农村公共品评价指标体系，利用2000—2013年的统计数据，采用熵值法，对我国农村公共品供给水平进行了评价与分析。研究结果表明，第一，2000—2013年我国农村公共品供给水平综合评价得分

表 3-8　　2000—2013 年我国农村公共品供给水平综合得分及得分增长率　　单位:%

年份	综合得分	得分增长率	年份	综合得分	得分增长率
2000	0.060459		2007	0.068995	3.536
2001	0.059762	-1.153	2008	0.077059	11.687
2002	0.059351	-0.688	2009	0.079967	3.774
2003	0.059033	-0.535	2010	0.082975	3.762
2004	0.060694	2.813	2011	0.084346	1.653
2005	0.062495	2.968	2012	0.088033	4.371
2006	0.066639	6.632	2013	0.090193	2.453

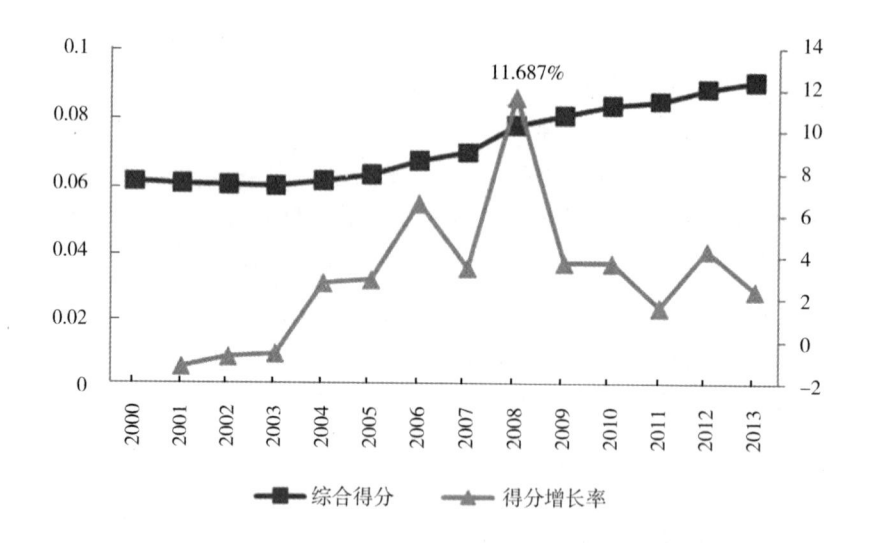

图 3-1　2000—2013 年我国农村公共品供给水平综合得分及得分增长率趋势图

在整体上呈现出递增态势,即我国农村公共品供给水平在不断地提升,这从侧面反映了国家在政策上对农村的倾斜力度在不断加大,支农惠农政策力度不断增强;第二,我国在社会保障、医疗卫生、农田水利等农村公共品供给上的水平较高,而对于公共安全、文化娱乐、生态环境保护等供给水平较低,这就需要政府调整并优化其供给政策,加大政府对这些农村公共品的财政支持力度;第三,农村公共品供给水平的高低,一方面与国家的政策有很大的关系,另一方面,反映了政府在农村公共品供给上的行为偏好;第四,各类农村公共品供给水平高低的排序与实际需求相比,基本是一致的,从侧面反映了我国政府在农村公共品供给政策上的合理性。

基于熵值法的农村公共品供给水平评价指标体系模型能够客观、全面地研究我国农村公共品供给水平,具有一定的现实意义。不仅可以用于农村公共品供给水平在不同年份的纵向比较,还可以用于区域之间横向的评价和比较;可以研究农村公共品供给整体水平,也可以对各类农村公共品供给水平进行评价排序;通过研究可以发现我国在农村公共品供给过程中存在的问题,同时对评价较低的公共品加大财政支持力度,调整并优化其供给方向、规模和结构,为政府决策提供科学依据。

五 农村公共品供给水平测度与比较(空间维度)

本部分主要立足于空间维度,利用2013年的统计数据,综合运用因子分析法和聚类分析法,对我国31个省份的农村公共品供给水平进行了实证研究。

(一)数据来源及说明

本部分研究所选指标数据来源于《中国统计年鉴》(2014)、《中国农村统计年鉴》(2014)、《中国卫生统计年鉴》(2014)、《我国卫生事业发展统计公报》(2013)、《全国水利发展统计公报》

（2013），共研究选取了我国 31 个省（自治区、直辖市）的相关数据。

在本部分研究中，由于个别指标数据无法获取，所以对所建立指标体系进行了些许的修改，修改后的指标体系包括三大类 10 个方面 21 个具体指标（见表 3-9）。

表 3-9　　　　农村公共品供给水平评价指标体系

一级指标	二级指标	三级指标	
农村公共品供给水平评价指标体系	农村生产性公共品		农村固定资产投资（X_1，亿元）
		农村道路	农村公路里程（X_2，万公里）
		农田水利设施	有效灌溉面积（X_3，千公顷）
			农用机械总动力（X_4，万千瓦）
			水库库容量（X_5，亿立方米）
	农村生活性公共品	农村基础教育	农村初中和小学在校学生数（X_6，万人）
			农村初中和小学专任教师数（X_7，万人）
		农村医疗卫生	乡镇卫生院床位数（X_8，万张）
			乡村医生和卫生员数（X_9，万人）
		农村文化娱乐	乡镇文化站（X_{10}，个）
		农村电网	乡村办水电站（X_{11}，个）
			农村用电量（X_{12}，亿千瓦时）
		农村通信	农村电话数（X_{13}，万户）
		农村生态环境	农村改水累计受益人口（X_{14}，万人）
			农村卫生厕所普及率（X_{15}，%）
	农村保障性公共品	农村社会保障	农村社会救济费（X_{16}，万元）
			农村养老服务机构（X_{17}，个）
			农村最低生活保障人数（X_{18}，万人）
			农村集中供养"五保"人数（X_{19}，万人）
		农村公共安全	自然灾害救济费（X_{20}，万元）
			受灾面积（X_{21}，千公顷）

在所建立的21个具体评价指标中,因为农村道路、农田水利设施、农村基础教育、农村医疗卫生的投资数据无法直接获取,因此,本部分研究用农村固定资产投资综合代替农村道路、农田水利设施、农村基础教育、农村医疗卫生投资,农村道路(一般用里程表示)指标用31个省(自治区、直辖市)的全部公路里程减去高速公路和城市公路后的公路里程来代替,农村初中和小学在校学生数和专任教师数分别用初中和小学在校学生数和专任教师数代替。同时,在此对个别指标数据的获取处理情况进行说明:上海的乡村办水电站用全国乡村办水电站个数扣除其余30个省份之后的数据来表示;西藏的农村固定资产投资、农村改水累计受益人口指标数据分别用全国农村固定资产投资、农村改水累计受益人口扣除其余30个省份之后的数据来表示;西藏的卫生厕所普及率用2013年全国平均水平来表示;北京和上海的乡镇卫生院床位数用0表示(由于除上海和北京之外的所有省份的乡镇卫生院床位数正好等于全国的指标数)。

(二)因子分析的合理性和有效性

在进行因子分析之前,本研究首先对各指标数据进行标准化处理,以消除数据量纲的不同影响,然后计算其相关系数(见表3-10)。由表3-10可知,大多数指标的相关系数值均大于0.3,即各变量之间大多具有较强的相关性。同时,KMO和Bartlett's检验结果显示,KMO值为0.749,Bartlett's球形度检验近似卡方值为944.509,其相应的显著性水平为0.000(见表3-11),即变量之间存在相关关系。这表明所选取的指标数据适合进行因子分析。

由表3-12提供的变量共同度结果可知,变量共同度均较高,都超过了0.66,说明所提取的因子中包含了变量的大部分信息,因此,本研究运用因子分析法所得到的结果是有效的。

表 3-10　农村公共品供给水平评价指标体系各指标间的相关系数

	X_1	X_2	X_3	X_4	X_5	X_6	X_7	X_8	X_9	X_{10}	X_{11}	X_{12}	X_{13}	X_{14}	X_{15}	X_{16}	X_{17}	X_{18}	X_{19}	X_{20}	X_{21}
X_1	1	0.763	0.726	0.837	0.514	0.879	0.903	0.866	0.857	0.623	0.311	0.274	0.673	0.913	0.050	0.721	0.815	0.575	0.750	0.229	0.557
X_2	0.763	1	0.659	0.631	0.483	0.737	0.773	0.854	0.725	0.824	0.347	0.028	0.398	0.806	-0.311	0.892	0.763	0.795	0.748	0.623	0.736
X_3	0.726	0.659	1	0.804	0.233	0.571	0.651	0.622	0.673	0.438	-0.050	0.197	0.439	0.644	-0.093	0.534	0.521	0.381	0.645	0.210	0.597
X_4	0.837	0.631	0.804	1	0.234	0.723	0.779	0.762	0.921	0.466	-0.075	0.193	0.476	0.781	-0.105	0.609	0.589	0.487	0.691	0.108	0.489
X_5	0.514	0.483	0.233	0.234	1	0.414	0.382	0.436	0.257	0.279	0.350	-0.053	0.226	0.465	0.030	0.411	0.496	0.443	0.256	0.180	0.535
X_6	0.879	0.737	0.571	0.723	0.414	1	0.984	0.848	0.813	0.629	0.501	0.410	0.692	0.935	0.062	0.777	0.779	0.644	0.689	0.235	0.427
X_7	0.903	0.773	0.651	0.779	0.382	0.984	1	0.868	0.848	0.640	0.444	0.429	0.729	0.950	0.044	0.787	0.774	0.625	0.720	0.278	0.476
X_8	0.866	0.854	0.622	0.762	0.436	0.848	0.868	1	0.891	0.809	0.337	0.189	0.554	0.931	-0.038	0.815	0.879	0.709	0.877	0.444	0.527
X_9	0.857	0.725	0.673	0.921	0.257	0.813	0.848	0.891	1	0.624	0.089	0.137	0.481	0.850	-0.073	0.707	0.704	0.607	0.805	0.222	0.420
X_{10}	0.623	0.824	0.438	0.466	0.279	0.629	0.640	0.809	0.624	1	0.406	0.005	0.297	0.714	-0.274	0.765	0.772	0.717	0.777	0.752	0.524
X_{11}	0.311	0.347	-0.050	-0.075	0.350	0.501	0.444	0.337	0.089	0.406	1	0.267	0.418	0.440	0.250	0.284	0.405	0.211	0.161	0.265	0.208

80

第三章 农村公共品供给水平测度

续表

	X_1	X_2	X_3	X_4	X_5	X_6	X_7	X_8	X_9	X_{10}	X_{11}	X_{12}	X_{13}	X_{14}	X_{15}	X_{16}	X_{17}	X_{18}	X_{19}	X_{20}	X_{21}
X_{12}	0.274	0.028	0.197	0.193	-0.053	0.410	0.429	0.189	0.137	0.005	0.267	1	0.801	0.395	0.475	0.101	0.229	-0.109	0.148	-0.142	-0.088
X_{13}	0.673	0.398	0.439	0.476	0.226	0.692	0.729	0.554	0.481	0.297	0.418	0.801	1	0.733	0.396	0.404	0.595	0.150	0.489	0.047	0.198
X_{14}	0.913	0.806	0.644	0.781	0.465	0.935	0.950	0.931	0.850	0.714	0.440	0.395	0.733	1	0.041	0.799	0.880	0.643	0.820	0.342	0.545
X_{15}	0.050	-0.311	-0.093	-0.105	0.030	0.062	0.044	-0.038	-0.073	-0.274	0.250	0.475	0.396	0.041	1	-0.334	0.024	-0.385	-0.005	-0.323	-0.310
X_{16}	0.721	0.892	0.534	0.609	0.411	0.777	0.787	0.815	0.707	0.765	0.284	0.101	0.404	0.799	-0.334	1	0.709	0.937	0.655	0.589	0.612
X_{17}	0.815	0.763	0.521	0.589	0.496	0.779	0.774	0.879	0.704	0.772	0.405	0.229	0.595	0.880	0.024	0.709	1	0.583	0.881	0.364	0.556
X_{18}	0.575	0.795	0.381	0.487	0.443	0.644	0.625	0.709	0.607	0.717	0.211	-0.109	0.150	0.643	-0.385	0.937	0.583	1	0.523	0.582	0.537
X_{19}	0.750	0.748	0.645	0.691	0.256	0.689	0.720	0.877	0.805	0.777	0.161	0.148	0.489	0.820	-0.005	0.655	0.881	0.523	1	0.448	0.481
X_{20}	0.229	0.623	0.210	0.108	0.180	0.235	0.278	0.444	0.222	0.752	0.265	-0.142	0.047	0.342	-0.323	0.589	0.364	0.582	0.448	1	0.446
X_{21}	0.557	0.736	0.597	0.489	0.535	0.427	0.476	0.527	0.420	0.524	0.208	-0.088	0.198	0.545	-0.310	0.612	0.556	0.537	0.481	0.446	1

表 3-11　　KMO 和 Bartlett's 检验结果

KMO 检验		0.749
Bartlett's 检验	Approx. Chi-Square	944.509
	Df	210
	Sig.	0.000

表 3-12　　变量共同度

评价指标	共同度	评价指标	共同度
农村固定资产投资（X_1）	0.931	农村用电量（X_{12}）	0.750
农村公路里程（X_2）	0.920	农村电话数（X_{13}）	0.862
有效灌溉面积（X_3）	0.736	农村改水累计受益人口（X_{14}）	0.974
农用机械总动力（X_4）	0.945	农村卫生厕所普及率（X_{15}）	0.667
水库库容量（X_5）	0.884	农村社会救济费（X_{16}）	0.865
农村初中和小学在校学生数（X_6）	0.891	农村养老服务机构（X_{17}）	0.805
农村初中和小学专任教师数（X_7）	0.930	农村最低生活保障人数（X_{18}）	0.777
乡镇卫生院床位数（X_8）	0.919	农村集中供养"五保"人数（X_{19}）	0.785
乡村医生和卫生员数（X_9）	0.895	自然灾害救济费（X_{20}）	0.790
乡镇文化站（X_{10}）	0.907	受灾面积（X_{21}）	0.700
乡村办水电站（X_{11}）	0.818		

（三）主因子的提取及含义的解释

对于主因子的提取遵循特征值大于 1 的原则，本研究采用主成分法提取了 4 个主因子，总方差解释率达 84.530%（见表 3-13）。另外，从图 3-2 的碎石图中也可以清晰地看出，明显的拐点发生在第 4 个点上，因此，提取前 4 个主因子，用这 4 个主因子对我国 31 个省份的农村公共品供给水平进行综合评价。

表 3-13　　特征值及方差贡献率　　单位:%

主因子	未旋转因子			旋转后因子		
	特征值	方差贡献率	累计方差贡献率	特征值	方差贡献率	累计方差贡献率
F_1	12.067	57.463	57.463	8.019	38.184	38.184
F_2	2.872	13.676	71.139	4.591	21.863	60.047
F_3	1.724	8.209	79.348	3.003	14.299	74.346
F_4	1.088	5.182	84.530	2.139	10.184	84.530

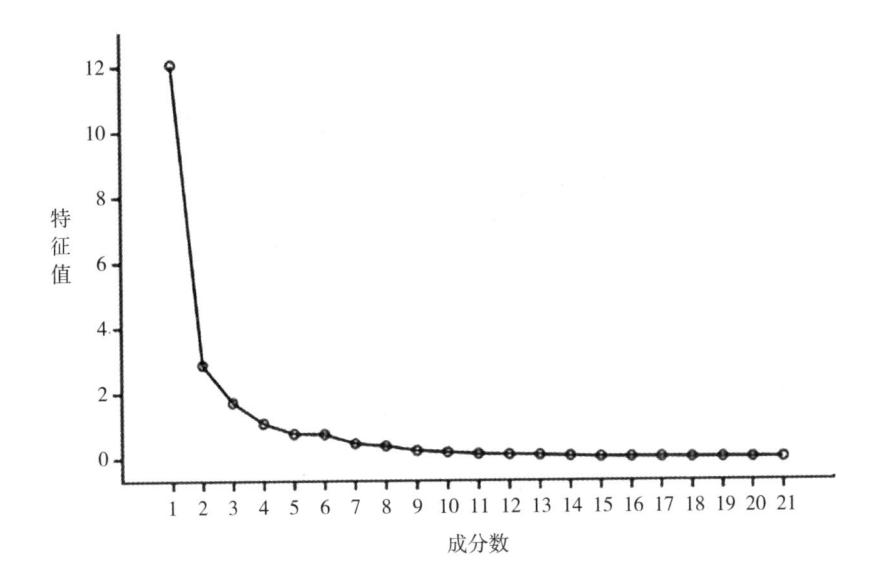

图 3-2　碎石图

为了使各主因子的含义更加明确、结构更加清晰，同时为了更好地解释变量的实际意义，本研究在此采用方差最大旋转法对因子载荷阵进行旋转，即可得到如表 3-14 所示的因子旋转载荷阵。

表 3-14　　　　　　　　　　因子旋转载荷阵

评价指标	F_1	F_2	F_3	F_4
农村固定资产投资（X_1）	0.827	0.238	0.267	0.345
农村公路里程（X_2）	0.621	0.643	-0.032	0.346
有效灌溉面积（X_3）	0.847	0.052	-0.048	0.114
农用机械总动力（X_4）	0.969	0.046	-0.008	0.054
水库库容量（X_5）	0.192	0.108	0.062	0.912
农村初中和小学在校学生数（X_6）	0.703	0.379	0.433	0.257
农村初中和小学专任教师数（X_7）	0.763	0.369	0.405	0.215
乡镇卫生院床位数（X_8）	0.751	0.518	0.202	0.211
乡村医生和卫生员数（X_9）	0.904	0.266	0.075	0.043
乡镇文化站（X_{10}）	0.431	0.843	0.038	0.096
乡村办水电站（X_{11}）	-0.157	0.474	0.623	0.425
农村用电量（X_{12}）	0.229	-0.090	0.811	-0.178
农村电话数（X_{13}）	0.507	0.087	0.770	0.069
农村改水累计受益人口（X_{14}）	0.761	0.421	0.383	0.269
农村卫生厕所普及率（X_{15}）	-0.084	-0.359	0.728	0.023
农村社会救济费（X_{16}）	0.594	0.669	-0.007	0.254
农村养老服务机构（X_{17}）	0.618	0.484	0.300	0.316
农村最低生活保障人数（X_{18}）	0.450	0.672	-0.176	0.303
农村集中供养"五保"人数（X_{19}）	0.737	0.472	0.141	0.019
自然灾害救济费（X_{20}）	0.047	0.874	-0.145	0.043
受灾面积（X_{21}）	0.456	0.328	-0.219	0.580

第一主因子 F_1 的方差贡献率为 38.184%，是 4 个主因子中方差贡献率最大的因子，积聚了变量中的大部分信息，即第一主因子

是农村公共品供给水平评价中最重要的指标。主要由农村固定资产投资（X_1）、有效灌溉面积（X_3）、农用机械总动力（X_4）、农村初中和小学在校学生数（X_6）、农村初中和小学专任教师数（X_7）、乡镇卫生院床位数（X_8）、乡村医生和卫生员数（X_9）、农村改水累计受益人口（X_{14}）、农村养老服务机构（X_{17}）、农村集中供养"五保"人数（X_{19}）十项指标构成，该因子综合代表了农田水利、教育、医疗卫生、生态环境、社会保障情况，这些是与农民生产生活息息相关的公共品，主要反映了在农民生产生活中不可或缺的基础设施、民生保障和环境保护方面的供给，可将主因子 F_1 概括为基础设施、民生保障和环境保护综合因子。

第二因子 F_2 主要由农村公路里程（X_2）、乡镇文化站（X_{10}）、农村社会救济费（X_{16}）、农村最低生活保障人数（X_{18}）、自然灾害救济费（X_{20}）五项指标构成，涵盖了道路、文化、社会保障、公共安全四个方面，主要反映了基础设施建设水平和社会保障水平，可将主因子 F_2 概括为基础设施和民生保障综合因子。

第三因子 F_3 主要由乡村办水电站（X_{11}）、农村用电量（X_{12}）、农村电话数（X_{13}）、农村卫生厕所普及率（X_{15}）四项指标构成，涵盖了电网、通信、生态环境三个方面，主要反映了基础设施建设水平和生态环境改善情况，可将主因子 F_3 概括为基础设施和环境保护综合因子。

第四因子 F_4 主要由水库库容量（X_5）、受灾面积（X_{21}）两项指标构成，主要反映了水利基础设施建设水平和公共安全情况，可将主因子 F_4 概括为基础设施和民生保障综合因子。

（四）主因子得分及排名

在主因子提取的基础上，为了明确我国各地区农村公共品供给水平，首先计算我国 31 个省（自治区、直辖市）的因子得分，并对各主因子得分进行排序；然后以各主因子的方差贡献率占四个因子累计方差贡献率的比重作为权重利用线性加权的方法，计算各省份农村公共品供给水平的综合得分（见表 3-15），并对其综合得分进行排序（见图3-3）。

由表3-15可知，由于各地区经济发展水平、农村公共品投入资金、国家政策、资源禀赋、地域范围、人口规模、文化习俗等的差异性，使得我国各地区农村公共品的供给规模和结构存在差异性，进而导致我国各地区农村公共品供给水平呈现出差异性。从农村公共品供给水平各主因子得分情况看，由主因子F_1得分可知，得分排在前五位的是山东、河南、河北、安徽、江苏。表明这五个省在基础设施建设、民生保障、环境保护方面走在了全国的前列，这与其经济发展水平、自然资源条件、地域范围等是分不开的。排在最后三位的是青海、西藏、福建。青海和西藏地处偏远、财政实力不足、资源贫乏是导致其排名落后的主要原因。由主因子F_2得分可知，排名较前的是四川、云南、陕西、贵州、甘肃，排名较后的是山东、海南、北京、上海、天津。由主因子F_3得分可知，广东、江苏、浙江、福建、上海排在最前面，甘肃、山西、贵州、黑龙江、内蒙古排在最后面。由主因子F_4得分可知，排名最前的是湖北、湖南、广西、广东、浙江，排在最后五位的是西藏、河北、陕西、上海、江苏。

在表3-15和图3-3中，从因子分析的综合得分和综合排名看，我国31个省（自治区、直辖市）的农村公共品供给水平呈现出显著的差异性，同时整体供给水平较低，除河南、山东、四川外，其余省（自治区、直辖市）的农村公共品供给水平均低于0.61，说明需进一步提升我国农村公共品供给水平。在综合排名中，排名前十位的有东部地区的山东、广东、河北、江苏，中部地区的河南、湖南、安徽、湖北，西部地区的四川和云南，其中河南排在第一位，其综合得分为1.194985，这与河南是我国的交通枢纽、人口大省、农业大省的地位是分不开的。呈现如此结果主要可以做出如下解释，东部地区的山东、广东、河北、江苏等省份凭借其较高的经济发展水平、雄厚的财政实力和丰富的资源等优势跻身于全国前列，因为农村公共品的供给水平与其财政实力直接相关；中部地区的河南、湖南、安徽、湖北等省份凭借其广阔的地域

表 3-15　　农村公共品供给水平主因子得分与排名

地区	F_1	排名	F_2	排名	F_3	排名	F_4	排名	综合得分	排名
北京	-0.94538	27	-0.96592	29	0.299	9	-0.60373	23	-0.69903	26
天津	-0.89238	26	-0.97863	31	0.03308	12	-0.69932	24	-0.73488	31
河北	1.74483	3	-0.21037	15	-0.3966	19	-0.90591	28	0.557536	6
辽宁	-0.2097	15	-0.24336	16	0.10709	10	-0.20592	17	-0.16436	18
上海	-0.96432	28	-0.97074	30	0.77915	5	-1.05531	30	-0.68202	25
江苏	1.02028	5	-0.42546	20	2.25145	2	-1.72863	31	0.523431	7
浙江	-0.35173	20	-0.63172	23	1.71152	3	0.92689	5	0.078915	13
福建	-0.98579	31	0.04711	10	1.40167	4	0.20425	11	-0.17141	19
山东	2.88663	1	-0.81116	27	0.43483	8	-0.54927	21	1.101533	2
广东	-0.55501	22	0.75685	6	3.10339	1	1.09046	4	0.601386	4
海南	-0.88997	25	-0.82878	28	-0.21052	15	-0.41787	19	-0.70233	28
山西	0.08985	11	-0.00153	11	-0.87682	28	-0.40934	18	-0.15745	17
吉林	-0.34488	19	-0.61843	22	-0.37708	18	0.15695	12	-0.36062	24
黑龙江	0.39055	7	-0.27284	18	-1.20416	30	0.40816	8	-0.04867	15
安徽	1.21604	4	-0.17979	14	-0.44717	21	0.26191	10	0.458722	8
江西	-0.11392	13	0.22993	8	0.51928	6	0.37673	9	0.141238	11
河南	2.69757	2	-0.14626	13	0.08428	11	0.00006	14	1.194985	1
湖北	0.21966	8	-0.71313	26	-0.26462	17	3.45836	1	0.286673	9
湖南	0.50003	6	0.7055	7	-0.21269	16	1.69948	2	0.577117	5
内蒙古	0.05042	12	-0.24666	17	-1.36833	31	-0.16866	15	-0.29281	23
广西	-0.13564	14	-0.05102	12	0.03147	13	1.4232	3	0.10232	12
重庆	-0.49391	21	0.20645	9	-0.14748	14	-0.55052	22	-0.26099	22
四川	0.10614	10	4.11577	1	0.4537	7	-0.82642	26	1.089638	3
贵州	-0.32865	18	0.99473	4	-1.01995	29	0.76561	6	0.028526	14
云南	-0.23395	16	1.21544	2	-0.71825	26	0.46432	7	0.143125	10
西藏	-0.9764	30	-0.34667	19	-0.43856	20	-0.85699	27	-0.70816	29
陕西	-0.27447	17	1.15056	3	-0.70167	24	-0.92236	29	-0.05622	16
甘肃	-0.59676	23	0.989	5	-0.79617	27	-0.44176	20	-0.20167	20

续表

地区	F_1	排名	F_2	排名	F_3	排名	F_4	排名	综合得分	排名
青海	-0.96713	29	-0.63466	24	-0.62666	22	0.03931	13	-0.70229	27
宁夏	-0.77697	24	-0.64854	25	-0.68606	23	-0.72947	25	-0.72265	30
新疆	0.11497	9	-0.48567	21	-0.71711	25	-0.20424	16	-0.21959	21

范围、良好的自然资源条件和良好的经济发展势头跃居全国前列；西部地区的四川和云南位居前列可能主要是和指标的设计有关。另外，从排名前十位省份之间的差距看，就东部地区的山东和广东、江苏而言，其差距分别是0.500147和0.578102，中部地区的河南和湖北相比，其差距是0.908312，西部地区的四川和云南之间的差距是0.946513，这些差距是非常大的，由此可看出，我国各省份之间农村公共品供给水平的差距是非常大的。排名靠后的地区主要位于西部地区，包括西部地区的甘肃、新疆、重庆、内蒙古、青海、西藏、宁夏，中部地区的吉林及其东部地区的上海、北京、海南、天津，其综合得分都较低，远低于排名第一的河南省。西部地区由于其地理区位、气候等自然条件的劣势地位、经济发展水平低、资源贫乏、财政实力不足等原因，导致其农村公共品供给能力不足、供给水平落后，难以满足农民的需求意愿。就西部地区的甘肃和宁夏相比，甘肃的农村公共品供给水平比宁夏高0.52098，差距也很大，说明西部地区农村公共品供给水平还较低，供给也不平衡，这可以从各主因子的得分及排名得到证实。对于北京、上海、天津而言，其农村公共品供给水平本应处于全国前列（这与其发达的经济、雄厚的财政实力等是分不开的），而现在却排在了全国的后列，这似乎与现实不太相符。究其原因，可能是，一方面，由于北京、上海、天津三市经济发达，财政实力雄厚，城市化水平高，能向农村地区提供充足的公共品，然而随着城镇化进程的加快及其农业收益的低下，更多的农民涌向了城市，农村滞留人数逐年减少，且滞留人口大多是一些孤寡老人，这会导致农村教育、医疗、通信、社会保障等各项指标量的下降；同时，在城镇化和工业化的快速发展的过程中，城市不断扩张，地域范围不断扩大，占用了大量的农村地域

面积，导致了农村道路、农田水利等指标量的下降，这三市在不同程度上均存在资源浪费现象，资源配置效率低下，不能发挥规模经济优势，最终造成了农村公共品供给水平的低下。另一方面，此排名结果在很大程度上与指标设计有关，研究选取的指标均采用的是总量指标，北京、上海、天津三市的人口规模、地域范围较小，在总量上不具有优势，于是排在了全国后列。

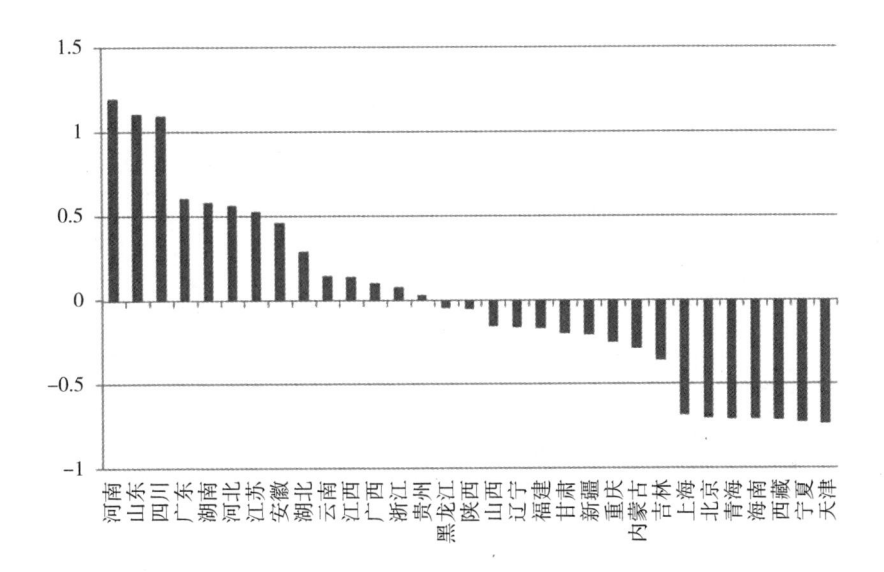

图 3-3 农村公共品供给水平综合得分排名

此外，本研究还根据各主因子的得分情况，给出了各主因子的得分散点图（见图 3-4），据此可以直观地看出指标数据的散布情况或者相关关系。

（五）聚类结果分析

在上述对农村公共品供给水平进行因子分析的基础上，将上述得到的 31 个省份的 4 个主因子的得分作为聚类变量，运用动态聚类分析方法中的 K-均值聚类法，将我国 31 个省（自治区、直辖市）的农村公共品供给水平划分为五个等级，在计算过程中采用 Iterate and Classify 法，具体聚类结果见表 3 – 16。

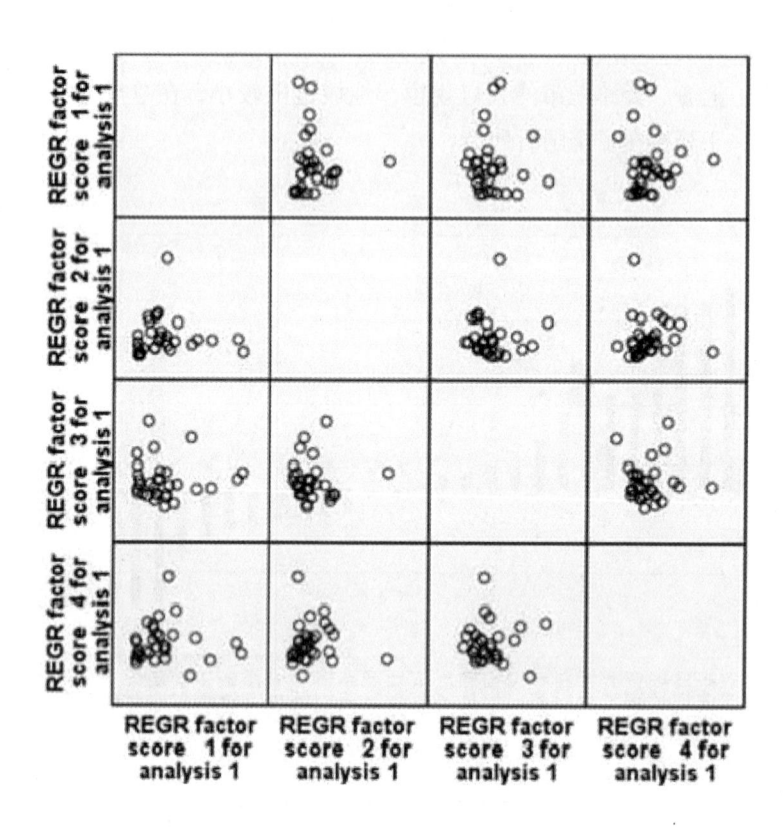

图 3 – 4　各主因子得分散点图

表 3 – 16　　　　　农村公共品供给水平聚类结果

地区	北京	天津	河北	辽宁	上海	江苏	浙江	福建	山东	广东	海南
分类	2	2	5	2	2	5	3	3	5	3	2
地区	山西	吉林	黑龙江	安徽	江西	河南	湖北	湖南	内蒙古	广西	
分类	2	2	2	5	2	5	4	4	2	4	
地区	重庆	四川	贵州	云南	西藏	陕西	甘肃	青海	宁夏	新疆	
分类	2	1	2	2	2	2	2	2	2	2	

由表3-16可知，第一类区域：四川。四川在前三个主因子上得分都比较高，说明四川在各类农村公共品的供给上比较均衡，其农村公共品供给水平居于全国上游水平。

第二类区域：北京、天津、辽宁、上海、海南、山西、吉林、黑龙江、江西、内蒙古、重庆、贵州、云南、西藏、陕西、甘肃、青海、宁夏、新疆。这一类区域特征不明显，包含了东部5个、中部4个、西部10个省份。

第三类区域：浙江、福建、广东。这一类区域的共同特征是在主因子F_3上得分最高，在主因子F_4上也具有较高的得分，其农村公共品供给水平处于全国中游水平。

第四类区域：湖北、湖南、广西。这一类区域的共同特征是在主因子F_4上得分最高，在其余主因子上得分处于中游水平，其农村公共品供给水平处于全国中上游水平。

第五类区域：河北、江苏、山东、安徽、河南。这一类区域的共同特征是在主因子F_1上得分最高，其农村公共品供给水平位于全国前列。

（六）结论

本部分研究利用2013年的统计数据，综合运用因子分析法和聚类分析法，从农村生产性公共品（农村道路、农田水利设施）、农村生活性公共品（基础教育、医疗卫生、文化娱乐、电网、通信、生态环境）、农村保障性公共品（社会保障、公共安全）三大类10个方面对我国31个省（自治区、直辖市）的农村公共品供给水平进行了实证研究，研究表明，第一，从整体上看，对于农村公共品供给水平而言，东部地区最高，中部地区居中，西部地区最低；第二，除河南、山东、四川外，我国农村公共品整体供给水平较低；第三，我国各地区农村公共品供给水平呈现出差异性，且区域差异较大；第四，我国各地区农村公共品供给水平与区域经济发展水平、区域财政实力、政策、资源等密切相关；第五，聚类法所划分的五个不同类型的区域农村公共品供给水平具有其不同的特点。因此，应正确认识各地区农村公共品供给水平的差异性，因地制宜，根据各地区的实际情况，针对各地区的特点采取相应的措施，解决农村公共品供给能力不足、供给水平落后等问题，不断提升我国农村公共品供给的整体水平，以满足农民的实际需求意愿。

第四章 基于宏观层面（政府视角）的农村公共品供给绩效评价

在改革开放的大潮中，我国经济实现了突飞猛进的发展，取得了举世瞩目的辉煌成绩，我国的国内生产总值从1978年的3678.7亿元增加到2014年的643974.0亿元，相应地，人均GDP从385元增加到47203元，翻了好几番，我国的综合国力得到了显著提升。随着经济的快速发展，农村居民在基本生活需求得到满足之后，其需求在逐渐地扩大，如农村居民对公共品（社会保障、医疗、教育等）的需求在逐渐增长，但各级政府并不能很好地满足农民这种日益增长的需求，于是，现有的公共品供给制度与农民对其不断增长的需求之间的矛盾更加突出。另外，随着经济的飞速发展，我国的公共品供给水平是否得到了快速提升呢？回答是否定的，就目前我国农村的整体情况看，农村公共品供给水平落后于农村经济发展水平。究其原因，主要是因为受到城乡二元经济结构体制的影响，政府对于农村并未给予足够的重视，对其财政投入不足所造成的。以2014年为例，按当年价格计算，地方财政支出总额为129215.49亿元，其中地方财政一般公共服务支出12217.07亿元，占地方财政支出总额的比重为9.45%。从全国31个省份的一般公共服务支出额来看，广东省2014年的这一指标数值为959.44亿元，位居全国之首；而宁夏回族自治区的支出总额仅为61.68亿元，居于全国之尾。从人均支出看，全国31个省市中，2014年地方财政一般公共服务人均支出最高的是西藏自治区，为5160.06元，支出最少的是河北省，仅为645.44元；全国地方财政一般公共服务人均财政支出水平为 896.69 元，位于全国人均财政支出水平之上的有西藏、青海、新疆、北京、海南、贵州、内蒙古、甘肃、江苏、天津、湖北、上海、辽宁、陕西、重庆、浙江、宁夏、湖南、吉林 19 个省份。由此可见，我国各地方财政一般公共服务支出水平之间存在较大差异，也就是说，存在一定程度的非均衡现象，这种一般公共服务财政支出非均衡化现象必然也会导致我国各地区一般公共服务供给水平的非均衡化发展。那么，这种非均衡化发展是由什么原因所导致的？究竟是由政府财政支出不足造成的，还是由公共资源配置不合理所导致的？进而，会使农村公共品供给绩效受到怎样的影响？因此，研究我国农村公共品供给绩效问题就显得非常有意义。

一 以往文献回顾

纵观国内外研究，农村公共品供给效率相关问题的研究已硕果累累，本部分研究主要从农村公共品供给绩效评价方法及其影响因素两个方面对学者们的研究成果进行归纳总结。

（一）农村公共品供给绩效评价方法相关研究

公共品的供给效率会因其供给主体的不同而不同，其中公共部门具有高效率和成本节约优势（James M. Ferris Elizabeth Graddy，1994）；与此同时，"集成化"的供给方式有利于公共品供给效率的提升（Hanming Fang，Peter Norman，2003）。此外，在居民收入水平提高的前提下，要提升"俱乐部"产品的供给效率就要实现公共品私人化（Buchanan，1950）。目前国内外对于公共品供给效率的评价方法较多，比如数据包络分析法、因子分析法、层次分析法等。其中，数据包络分析法在效率评价方面的应用较早，如学者利用实际调研数据，对挪威地方政府公共品财政支出效率进行了核算（Gunnar Rongen，1995）。孙璐等（2007）采用因子分析法与 DEA 模型，实证分析了长江三角洲地区的 16 个城市的公共服务绩效。研究表明，11 个城市属于 DEA 有效，有效率达 68.75%，其均处于规模收益不变阶段,投入和产出比已达最优;非 DEA 有效的城市都有产出不足的特点,即投入和产出不匹配。有学者运用 DEA – Tobit 模型,评估和解析了葡萄牙公共产品的供给效率(Afonso A., Fernandes S., 2008)。管新帅和王思文(2009)采用两阶段 DEA 模型,测度了我国地方公共品供给效率。得出公共品供给效率地区差异明显,并且地区 GDP 水平高并不代表其公共品供给效率高的结论。唐娟莉(2014)采用 DEA – Tobit 两阶段模型,实证研究了我国 31 个省份的农村公共服务投资技术效率及其影响因素。

与此同时,学者们进行了细化的研究,即分类研究不同类型公共品供给效率,如农村社会保障财政支出效率,王宁和姜凡(2007)采用数据包络分析法,综合评价了我国 28 个省市的城市最低生活保障制度的有效性。仇晓洁和温振华(2012)运用 DEA 方法,测算了农村社会保障支出效率,得出农村社会保障财政支出具有效率的省份总共有 9 个,主要位于西部地区;三大区域皆处于规模收益递增阶段;人口流动影响了其财政支出的使用效率等结论。王增文和邓大松(2012)采用因子分析法定量分析了农村低保制度及配套政策发展水平的地区性差异。何植民和熊小刚(2015)采用因子分析法和均方差赋权法,综合评价了我国 20 个县的农村低保政策的实施绩效。丁煜和柏雪(2012)采用同样的方法,综合评估了我国城市最低生活保障水平。何晖和邓大松(2010)采用层次分析方法(AHP),在构建农村低保制度运行绩效评价指标体系的基础上,综合评价了 2007—2008 年中国 31 个省区的农村最低生活保障制度的运行绩效。梁雅莉和张开云(2014)通过构建 BWT 模型与评估维度,测算了我国 31 个省份农村低保制度的实施绩效。此外,学者利用 C^2R 模型测算了我国财政农业支出资金绩效(崔元锋等,2006)、采用 DEA – Tobit 模型核算中国地方政府的卫生支出效率(韩华为,苗艳青,2010)、采用 Ordered Logit 模型评价了农村新型合作医疗制度实施绩效(田秀娟等,2010)。

(二) 农村公共品供给绩效影响因素相关研究

公共品供给绩效的影响因素较多，不同的学者从不同的角度对公共品供给绩效影响因素进行了研究，并得出了相应的结论。有学者认为信任作为一种"社会资本"，是公共品供给效率的主要影响因素，因为信任不仅可以减少劳动成本，而且更为重要的是可以提高公共品的供给效率（速水佑次郎，2003）；同时，公共品供给效率的重要影响因素还有地方政府的公共支出、税收竞争政策、产品私人化等。从我国学者的研究成果看，李燕凌（2008）通过构建CSI – Probit 回归模型，定量分析了农村公共品供给效率"满意度"及其影响因素，当 CSI 值处于同一类型时，其影响因素具有明显的共性特征，其主要影响因素有制度因素、管理因素与财政因素（张开云，2009）。具体而言，影响公共品供给效率的重要因素有人均GDP、财政分权、人口密度等（韩华为，苗艳青，2010）。这与唐娟莉（2014）研究结论有共同点。唐娟莉（2014）研究认为造成我国农村公共品供给效率呈现地区差异的主要原因有财政分权、人口规模、农民收入水平等，造成农村公共服务差异更为主要的因素是政府体制（苏时鹏，张春霞，2008）。而陈诗一、张军（2008）研究得出了不同的观点，研究认为，在东西部地区政府支出效率差异形成中具有重要作用的因素是地方政府的不可控因素，如地理环境、人口禀赋等。此外，学者们也对公共品供给效率低下的原因进行了探讨，如 Stiglitz（1977）指出，造成公共品供给效率低下的主要原因是公共品管理困难、社会选择、偏好显示。决策程序不规范、监督与约束机制的缺失、政府运行低效甚至无效率、乡村治理结构不合理（林万龙，刘仙娟，2006）、城乡差异和供给主体错位（李清娥，2006）等均是造成农村公共产品供给效率低下的主要原因。此外，张红宇（2005）研究认为，现有的管理体制难以改变并消除政府追求利益的动机与行为，这必然导致农村公共品供给效率的低下甚至无效率，还会造成农村公共品供给成本的上升，在无形中增加了农民的负担。

综上所述，国内外学者从不同的角度对农村公共品供给效率问题进行了理论和实践探讨，这些研究成果为本部分研究奠定了研究的基础，其理论和方法对本部分研究具有重要的启发和借鉴意义。然而，就目前的研究成果来看，多数研究在评价农村公共品供给绩效时，并未将环境因素和随机因素考虑在内。鉴于此，本研究利用我国31个省份2007—2014年的面板数据，采用以产出为导向的三阶段DEA模型，综合评价农村公共品供给绩效，即测算各省份农村公共品供给的实际效率水平，探求农村公共品供给效率失衡或低下的症结所在，以寻找提高农村公共品供给水平和供给绩效的有效路径，为有效配置公共资源、制定合理的供给目标提供理论和政策依据，为实现公共服务均等化提供理论支撑。

二 模型选取

由于一阶段DEA方法无法准确反映各决策单元之间的效率差异，同时为了确定环境变量、管理因素等的影响，Fried等（2002）提出了一种新的效率评价模型，即三阶段DEA方法，是将非参数的DEA方法与参数的SFA方法相结合使用。Fried等认为低效率或者决策单元达不到效率前沿，可能会受到环境变量、管理效率、随机误差等外生因素的影响，三阶段DEA模型正是剔除环境与随机误差影响后，更加精确地估计效率水平的一种有效方法。

第一阶段：传统的DEA模型（BC^2）

第一阶段利用我国31个省份农村公共品原始投入、产出数据，选用DEA模型中基于规模报酬可变（Variable Return Scale，VRS）的BC^2模型进行效率测算，并得到各决策单元的三种效率值（综合技术效率、纯技术效率、规模效率）。

设有n个决策单元DMU_k（$k = 1, 2, \cdots, n$）。DMU_k输入为$x_k = (x_{1k}, x_{2k}, \cdots, x_{mk})^T$，输出为$y_k = (y_{1k}, y_{2k}, \cdots, y_{sk})^T$。输入与输出指标数目分别为$m$和$s$，构建基于产出导向的$BC^2$模型为：

$$\min[\theta_k - \varepsilon(e^T s^- + e^T s^+)]$$

$$\sum_{k=1}^{n} \lambda_k x_{rk} + s^- = x_{0r}$$

$$\sum_{k=1}^{n} \lambda_k y_{ik} - s^+ = \theta_k y_{0i}$$

$$\sum_{k=1}^{n} \lambda_k = 1$$

$$\lambda_k \geq 0; s^- \geq 0; s^+ \geq 0$$

$$r = 1,2,\cdots,m ; i = 1,2,\cdots,s \qquad (4-1)$$

式（4-1）中，x_{rk} 代表第 k 个决策单元第 r 项投入量，y_{ik} 为第 k 个决策单元第 i 项产出量；λ_k 为组合系数；ε 是非阿基米德无穷小量；e^T 代表单元行向量；θ_k 代表第 k 个决策单元的效率值，通常被称作效率系数，介于0—1，$\theta_k \to 1$ 表示效率越高，是一种相对效率；s^-、s^+ 是输入和输出松弛变量，分别代表投入冗余和产出不足。若 $\theta_k = 1$，且 $s^- = 0$、$s^+ = 0$，则 DMU_k 为 DEA 有效；若 $\theta_k = 1$，但 $s^- \neq 0$ 或 $s^+ \neq 0$，则 DMU_k 至少为弱 DEA 有效；若 $\theta < 1$，但 s^-、s^+ 不全为 0，则 DMU_k 为 DEA 非有效。

第二阶段：随机前沿分析（SFA）模型

研究表明，用传统 DEA 方法得到的各变量的松弛变量受到环境因素、管理效率、随机因素三者共同影响。本部分研究在第二阶段通过构建相似 SFA 模型，分解这三种因素的影响，剔除环境与随机误差的影响，研究管理无效率所导致的产出松弛。本部分研究以产出松弛为因变量，以环境因素为自变量，构建如下相似 SFA 模型：

$$s_{ik}^+ = f^i(z_k;\beta^i) + v_{ik} - u_{ik}, i = 1,2,\cdots,s; k = 1,2,\cdots,n$$

$$(4-2)$$

式（4-2）中，s_{ik}^+ 代表第 k 个决策单元第 i 项产出松弛变量；$f^i(z_k,\beta^i)$ 为随机前沿函数，一般形式为 $f^i(z_k;\beta^i) = z_k\beta^i$，代表环境变量对产出松弛变量 s_{ik}^+ 的影响；$z_k = (z_{1k}, z_{2k}, \cdots, z_{pk})$ 代表 p 个环境变量，β^i 为环境变量的待估参数。混合误差项为 $v_{ik} - u_{ik}$，随机误差项与管理无效率分别为 v_{ik} 和 u_{ik}，$v_{ik} \sim N(0, \sigma_{vi}^2)$，$u_{ik} \sim N^+(u^i,$

σ_{ui}^2），v_{ik} 和 u_{ik} 相互独立，并且与 p 个环境变量相互独立。当 $\gamma = \dfrac{\sigma_{ui}^2}{\sigma_{ui}^2 + \sigma_{vi}^2} \to 1$ 时，管理因素的影响占主导地位；$\gamma = \dfrac{\sigma_{ui}^2}{\sigma_{ui}^2 + \sigma_{vi}^2} \to 0$，随机误差的影响作用越大。

进一步，为了衡量随机误差的影响，对 SFA 模型进行回归，得到其回归结果估计值（$\hat{\beta}^i, \hat{\sigma}_{vi}^2, \hat{u}^i, \hat{\sigma}_{ui}^2$）及其管理无效率估计值 $\hat{E}[u_{ik}/(v_{ik}+u_{ik})]$，借鉴 Jondrow 等（1981）的方法，将混合误差项中的随机误差从管理无效率中分离出来，方法如下：

$$\hat{E}[v_{ik}/(v_{ik}+u_{ik})] = s_i^+ - f(z_k;\hat{\beta}^i) - \hat{E}[u_{ik}/(v_{ik}+u_{ik})] \quad (4-3)$$

为了消除环境与随机因素的影响，准确地反映各决策单元的效率水平，需要对产出量作出调整。调整的方向是将处于不同环境的决策单元调整至相同环境，即可以对所处环境较好的决策单元增加其产出，也可以对所处环境较差的决策单元减少其产出，但后者在某些极端情况下，可能会由于产出的减少导致调整后的产出项为负，带来计算上的困难。因此，本部分研究选择环境较好的决策单元调整其产出，调整的方法如下：

$$y_{ik}^A = y_{ik} + \{\max_k[z_k\hat{\beta}^i] - z_k\hat{\beta}^i\} + \{\max_k[\hat{v}_{ik}] - \hat{v}_{ik}\} \quad (4-4)$$
$$i = 1,2,\cdots,s; k = 1,2,\cdots,n$$

式（4-4）中，y_{ik} 代表第 k 个决策单元第 i 项产出的实际值，即调整前或初始的产出值；y_{ik}^A 代表其调整后的产出值；$\hat{\beta}^i$ 与 $\hat{v}_{ik}$ 分别为环境和随机变量的估计值。

第三阶段：调整的 DEA 模型

再次应用第一阶段 DEA 模型，并将原始投入值 x_{rk} 和调整后的产出值 y_{ik}^A 代入，计算剔除环境与随机因素影响后的各省份的农村公共品供给效率。此时的效率值仅受到管理无效率的影响，能够更为客观地反映我国各省份农村公共品供给的实际绩效水平。

三 变量选取与数据说明

运用三阶段 DEA 模型测算我国各省份农村公共品供给绩效时,需要我国各省份农村公共品供给的投入、产出、环境因素方面的统计数据,本部分研究考察的时间期限为 2007—2014 年,考察我国 31 个省份的农村公共品供给绩效水平。

(一) 投入与产出变量的选取

本部分研究在借鉴同类相关文献的基础上,考虑到数据的可获得性,在投入方面,选择地方财政农村教育支出、地方财政农村医疗卫生支出、地方财政农林水事务支出、地方财政农村社会保障和就业支出四个变量;在产出方面,主要选择农村初中和小学在校学生数、每千农业人口乡村医生和卫生员数、农用机械总动力、有效灌溉面积、农村居民最低生活保障人数五个变量。

(二) 环境变量的选取

农村公共品供给绩效受多种因素的共同影响,虽然学者们的研究结果不太一致,但学者们普遍认为经济发展水平、财政分权、人口规模、城市化水平等因素对农村公共品供给绩效具有一定影响。本部分研究在借鉴相关研究的基础上,主要选取了人均 GDP、财政分权度、农民受教育程度、农民收入水平、人口规模、城市化水平、地区虚拟变量七个变量作为环境变量。

(1) 人均 GDP。一般而言,地区经济发展水平越高,政府财政对于农村公共品的投资也会随之增加,会促使其绩效水平的提升。但是,经济发展水平高的地区相应的政府的财政能力较强,这样可能会导致政府养闲人,以致可能无法控制成本,最终导致效率的低下。

(2) 财政分权度。财政分权状况在一定程度上会对农村公共品的有效供给及其供给绩效产生影响,即地区财政分权度越高,越有利于农村公共品供给绩效的提升。财政分权可以从财政收入的角度度量,也可以从财政支出的角度度量,但是两者相比较而言,财政支出相对于财政收入更能形象地反映政府财政支出的规模和效率,因此,本部分研究从财政支出的角度进行衡量,选用地方财政支出占全国财政总支出的比重来刻画财政分权度。

(3)农民受教育程度。Hamilton(1983)研究发现,居民受教育程度在一定程度上反映了居民对当地政府施加压力的能力,对政府支出效率会产生影响。同时,居民选择能干官员和识别官员腐败的能力主要是受到其教育水平的影响(Milligan,2005),因此,农民受教育程度与政府支出效率之间呈正相关关系。本部分研究用农村初中及以上劳动力占农村劳动力比重来衡量农民受教育程度。

(4)农民收入水平。农民对公共品的需求随着农民收入水平的提高而逐渐呈现出多样化、高标准等特性(朱玉春等,2010),农民对其的消费水平也会提升,同时农民对政府施压的能力也随着农民收入水平的上升而增强,因此,富裕农民能够给当地政府施加较大的压力,以满足其需求,这也说明较高的农民收入水平对公共品供给绩效有正向影响。本部分研究用各地区农民人均纯收入水平表示农民收入水平。

(5)人口规模。陈诗一和张军(2008)研究发现,一个地区人口越多,政府支出的规模经济效应越显著,意味着公共服务的供给会随着人口规模的扩大出现规模经济效应,提升政府支出效率(Grossman et al.,1999)。也有学者认为人口密度对政府支出效率产生负向影响(韩华为,苗艳青,2010),可能主要是因为人口密度大的地区会由于交通、污染等问题产生"拥挤效应"。本部分研究的人口规模用每一乡村人口占有耕地面积来表示。

(6)城市化水平。城市化水平是否会对农村公共品的供给产生影响,目前相关的研究甚少。本部分研究考虑这一指标主要是基于两点:一是城镇化水平在一定程度上反映了全面小康社会的建设水平,随着城市化进程的加速,农村剩余劳动力越来越多地涌向了城市,对城市基础设施和公共服务的需求呈现出增长趋势,进而会对农村公共品的供给产生影响；二是城市对农村而言具有辐射带动作用，城市化水平对城乡公共品统筹供给具有显著影响（林万龙，2005）。本部分研究的城市化水平指标用各地区年末城市人口数占总人口数的比重来表示。

（7）地区虚拟变量。我国东部、中部、西部三大地区在经济发展水平、资源禀赋、地理区位、人口等方面存在巨大差异，那么东部、中部、西部三大地区之间农村公共品供给绩效是否存在显著差异。因此，为了检验东部、中部、西部地区农村公共品供给绩效在统计上是否存在显著差异，以中部地区为基准，引入东部 D_1 与西部 D_2 两个虚拟变量。

（三）数据说明

本部分研究的对象是我国省际农村公共品供给绩效，包括我国31个省份，时间跨度为2007—2014年。同时，为了区分地区差异，将我国31个省份划分为东部、中部、西部三大经济地区，其中，东部地区包括11个省份[①]，中部地区包括8个省份[②]，西部地区包括12个省份[③]。

以上所选用的31个省份的投入产出、环境变量数据来自2008—2015年的《中国统计年鉴》《中国农村统计年鉴》《中国教育经费统计年鉴》《中国卫生统计年鉴》《中国劳动和社会保障年鉴》。同时，在此，对个别指标和个别数据的获取作出如下解释：由于农村初中及以上劳动力人数无法获取，在此用6岁及以上人口中高中及大专以上人口数来表示，主要是由于农民中初中以上的比重相对较小，而城市中初中人数比重较大，为了减小差距，用高中及大专以上人口数表示，于是，相应地农民受教育程度用6岁及以上人口中高中及大专以上人口比重表示；由于2013年统计口径的

---

① 北京、天津、河北、辽宁、上海、江苏、浙江、福建、山东、广东、海南。
② 山西、吉林、黑龙江、安徽、江西、河南、湖北、湖南。
③ 内蒙古、广西、重庆、四川、贵州、云南、西藏、陕西、甘肃、青海、宁夏、新疆。

变化，农民收入水平 2007—2012 年用农民人均纯收入表示，2013—2014 年用人均可支配收入表示；2014 年各地区耕地面积按 2006—2013 年各地区耕地面积的平均值计算。以上选用的投入产出变量及环境变量的统计性描述结果如表 4-1 所示。

表 4-1　　　　　　　各变量的描述性统计结果

指标类别	具体指标	平均值	标准差	最小值	最大值
产出变量	农村初中和小学在校学生数（万人）	483.8742	353.5853	41.94	1560.88
	每千农业人口乡村医生和卫生员数（人）	1.4406	0.6463	0.33	4.35
	农用机械总动力（万千瓦）	3029.49	2890.001	95.32	13101.4
	有效灌溉面积（千公顷）	1965.04	1504.08	143.11	5342.12
	农村居民最低生活保障人数（万人）	157.6266	124.5451	3	534.7
投入变量	农村教育支出（亿元）	464.7858	326.7972	33.57	1808.97
	农村医疗卫生支出（亿元）	182.0408	133.0983	11.42	777.55
	农林水事务支出（亿元）	277.9002	178.1729	22.96	899.31
	农村社会保障和就业支出（亿元）	321.8635	190.4192	17.3	927.01
影响因素	人均 GDP（元/人）	15451.96	13239.15	341.43	67809.85
	财政分权度（%）	2.6552	1.3053	0.49	6.35
	农民受教育程度（%）	25.2836	9.5829	4.12	61.16
	农民收入水平（元）	7258.098	3597.538	2328.9	21191.64
	人口规模（公顷/人）	0.2239	0.1731	0.073	0.959
	城市化水平（%）	51.4229	14.5225	21.45	89.61

四　实证分析

（一）第一阶段 DEA 结果分析

在此阶段利用我国 31 个省份农村公共品原始投入、产出数据，采用产出导向的 DEA 模型，测算 2007—2014 年我国及东部、中部、西部三大经济地区的技术效率值（见表4-2）与变化趋势（见图4-1），但此阶段测算的效率水平受到环境因素、管理效率、随机因素这三个因素的影响。

表4-2   2007—2014年全国及东中西部第一阶段
农村公共品供给效率水平

地区	2007年	2008年	2009年	2010年	2011年	2012年	2013年	2014年	平均值
东部地区	0.787	0.796	0.764	0.793	0.723	0.693	0.752	0.777	0.761
中部地区	0.886	0.887	0.845	0.872	0.859	0.856	0.874	0.902	0.873
西部地区	0.953	0.928	0.926	0.893	0.843	0.851	0.896	0.899	0.899
全国均值	0.877	0.871	0.848	0.852	0.804	0.796	0.839	0.856	0.843

由表4-2可知，2007—2014年，我国农村公共品供给平均效率水平为0.843，说明我国农村公共品供给效率水平还有待于进一步提升，表明我国需要合理配置并调整优化农村公共资源结构、加大财政投入、合理有效利用财政资金以提高财政资金使用效率。东部、中部、西部三大经济地区农村公共品供给平均效率水平分别为0.761、0.873、0.899，即各地区平均效率水平高低顺序依次是西部地区、中部地区、东部地区，说明各地区农村公共品供给效率水平之间存在着地区差异。同期，全国及东部、中部、西部地区农村公共品供给平均技术效率呈现波动化的变化趋势，即全国基本上呈现下降—上升态势，东部和中部的变化趋势一致，呈现上升—下降的循环模式，西部呈现出先下降后上升的倒"U"型趋势。分地区看，东部地区农村公共品供给平均技术效率低于全国平均水平；西部地区农村公共品供给平均技术效率高于全国平均水平且差距有缩小趋势，中部地区除2009年外，其余年份农村公共品供给平均技术效率高于全国平均水平且差距有扩大趋势（见图4-1）。表明我国农村公共品供给效率呈现出区域差异，特别是西部地区与东部地区差异显著；从每年东部、中部、西部三大经济区各省份的技术效

第四章 基于宏观层面（政府视角）的农村公共品供给绩效评价

率值看，中部、西部地区相对比较接近生产前沿面，而东部地区相对远离生产前沿面。东部地区经济发展水平较高，财政实力雄厚，农民收入水平较高，其本身的独有优势占有较多的资源且本身农村公共品供给水平就较高，加之农村人口较少，所以其效率提升空间很有限；中部地区经济发展处于中游水平，多数属于农业大省，农村人口较多，且国家给予的重视程度较低、财政投入较少，甚至财政资金在使用过程中因缺乏有效的监督机制使得资金存在浪费或挪用等现象，造成财政资金未能充分发挥其效益、使用效率低下，于是，其技术效率水平相对较低；西部地区虽然经济发展水平较低，财政实力有限，但是受国家政策影响，进入21世纪，特别是2003年以来，国家给予了高度重视，加大了财政倾斜力度，投入了大量的人力、物力和财力，以不断推动西部地区农村公共品供给水平的提升，于是，技术效率水平提升较快。

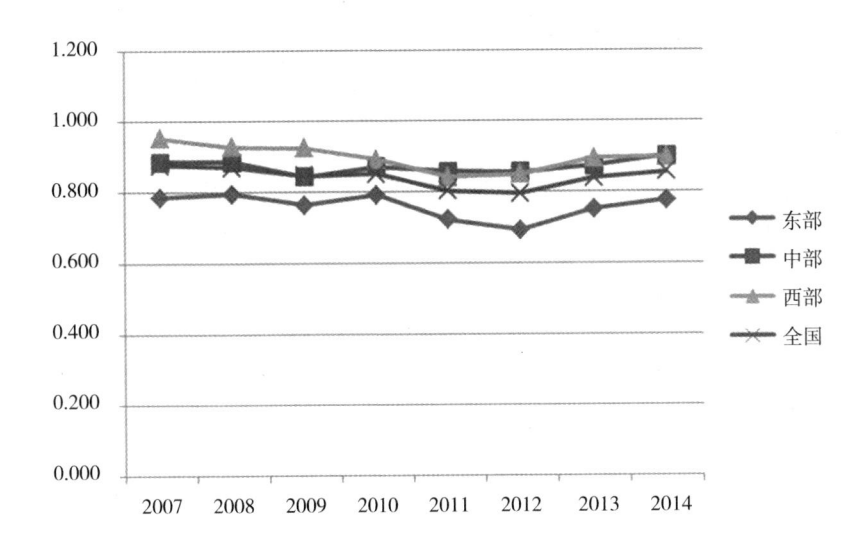

图 4-1 2007—2014 年全国及东中西部第一阶段农村公共品供给效率变化趋势图

(二) 第二阶段 SFA 回归结果分析

中国幅员辽阔、资源丰富、地域差异较大，于是各地区所处的经济发展水平、资源禀赋、人口规模等外部环境方面存在着较大的差异，这会影响到第一阶段 DEA 效率值，所以，需要剔除对第一阶段 DEA 效率值产生影响的环境因素和随机因素，在此以对被解释变量（第一阶段各产出变量的松弛值）与解释变量（环境变量取自然对数）之间的关系进行 SFA 分析，具体结果见表 4-3。

表 4-3 2007—2014 年各省市农村公共品供给的 SFA 回归结果

变量	农村初中和小学在校学生数	每千农业人口乡村医生和卫生员数	农用机械总动力	有效灌溉面积	农村居民最低生活保障人数
人均 GDP	-52.5128 (-5.16) (0.000)	0.054 (1.79) (0.073)	-984.7224 (-3.72) (0.000)	-416.0015 (-4.51) (0.000)	9.0913 (0.84) (0.401)
财政分权度	84.5503 (5.52) (0.000)	-0.0578 (-1.27) (0.203)	2220.845 (5.57) (0.000)	708.6463 (5.11) (0.000)	-7.8112 (-0.48) (0.632)
农民受教育程度	41.8882 (2.38) (0.017)	-0.1146 (-2.20) (0.028)	138.7031 (0.30) (0.762)	18.4478 (0.12) (0.908)	-53.0443 (-2.83) (0.005)
农民收入水平	4.5476 (0.41) (0.680)	0.0229 (0.70) (0.483)	63.0012 (0.22) (0.827)	-84.1344 (-0.84) (0.400)	40.6884 (3.47) (0.001)
人口规模	1.0424 (0.17) (0.861)	-0.057 (-3.23) (0.001)	-431.3522 (-2.78) (0.005)	-235.865 (-4.37) (0.000)	-22.4345 (-3.54) (0.000)

续表

变量	农村初中和小学在校学生数	每千农业人口乡村医生和卫生员数	农用机械总动力	有效灌溉面积	农村居民最低生活保障人数
城市化水平	25.3046 (0.87) (0.383)	0.1203 (1.40) (0.162)	1631.647 (2.16) (0.031)	984.1343 (3.74) (0.000)	62.3195 (2.02) (0.043)
东部	1.3781 (0.14) (0.888)	-0.0497 (-1.71) (0.088)	443.8108 (1.73) (0.083)	-35.0775 (-0.39) (0.694)	15.5159 (1.48) (0.138)
西部	4.0383 (0.50) (0.614)	-0.0175 (-0.74) (0.461)	469.5833 (2.25) (0.024)	107.6913 (1.49) (0.137)	15.9263 (1.87) (0.061)
常数项	157.7268 (1.64) (0.102)	-0.7843 (-2.77) (0.006)	-471.8859 (-0.13) (0.893)	-177.1739 (-0.19) (0.852)	-539.9487 (-5.26) (0.000)
σ^2	1991.019 (0.0000)	0.0175 (0.089)	1349709.584 (0.0000)	163358.105 (0.0000)	2251.612 (0.0000)
γ	0.14 (0.069)	0.44 (0.000)	0.01 (0.097)	0.02 (0.086)	0.14 (0.069)
Wald$\chi2$	55.94 (0.0000)	31.34 (0.0001)	126.10 (0.0000)	104.50 (0.0000)	111.80 (0.0000)

注：第二行的第一个括号代表 z 值，第二个括号是其相对应的 P 值；σ^2、γ、Wald$\chi2$ 第二行括号代表对应的 P 值。

由表 4-3 可知，五个产出的松弛变量的 γ 值均较高，在 10% 的水平上通过显著性检验，表明环境变量对农村公共品供给绩效产生了一定的影响。当环境变量的系数是正值（或负值）时，表示该环境变量与产出松弛量之间具有正相关（或负相关）关系，即有利于（或不利于）增加产出或减少投入，对供给效率产生正向（负向）影响，剔除环境变量因素后，供给效率会降低（或提升），即该因素为不利于（或有利于）供给效率提升的外部环境因素。

（1）人均GDP。由表4-3可知，人均GDP对农村初中和小学在校学生数、农用机械总动力、有效灌溉面积三个松弛变量产生了负向影响，且三个产出的松弛变量均通过了1%显著性水平的检验；对每千农业人口乡村医生和卫生员数、农村居民最低生活保障人数两个松弛变量产生了正向影响，其中每千农业人口乡村医生和卫生员数松弛变量通过10%显著性水平的检验。这说明人均GDP对每千农业人口乡村医生和卫生员数具有显著正向的促进作用，对农村初中和小学在校学生数、农用机械总动力、有效灌溉面积具有消极影响，对各地区农村公共品供给绩效的影响取决于其影响程度的大小。这表明，一方面，经济发展水平越高，政府对于农村公共品的投资水平越高，越有利于其供给效率水平的提升；另一方面，经济的快速增长可能会带来成本增长、效率恶化等问题，表明经济的快速增长不一定能带来农村公共品供给效率水平的提升，这与陈诗一、张军（2008）和曾福生、郭珍（2013）等的研究结果是一致的。

（2）财政分权度。由表4-3可知，财政分权度对每千农业人口乡村医生和卫生员数、农村居民最低生活保障人数松弛变量产生了消极的影响，但未通过显著性水平的检验，说明财政分权度的高低与每千农业人口乡村医生和卫生员数、农村居民最低生活保障人数松弛变量之间形成了反向关系，这对农村公共品供给绩效水平的提升形成了不利影响；对农村初中和小学在校学生数、农用机械总动力、有效灌溉面积三个松弛变量产生了正效应，且在1%的水平上通过了显著性检验，说明财政分权度与农村初中和小学在校学生数、农用机械总动力、有效灌溉面积之间具有正向关系，这在一定程度上有利于农村公共品供给绩效水平的提升。这说明，农村公共品供给绩效水平是与财政分权度的高低具有一定的相关性，或者说财政分权度的提高有助于农村公共品供给水平的提升（刘成奎，桂大一，2009），一方面，财政支出规模的高低代表了地方政府对财

第四章 基于宏观层面（政府视角）的农村公共品供给绩效评价

政资源的支配权及其资源的配置灵活程度，地方政府能很好地满足农村居民对公共品的实际需求，在很大程度上体现出政府的职能及职责，对推进农村公共品供给水平的提升及农村公共事业发展具有积极的作用，有利于农村公共品供给绩效水平的提升；另一方面，农村公共品财政资源更多地来源于中央财政资源，但是中央财政资源往往具有很强的专项性，这使地方政府对财政资源没有很大的自主权，然而各地区差异较大，造成财政资源未得到有效充分利用或配置不合理现象，进而导致农村公共品供给绩效水平偏低。

（3）农民受教育程度。由表4-3可知，农民受教育程度对农村初中和小学在校学生数、农用机械总动力、有效灌溉面积松弛变量产生了正向影响，其中农村初中和小学在校学生数松弛变量通过了5%显著性水平的检验，对每千农业人口乡村医生和卫生员数、农村居民最低生活保障人数松弛变量产生了负向影响，且分别通过了5%和1%显著性水平的检验，对各地区农村公共品供给绩效的影响取决于其影响程度的大小。这表明，农民受教育程度越高，给当地政府施加压力的能力越大，越有利于农村公共品供给效率水平的提升。

（4）农民收入水平。由表4-3可知，农民收入水平对有效灌溉面积松弛变量产生了负向影响，但影响不显著，对农村初中和小学在校学生数、每千农业人口乡村医生和卫生员数、农用机械总动力、农村居民最低生活保障人数松弛变量产生了正向影响，其中农村居民最低生活保障人数松弛变量通过1%显著性水平的检验，这表明，农民收入水平越高，对这四个变量的产出水平有一定的提高。农民收入水平越高，农民会因对公共品不断增长的需求而增加对其的消费，同时也会给政府施压以满足他们的需求，对于农村公共品供给绩效水平的提升具有促进作用。

（5）人口规模。由表4-3可知，人口规模对农村初中和小学在校学生数松弛变量产生了正向影响，但影响不显著，与每千农业人口乡村医生和卫生员数、农用机械总动力、有效灌溉面积、农村居民最低生活保障人数四个松弛变量之间具有负相关关系，且通过了1%显著性水平检验。这说明，人口规模对各地区农村公共品供给绩效的影响取决于其影响程度的大小。本应人口规模与政府财政支出效率之间是正向关系，这也与中国的实际情况相符，但是本文的研究却与此有些差异。一方面，农村公共品政府财政支出规模与农村人口数量是直接挂钩的，地区农村人口越多，地方政府需要支出更多的财政资源，即财政支出规模效应越明显，就越有利于农村公共品财政支出绩效水平的提升；另一方面，随着城市化和工业化进程的加快，农村剩余劳动力更多地涌向了城市，这部分人群的需求与城市公共品相关，而农村中剩余的大多是孤寡老人和小孩，其对公共品的需求有减弱趋势，这两方面的作用导致了农村公共品需求有缩小趋势，造成其绩效水平偏低。

（6）城市化水平。由表4-3可知，城市化水平对农村初中和小学在校学生数、每千农业人口乡村医生和卫生员数、农用机械总动力、有效灌溉面积、农村居民最低生活保障人数松弛变量产生了正向影响，其中与农用机械总动力、有效灌溉面积、农村居民最低生活保障人数松弛变量之间具有显著的正相关关系。这说明，城市化水平对农村公共品供给绩效水平具有一定的影响。随着城市化进程的加快，农村地区特别是围绕城市周围的农村地区，很容易受到城市发展所带来的辐射带动作用，不需要本地区投资农村居民就可以直接免费享受到相关的公共配套设施。

（7）地区虚拟变量。我国东部地区的虚拟变量对农村初中和小学在校学生数、农用机械总动力、农村居民最低生活保障人数松弛变量产生了正向影响，对每千农业人口乡村医生和卫生员数、有效灌溉面积松弛变量产生了负向影响，其中每千农业人口乡村医生和卫生员数、农用机械总动力松弛变量通过了10%显著性水平的检验；西部地区虚拟变量对农村初中和小学在校学生数、农用机械总动力、有效灌溉面积、农村居民最低生活保障人数松弛变量产生了正向影响，其中农用机械总动力、农村居民最低生活保障人数通过了显著性检验，而对每千农业人口乡村医生和卫生员数松弛变量产生了负向影响。这表明，在一定程度上，中国各省份的地理区位对农村公共品供给绩效产生了一定影响；同时，中部地区各省份的农村公共品供给绩效水平低于西部地区的省份。

(三) 第三阶段调整的 DEA 结果分析

在此阶段采用产出导向的 DEA 模型,利用调整之后的产出与原始投入数据,测算得到 2007—2014 年我国及东部、中部、西部三大经济地区调整之后的技术效率值(见表 4 - 4)与变化趋势(见图 4 - 2),但此阶段测算的效率已剔除环境因素和随机误差的影响。

表 4 - 4 2007—2014 年全国及东中西部第三阶段农村公共品供给效率水平

地区	2007 年	2008 年	2009 年	2010 年	2011 年	2012 年	2013 年	2014 年	平均值
东部地区	0.923	0.885	0.881	0.823	0.792	0.773	0.807	0.837	0.840
中部地区	0.904	0.903	0.863	0.878	0.868	0.861	0.878	0.905	0.883
西部地区	0.958	0.946	0.949	0.907	0.870	0.871	0.905	0.911	0.915
全国均值	0.931	0.913	0.903	0.870	0.842	0.834	0.863	0.883	0.880

由表 4 - 4 可知,在剔除环境因素和随机误差影响之后,2007—2014 年,中国农村公共品供给平均效率水平为 0.880,说明经过调整之后,中国农村公共品供给效率水平虽然略有提升,但仍有进一步提升的空间,表明中国还需进一步调整并优化农村公共资源结构、杜绝财政资金的浪费甚至挪用现象、充分发挥财政资金的使用效益,带动经济的快速增长。分地区看,东部、中部、西部三大经济地区农村公共品供给平均效率水平分别为 0.840、0.883、0.915,说明效率水平在剔除环境因素与随机误差的影响后有些许提升,且呈现出西部地区高于中部地区、中部地区又高于东部地区的格局。同期,全国平均技术效率水平呈现出波动化的变化趋势,2007—2012 年下降,2013—2014 年转为上升趋势。分地区看,在剔除环境因素和随机误差影响之后,东部地区的变化趋势与全国一致,中部、西部地区呈现出下降—上升—下降—上升的变化态势;

东部地区农村公共品供给平均技术效率低于全国平均水平且差距呈现出逐步扩大的趋势,西部地区农村公共品供给平均技术效率高于全国平均水平且差距呈现出扩大—缩小交替循环趋势,中部地区农村公共品供给平均技术效率在起初低于全国平均水平,之后超越全国平均水平(见图4-2)。与第一阶段的效率值相比,第三阶段的效率值波动幅度均有缩小趋势,即各省之间的效率值更加集中,呈逐渐收敛趋势。

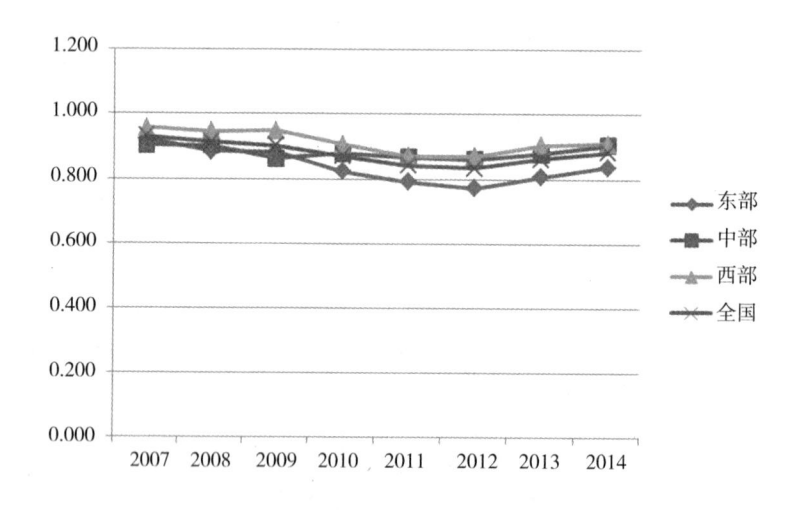

图4-2 2007—2014年全国及东中西部第三阶段农村公共品供给效率变化趋势图

为了更清晰地观测历年各省份农村公共品供给效率水平的变化趋势,本部分研究将第三阶段在统一前沿面下所得到的2007—2014年共8年的中国各省份农村公共品供给效率值按高、中、低划分为三个层次,在此仅说明2007年、2011年和2014年各省份农村公共品供给的技术效率、纯技术效率和规模效率,东部、中部、西部三大经济地区农村公共品供给技术效率和纯技术效率均呈现出先下降后上升的态势;东部、西部地区规模效率呈现出先下降后上升的趋势,中部地区呈现上升趋势。同时,西部地区的技术效率、纯技术效率值较高,中部地区的规模效率值较高;东部地区的技术效率、纯技术效率、规模效率值较低。

(四) 调整前后的比较分析

根据第一阶段和第三阶段的 DEA 分析结果,在此列出两个阶段各省份农村公共品供给的技术效率(TE)、纯技术效率(PTE)、规模效率(SE)(见表 4-5),并对两个阶段各省份农村公共品供给的效率变化情况进行比较。

表 4-5　　　　第一、第三阶段各省份三类效率均值比较及其排序

地区		第一阶段效率值			第一阶段排序			第三阶段效率值			第三阶段排序		
		TE	PTE	SE	TE	PTE	SE	TE	PTE	SE	TE	PTE	SE
东部地区	北京	0.382	0.619	0.664	31	31	31	0.675	0.713	0.945	30	30	23
	天津	0.819	0.991	0.826	20	11	27	0.847	0.994	0.853	19	11	29
	河北	1.000	1.000	1.000	1	1	1	1.000	1.000	1.000	1	1	1
	辽宁	0.553	0.650	0.864	30	30	24	0.643	0.672	0.958	31	31	20
	上海	0.663	0.807	0.816	29	25	29	0.805	0.858	0.940	23	23	24
	江苏	0.670	0.817	0.818	28	24	28	0.827	0.855	0.965	21	24	17
	浙江	0.680	0.692	0.985	27	29	13	0.784	0.849	0.923	27	25	27
	福建	0.883	0.928	0.950	15	17	20	0.901	0.947	0.950	15	16	21
	山东	0.976	1.000	0.976	8	2	14	0.976	1.000	0.976	9	2	15
	广东	0.959	0.973	0.986	11	13	12	0.984	0.989	0.995	8	13	11
	海南	0.780	0.983	0.795	22	12	30	0.802	0.990	0.812	24	12	31
	均值	0.761	0.860	0.880				0.840	0.897	0.938			

续表

地区		第一阶段效率值			第一阶段排序			第三阶段效率值			第三阶段排序		
		TE	PTE	SE	TE	PTE	SE	TE	PTE	SE	TE	PTE	SE
中部地区	山西	0.821	0.881	0.938	19	21	21	0.831	0.884	0.946	20	21	22
	吉林	0.708	0.730	0.972	25	28	16	0.718	0.733	0.980	29	29	14
	黑龙江	1.000	1.000	1.000	2	3	2	1.000	1.000	1.000	2	3	2
	安徽	0.962	0.966	0.996	9	14	8	0.963	0.966	0.997	10	14	10
	江西	0.877	0.914	0.960	16	20	19	0.897	0.920	0.976	16	20	16
	河南	1.000	1.000	1.000	3	4	3	1.000	1.000	1.000	3	4	3
	湖北	0.762	0.782	0.974	23	27	15	0.791	0.795	0.995	26	28	12
	湖南	0.849	0.857	0.990	18	22	9	0.859	0.861	0.998	18	22	9
	均值	0.873	0.891	0.979				0.883	0.895	0.987			
西部地区	内蒙古	0.914	0.924	0.990	12	18	10	0.926	0.927	0.999	12	18	8
	广西	0.910	0.920	0.989	13	19	11	0.917	0.924	0.993	13	19	13
	重庆	0.756	0.787	0.963	24	26	17	0.795	0.830	0.958	25	27	19
	四川	0.791	0.957	0.828	21	15	25	0.817	0.961	0.852	22	15	30
	贵州	1.000	1.000	1.000	4	5	4	1.000	1.000	1.000	4	5	4
	云南	0.860	0.934	0.922	17	16	22	0.875	0.934	0.938	17	17	25
	西藏	1.000	1.000	1.000	5	6	5	1.000	1.000	1.000	5	6	5
	陕西	0.682	0.826	0.828	26	23	26	0.779	0.833	0.937	28	26	26
	甘肃	0.999	1.000	0.999	7	7	7	0.999	1.000	0.999	7	7	7
	青海	0.961	1.000	0.961	10	8	18	0.961	1.000	0.961	11	8	18
	宁夏	0.909	1.000	0.909	14	9	23	0.909	1.000	0.909	14	9	28
	新疆	1.000	1.000	1.000	6	10	6	1.000	1.000	1.000	6	10	6
	均值	0.899	0.946	0.949				0.915	0.951	0.962			
全国均值		0.843	0.901	0.932				0.880	0.917	0.960			

对比第一阶段和第三阶段的 DEA 结果，调整前，我国 31 个省份中，东部地区 1 个省份（河北）、中部地区 2 个省份（黑龙江、河南）和西部地区 3 个省份（贵州、西藏、新疆）共 6 个省份处于

第四章 基于宏观层面（政府视角）的农村公共品供给绩效评价

生产前沿面上，其余25个省份均离生产前沿面还有一定距离；东部地区4个省份、中部地区的5个省份和西部地区的9个省份共18个省份①的农村公共品供给效率值高于全国平均效率水平，其余13个省份低于全国平均效率水平。究其原因，可能主要是因为各地区财政投入水平、原有的农村公共品供给水平、财政资金使用效率、资源配置结构等的差异，导致各地区农村公共品供给效率呈现地区差异。调整后，31个省份中，仍是东部地区1个省份（河北）、中部地区2个省份（黑龙江、河南）和西部地区3个省份（贵州、西藏、新疆）共6个省份处于生产前沿面上，其余25个省份均未处于效率前沿面上；农村公共品供给效率值高于全国平均效率水平的省份由18个减少为16个，相应地，效率值低于全国平均效率水平的省份由13个增加到15个。

通过对比两个阶段的DEA结果可知，剔除环境因素和随机误差影响之后，各省份农村公共品供给三种效率值均有变化，但变化方向和大小不一。从各省份农村公共品供给效率均值看，第三阶段的技术效率、纯技术效率、规模效率相比较于第一阶段均有所提升。表明剔除环境因素与随机误差的影响后，我国各省份的技术效率整体水平有所提升。对比调整前后，相较于第一阶段DEA分析结果，对于技术效率，我国31个省份中，北京、天津、辽宁等21个省份的技术效率均有不同程度的上升，河北、山东、黑龙江等10个省份的技术效率水平不变，东部地区的河北，中部地区的黑龙江、河南和西部地区的贵州、西藏、新疆6个省份达到技术有效状态；就纯技术效率而言，北京、天津、辽宁等19个省份的纯技术效率均有不同程度的上升，河北、山东、黑龙江、安徽等12个省份的纯技术效率水平不变，东部地区的河北、山东，中部地区的黑龙江、河南和西部地区的贵州、西藏、甘肃、青海、宁夏、新疆10个省份达到技术有效状态；对于规模效率而言，北京、天津、

---

① 河北、福建、山东、广东、黑龙江、安徽、江西、河南、湖南、内蒙古、广西、贵州、云南、西藏、甘肃、青海、宁夏、新疆。

辽宁等 18 个省份的规模效率水平均有不同程度的上升，河北、福建、山东等 11 个省份的规模效率水平不变，浙江和重庆 2 个省份的规模效率下降，东部地区的河北，中部地区的黑龙江、河南和西部地区的贵州、西藏、新疆 6 个省份达到规模有效状态。从东部、中部、西部三大经济地区来看，经过第二阶段的调整之后，东部、中部、西部地区农村公共品供给三种效率均有所提升，其中东部地区三类效率的提升幅度最大，中部地区三类效率的提升幅度最小。

比较调整前后，在未剔除环境变量和随机因素影响前，2007—2014 年我国农村公共品供给平均综合技术效率、纯技术效率和规模效率均值分别为 0.843、0.901、0.932，东部地区三类效率值分别为 0.761、0.860、0.880，中部地区为 0.873、0.891、0.979，西部地区为 0.899、0.946、0.949。在剔除环境变量和随机因素影响后，2007—2014 年我国农村公共品供给平均综合技术效率、纯技术效率和规模效率均值分别为 0.880、0.917、0.960，东部地区为 0.840、0.897、0.938，中部地区为 0.883、0.895、0.987，西部地区为 0.915、0.951、0.962。基于三大区域，东部、中部、西部地区的农村公共品供给效率均被低估，这主要是由环境因素与随机因素的存在所造成的。具体而言，各地区农村公共品供给效率的变化情况主要有四种：第一，东部地区纯技术效率均值和规模效率均值分别由 0.860 和 0.880 上升到 0.897 和 0.938，平均综合技术效率由 0.761 增加到 0.840。这表明，东部地区纯技术效率与规模效率被低估，这主要是由环境因素与随机因素的存在所造成的，最终导致其技术效率被低估。第二，中部地区平均纯技术效率、规模效率和综合技术效率分别由 0.891、0.979 和 0.873 增加到 0.895、0.987 和 0.883。可见，中部地区的纯技术效率与规模效率被低估，这主要是由环境因素与随机因素的存在所造成的，最终导致其技术效率被低估。第三，西部地区平均综合技术效率从 0.899 上升到 0.915，纯技术效率和规模效率分别由 0.946、0.949 增加到 0.951、0.962，即整体上有所上升。表明西部地区纯技术效率与规模效率被低估主要是由于环境因素与随机因素的存在所导致的，最终导致其综合技术效率被低估。第四，全国综合技术效率由0.843上升到0.880，东部、中部、西部地区的综合技术效率均是增加的，但增加幅度不一样，东部地区的增加幅度大于中部、西部地区，说明环境变量对东部地区的影响程度大于中部、西部地区；东部、中部、西部地区的纯技术效率也是增加的，同样是东部地区的增加幅度大于中部、西部地区；对于规模效率，经过调整之后，仍是东部地区的提升最大。

五 小结

本部分研究基于我国31个省份2007—2014年的面板数据，采用三阶段DEA模型，测算并分析了我国各省份农村公共品供给的综合技术效率、纯技术效率、规模效率。通过实证研究，主要得出了以下结论：

第一，中国各省份农村公共品供给绩效受到环境因素和随机因素的影响，在剔除其影响后，我国各省份农村公共品供给的技术效率、纯技术效率、规模效率均有所提升，但变化趋势不一。说明中国各省份的纯技术效率与规模效率的共同变化引起了技术效率整体水平的提升。表明在一定程度上，我国农村公共品供给绩效受到了环境因素与随机因素的影响，若不剔除其影响，我国农村公共品供给绩效可能会被低估。

第二，在剔除环境因素和随机误差影响后，2007—2014年，我国农村公共品供给绩效水平为0.880，总体水平仍显偏低，且呈现波动化的变化趋势，即呈现下降—上升的态势，说明我国农村公共品供给效率水平在剔除环境与随机误差影响后略有提升，但仍有进一步提升的空间，表明中国还需进一步调整并优化农村公共资源结构、杜绝财政资金的浪费甚至挪用现象、充分发挥财政资金的使用效益，带动经济的快速增长。

第三，我国31个省份中，调整前后均是东部地区的河北，中部地区的黑龙江、河南和西部地区的贵州、西藏、新疆6个省份处于生产前沿面上，其余 25 个省份均未处于效率前沿面上。

第四，基于三大经济区域，在剔除环境因素和随机误差影响后，东部、中部、西部三大经济地区农村公共品供给绩效水平也有些许提升，呈现波动化趋势，且波动幅度有缩小趋势，表明各省之间的效率值更加集中，呈逐渐收敛趋势；我国各地区农村公共品供给绩效水平呈现出区域差异，即呈现出西部地区高于中部地区、中部地区又高于东部地区的格局，表明东部、西部地区差异较东部、中部地区或中部、西部地区差异明显。

第五，从区域角度看，东部、中部、西部地区的农村公共品供给效率均被低估，这主要是由环境因素与随机因素的存在所造成的。具体而言，东部、中部、西部地区综合技术效率被低估是由纯技术效率与规模效率被低估所致。在剔除了环境因素和随机误差影响之后，东部、中部、西部三大经济地区农村公共品供给的技术效率、纯技术效率和规模效率均有所提升，其中东部地区三类效率的提升幅度最大，中部地区三类效率的提升幅度最小。

第六，对比调整前后，东部、中部、西部地区的三类效率值（综合技术效率、纯技术效率、规模效率）均是增加的，但增加幅度不一样，且东部地区的增加幅度大于中部、西部地区，说明环境变量对东部地区的影响程度大于中部、西部地区。

第七，人均 GDP、财政分权度、农民受教育程度、农民收入水平、人口规模、城市化水平、地理区位等因素对我国农村公共品供给绩效产生了不同程度的影响。

第五章　收入异质性视角下农户对农村公共品的需求偏好分析

经济学家 Sen. Amartya（1999）认为，自由的实质是人们有理由享受自身所珍视的那种生活的可行能力。Sen. Amartya 的发展自由观，强调对人的能力的培养，其意义在于提高人参与的能动性。

改革开放 40 年来，我国经济迅猛发展并取得了可喜的成绩，国民经济从一度濒于崩溃的边缘跃至世界第四，2.5 亿的农村贫困人口减少至 2000 多万，农民生活逐渐步入小康阶段（吴孔凡，2008）。不可否认，在农村经济发展过程中，公共品在其中发挥了举足轻重的作用。农村公共品是农村地区为了促进农村发展、推动农业生产、满足农民生活所需而提供的社会产品或服务，这些社会产品或服务具有一定非竞争性与非排他性等特性（朱玉春等，2011），对于农村经济发展、农业增产、农民增收等具有重要的作用。

一方面，进入 21 世纪，特别是 2003 年以来，国家为了实现"统筹城乡经济社会发展""基本公共服务均等化"等目标，财政支持"三农"政策出现重大转变，"三农"支出力度不断加大，农村公共品投入也不断增加，农村公共品供给实现了跨越式的发展，达到了一定的规模，然而我国农村公共品供给效率低下，存在"X-效率"，供求一直处于失衡状态。这主要是由于我国现行的"自上而下"的农村公共品供给体制与供求信息的非对称性所造成的。从供给角度看，现行的"自上而下"的农村公共品供给体制较少顾及农民的需求偏好；从需求角度看，农民需求意愿的表达机制不顺畅（马改艳，徐学荣，2013）。同时，农民存在免费"搭便车"的心理（熊巍，2002；赵宇，2009），加之"从众效应"的影响，为了追求自身利益最大化，农民可能会隐瞒自己对公共品的真实需求偏好，这样会导致农民需求偏好表达的"囚徒困境"。

另一方面，收入水平的提高和经济的市场化，使得农民对公共品的需求日益增长且不断多样化（吴孔凡，2008），同时诱发了农民对公共品的新需求，且农户的需求差异日趋明显（林万龙，2007）。在农民收入差异趋于扩大化的状态下，收入水平的差异性使得农民表现出明显的个体行为偏好与需求偏好，于是，农户对农村公共品的需求也因收入差异性呈现出不同偏好（王蕾，朱玉春，2013；朱玉春，王蕾，2014）。因此，要实现农村公共品的有效、公平供给，必须了解农户的需求意愿，体现不同特征农户的需求偏好。公共经济学理论认为，公共产品的最优供给直接与消费者的需求状况相关，要实现消费者效用最大化，必须达到公共品供求的均衡。

基于此，本研究立足于农户收入异质性视角，注重农户个体需求意愿的表达，分析不同收入水平农户对农村公共品的需求偏好，探求不同收入水平农户之间需求的差异性，寻求收入变化对农户需求影响的变动规律，探索影响农户对农村公共品需求偏好的因素，这有助于摸清农民的需求偏好，对于完善农村公共品供给机制等具有重要战略意义和现实意义。

一 以往文献回顾

近年来，国内外学者从不同的视角和层面，对农村公共品供给问题进行了研究，基于农户需求偏好和收入差异方面的研究大致可以归纳为以下三个方面。

（一）需求偏好显示

冯海波（2012）基于理论视角，阐述了价格拍卖机制、特征价格机制、投票机制与或有估价机制四种主要偏好显示机制。Tiebout（1956）研究表明，通过"用脚投票"的方式可以显示消费者对地方公共品的偏好，但是消费者有时很难辨别自己真正的偏好，且消费者数量越多这种情况越严重（Green，Laffont，1977）。不同特征的农户，其需求偏好是不一致的，可以通过联盟或团队的方式解决农户需求偏好不一致问题（March，2009）。按理论，政府对于农村公共品的供给需要考虑农户的需求偏好（赵农，刘小鲁，2008），只要能满足农户的需求偏好，不同主体来供给公共品所达到的效果是一样的（Ostrom，1992）。然而在现实中，由于目前现行的管理体制与"自上而下"决策机制等方面的原因，政府提供的农村公共品严重偏离了农户需求偏好（贾康，孙洁，2006；赵宇，2009），对农户公共品需求考虑不够（陈洁等，2006），最终造成了农村公共品供求的失衡。因此，需考虑农户的需求偏好（王春娟，2012），这就需要构建基于需求导向型的农村公共品供给机制，使多数农户的需求意愿得以真正体现（吴孔凡，2007；吴开松，周薇，2011）。

（二）需求意愿及其影响因素

已有研究表明，农户对公共品的满意度较低，而其需求意愿较为强烈（廖小东，丰凤，2012）。农户对公共品的需求呈现物质需求优先于精神需求、硬品优先于软品、现实优于长远、切身利益重于宏观环境，于是，医疗卫生、农田基础设施是农民最急需的（樊丽明等，2008）。白南生等（2007）研究认为，农户需求意愿具有"生产型"优于"生活型"公共品的特点。随着经济的发展和农民收入水平的提升，农户对公共品的需求发生了变化，主要表现为对文化娱乐、民主决策等较高层次的公共品表现出了较强的需求意愿，其需求呈现出层次性特征（李伟等，

2014)。此外，也有学者研究了印度德里居民对稳定水源供应的支付意愿（Nallathiga，2009）、居民对降低健康风险的支付意愿（Goldberg，Rosen，2007）。另外，学者们也研究了农户对公共品需求意愿的影响因素，如卫龙宝等（2015）运用有序Logit模型，实证分析了农户公共品需求的影响因素。农户个人特征、家庭特征及村庄特征共同影响了农户公共品需求偏好，但不同特征变量的影响方向和程度具有显著差异（孔祥智，涂圣伟，2006）。张朝华（2010）研究认为，有效灌溉面积对农户农业基础设施的需求产生了积极的正向影响。张宁等（2012）运用线性非效率模型与Logistic模型，实证研究了农户参与意愿对农田水利技术效率的影响。Rasch等（2009）研究了病人对新治疗方法支付意愿的决定因素。

（三）农户收入差异性

公共选择理论家建立的"中位选民"模型显示在公共品供给的需求决定中起决定性作用的是具有中位偏好的中位收入者，即在多数票规则下，中位选民对公共品的偏好，可以反映整个社会对公共品的偏好（Romer，Rosenthal，1979）。

在我国农村经济迅猛发展、农民收入水平快速提高的当今社会，农民的需求偏好也随之发生着较大的变化，其需求因收入水平的不同呈现出差异性（孙翠清，林万龙，2008），具体表现为农户收入水平越高，对公共品的需求越大（卫龙宝等，2015），收入的差异性使得农户对生产性公共品的需求意愿也产生了一定的差异，具体而言，低收入地区需求意愿较强，而高收入地区需求意愿却较弱（楚永生，丁子信，2004），然而其主要受益者是高收入者，而不是低收入者（Stigler，1970）。朱玉春和王蕾（2014）采用分层模型，实证研究了不同收入水平农户对农田水利设施的需求意愿及影响因素。研究结果显示，随着农业收入的增加，农户层面因素对农户需求意愿的影响更加显著于村庄层面因素；影响不同收入水平农户需求意愿的共同因素主要有村庄的地理特征、水利管理人数、可灌溉面积率等。在此基础上，蔡起华和朱玉春（2015）研究认为，农户参与农村公共品供给的意愿与方式受到收入水平的影响是很大的，农户更愿意以共同筹资的方式而非投劳的方式参与农村公共品供给。此外，还有学者考察了税收负担对公共品需求的影响（闵琦，2010）、农民负担率与公共品供给效率失衡问题（乐为，钟意，2014）。

综上所述，国内外学者从不同的角度对农村公共品供给农户需求偏好进行了研究，为本研究提供了一定的借鉴与启发作用。但已有研究将收入异质性与农户需求偏好没能很好地衔接来深入研究农村公共品供给问题，另外，研究方法也未能很好地体现农户偏好异质性问题。鉴于此，本研究基于农户收入异质性视角下，在分析农户对公共品需求偏好的基础上，采用二元Logit模型，探索影响农户对农村公共品需求偏好的重要因子，以寻求公平有效供给公共品的合理路径，为有效配置公共资源，修正并优化农村公共品投资方向，制定合理的供给目标提供理论和政策依据，为实现公共服务均等化提供理论支撑。

二 模型构建

研究对象是农户对公共品的需求偏好，即具有需求或无需求两种情况，从数值上看属于二项分布，即被解释变量具有0—1分布特点，直接采用线性概率模型（线性模型的OLS估计）进行估计，会产生概率预测值不在［0，1］区间、异方差、边际影响为常数等问题，因此，摒弃直接采用线性概率模型，选用二元Logit模型来进行估计这一问题。

假设存在潜在变量y_i^*，实际观察变量为y_i。

$$y_i^* = x_i\beta + \mu_i, \mu_i \sim N(0,1) \qquad (5-1)$$

式（5-1）中，$x_i\beta$称作潜变量反映函数或指数函数。当$y_i^* > 0$时，$y_i = 1$；当$y_i^* < 0$时，$y_i = 0$。$x_i (i = 1,2,\cdots,n)$是自变量，代表n个影响农户对公共品需求的因素，β是待估系数，μ_i是随机误

差项，μ_i 服从 Logistic 分布。

基于式（5-1）可构建如下无条件概率模型：

$$p(y_i = 1 | x) = p(y_i^* > 0 | x) = p(\mu_i > -x_i\beta) = 1 - p(\mu_i \leq -x_i\beta) = 1 - F(-x_i\beta) = F(x_i\beta) \quad (5-2)$$

式（5-2）中，$F(x)$ 是 μ_i 的累积概率函数。

于是，本研究实证分析所构建的二元 Logit 模型如下：

$$p(y_i = 1 | x) = E(y_i | x) = F(x_i\beta) = \frac{e^{x_i\beta}}{1 + e^{x_i\beta}} = \frac{1}{1 + e^{-x_i\beta}} \quad (5-3)$$

对于二元 Logit 模型，其边际效应为：

$$\frac{\partial p(y_i = 1 | x)}{\partial x} = F(x_i\beta)[1 - F(x_i\beta)]\beta \quad (5-4)$$

对于二元 Logit 模型参数的估计，本研究采用极大似然估计法进行估计，于是需构建似然函数。基于式（5-2）构建的似然函数形式如下：

$$p(y_1, y_2, \cdots, y_n) = \prod_{y_i=0}[1 - F(x_i\beta)] \prod_{y_i=1} F(x_i\beta) \quad (5-5)$$

对式（5-5）进行变形，得到如下似然函数形式：

$$L = \prod_{i=1}^{n}[F(x_i\beta)]^{y_i}[1 - F(x_i\beta)]^{1-y_i} \quad (5-6)$$

对式（5-6）取对数，进一步进行变形，得到对数似然函数：

$$\ln L = \sum_{i=1}^{n}\{y_i \ln F(x_i\beta) + (1 - y_i)\ln[1 - F(x_i\beta)]\} \quad (5-7)$$

式（5-7）的 1 阶极值条件为：

$$\frac{\partial \ln L}{\partial \beta} = \sum_{i=1}^{n}\left[\frac{y_i f_i}{F_i} + (1 - y_i)\frac{-f_i}{1 - F_i}\right]x_i = 0 \quad (5-8)$$

式（5-8）中，f_i 是累积概率函数 $F(x)$ 相对应的密度函数。

据此可以求解该方程组，可以得到模型相应的参数估计量以及检验所需统计量。

三　数据来源与变量选择

（一）数据来源

本研究数据来源于2013年7—10月对四川、河南、山西、陕西、贵州、宁夏6个省区18个市（县）的农村公共品供给状况的实地调查。调研抽样采用分层抽样与随机走访的方式进行，依据经济发展程度（三个等级：经济发达、中等经济发展水平、经济落后）按照省、市（县）、乡镇、自然村这样的层级制度，共选取98个自然村，抽取了1200户农户。在农户调查中，采用一对一的方式对成年人进行访问，试图使被访者的回答更贴合实际。此次实地调查问卷主要包括村庄基本情况、农户基本情况、农户对公共品的需求偏好（本研究用农户对公共品需求意愿的强烈程度表征）三个大类内容。根据公共品的特性、实地调查中农户表现出的对公共品的偏好及其问卷初步统计情况即数据的完整性考虑，本研究除了考察农户对公共品的整体需求偏好外，还考察了不同收入层次农户对农村道路、农村基础教育、农村医疗卫生、农村文化娱乐、农村社会保障的需求偏好情况。根据研究的需要，剔除无效问卷后，最终获得有效问卷1146份。

（二）样本描述

（1）村庄基本情况。在所有的被调查自然村中，主要以传统典型村庄为主，在地理特征上属于"平原"区域，占70%，其余30%属于山区、丘陵等地形。56%的村庄经济发展程度处于一般水平，经济发展程度较高的村庄占比较小，比例为14%。近一半的农户居住地距县城的距离超过10公里，平均距离达到19.9公里。

（2）农户基本情况。在1146个被调查农户中，男性比例稍微偏高，达到60%；受访者的年龄（研究中剔除了70岁以上者）主要处于26—60岁，占比为75%，18—25岁和61岁以上的比例分别为12%和13%，说明农业生产活动仍以中青年为主；对于受教育程度，受访者主要以初中文化程度为主，占52.5%，小学及以下的比例次之，为29.7%，高中及以上的比例为17.8%，这说明农民的受教育程度普遍偏低；3—5人的中小型家庭规模是目前比较普遍的模式，此次调查中69.1%的家庭呈现的是中小型家庭规模，反映了当今农村家庭规模的基本水平；被调查的农户当中，60人是村干部，142人是党员；目前有18%的农户没有从事农业生产，主要是在外打工、做生意等，这一部分人群要么认为农业收入太低，或者是家里只剩孤寡老人等原因，没有从事农业生产。

（3）农户对农村公共品的需求偏好。对于农户公共品需求偏好的披露，在此借鉴 Ciriacy - Wantrup（1947）所提出的条件价值评估法（CVM法）来进行研究。居民对公共品的偏好或需求可以通过居民对其的真实支付意愿来披露，居民的真实支付意愿可以通过问卷、访谈等形式揭露，这是条件价值评估法的核心思想。依据 Ciriacy - Wantrup 的研究成果，本研究采用调查问卷的方式对农户的公共品需求偏好情况进行揭示。表5-1提供了不同收入层次农户对公共品需求偏好的表达结果。

表5-1　　　　不同收入层次农户对公共品需求偏好结果　　　　单位:%

组别	无意愿	一般	强烈	很强烈
整体	20.07	22.6	30.54	26.79
低收入组（3000元以下）	18.61	26.16	26.16	29.07
中低收入组（3001—4000元）	18.38	23.08	36.75	21.79
中等收入组（4001—5000元）	20.96	23.58	27.07	28.39
中高收入组（5001—10000元）	18.7	20.99	31.68	28.63
高收入组（10000元以上）	24.42	21.32	28.68	25.58

注：收入组的划分参照《中国统计年鉴》中的划分标准执行。对于收入组的划分以下同，不再一一作出说明。

第五章　收入异质性视角下农户对农村公共品的需求偏好分析

由表5-1可知,农户对农村公共品的需求意愿较为强烈,农户的需求偏好显示结果为"强烈""很强烈"的概率分别为30.54%和26.79%,这说明目前的公共品供给还不能满足农民的需求;22.6%的农户需求意愿处于一般水平,表明这部分农民认为当前公共品的供给基本上能满足其需求;其余20.07%的农民无需求意愿。可见,当前农村公共品的供给还比较短缺,还有较大的提升空间。

从农民的收入来看,农户对公共品的需求偏好与整体需求偏好情况很相似,需求偏好显示结果为"无意愿"的概率最低,处于20%左右,这一概率在低收入组、中低收入组、中等收入组、中高收入组、高收入组中分别为18.61%、18.38%、20.96%、18.7%、24.42%;需求偏好显示结果为"强烈"的概率最高,在30%上下浮动,以上组别分别为26.16%、36.75%、27.07%、31.68%、28.68%;需求偏好显示结果为"很强烈"的概率也较高,位于27%左右波动,以上组别分别为29.07%、21.79%、28.39%、28.63%、25.58%。这说明,农户对公共品的需求意愿随着收入水平的提高而提升,这也给政策指明了方向,需要政府继续加大对农村公共品的供给。

(4) 农户对不同类型公共品的需求偏好。表5-2提供了不同收入层次农户对不同类型公共品需求偏好结果。从农户对不同类型公共品的需求偏好显示情况看,农户对医疗卫生保健的需求意愿最为强烈,"强烈"和"很强烈"偏好结果概率合计为70.07%,其次依次是农村道路、农村社会保障、农村文化娱乐、农村基础教育,其相对应的农户需求意愿依次为62.56%、60.12%、43.1%、17.89%。这说明,农户对公共品的需求偏好表现出一定的层次性。

从不同收入水平农户对不同类型公共品的需求偏好显示结果看,对于农村文化娱乐,随着农民收入水平的提高,农户的需求意愿整体上呈现上升趋势,以上五个组别农户的需求偏好结果为"强烈"和"很强烈"的概率合计分别为37.21%、35.04%、47.27%、45.42%、48.45%。这表明,农民收入水平越高,农户对文化娱乐的需求意愿越强烈,说明随着农民收入水平的提高,农户对公共品的需求呈现出高标准化的特征。对于农村社会保障,农户的需求意愿随着农民收入水平的提高而下降,以上组别农户的需求偏好结果为"强烈"和"很强烈"的概率合计分别为56.39%、63.25%、62.73%、60.3%、57.37%。这说明,农户收入水平越低,农户对社会保障的需求意愿越强烈,这符合农村的实际情况。这表明,对低收入农户来说,更需要政府提供社会救济。对于农村基础教育,农户的需求意愿随着农民收入水平的提高,呈现出先下降后上升再下降的趋势,以上组别农户的需求偏好结果为"强烈"和"很强烈"的概率合计分别为18.6%、15.81%、19.1%、21.37%、14.73%。对于农村医疗卫生和农村道路,农户的需求意愿随着农民收入水平的提高,均呈现出上升—下降—上升—下降的变化趋势,以上组别农户对农村医疗卫生和农村道路的需求偏好结果为"强烈"和"很强烈"的概率合计依次分别为65.7%、70.94%、68.64%、73.29%、70.16%和57.56%、67.52%、61.82%、63.74%、60.85%。

表5-2　　　　　　　不同收入层次农户对不同类型
　　　　　　　　　　公共品需求偏好结果　　　　　　　单位:%

组别	偏好	医疗卫生	农村道路	基础教育	文化娱乐	社会保障
整体	无意愿	8.81	15.01	71.81	26.27	19.46
	一般	21.12	22.43	10.3	30.63	20.42
	强烈	28.36	23.73	10.12	38.13	27.4
	很强烈	41.71	38.83	7.77	4.97	32.72
低收入组	无意愿	8.72	17.44	71.51	31.98	19.19
	一般	25.58	25	9.89	30.81	24.42
	强烈	23.26	25	9.3	34.3	27.32
	很强烈	42.44	32.56	9.3	2.91	29.07

续表

组别	偏好	医疗卫生	农村道路	基础教育	文化娱乐	社会保障
中低收入组	无意愿	7.69	10.26	70.09	32.48	17.95
	一般	21.37	22.22	14.1	32.48	18.8
	强烈	35.47	29.91	11.11	31.62	29.49
	很强烈	35.47	37.61	4.7	3.42	33.76
中等收入组	无意愿	11.36	16.82	68.63	19.55	16.36
	一般	20	21.36	12.27	33.18	20.91
	强烈	37.27	23.64	9.55	40	35
	很强烈	31.37	38.18	9.55	7.27	27.73
中高收入组	无意愿	7.63	14.89	69.08	21.76	22.14
	一般	19.08	21.37	9.55	32.82	17.56
	强烈	29.01	23.28	12.21	41.6	26.33
	很强烈	44.28	40.46	9.16	3.82	33.97
高收入组	无意愿	8.91	16.28	79.07	27.13	20.93
	一般	20.93	22.87	6.2	24.42	21.7
	强烈	17.06	17.83	8.14	41.47	20.16
	很强烈	53.1	43.02	6.59	6.98	37.21

(三) 变量选择

本研究对于农户对公共品的需求偏好，以农户对公共品需求意愿的强烈程度来表征，用 y 来代表，当 $y = 1$ 时，表示农户对公共品需求有偏好；当 $y = 0$ 时，表示农户对公共品需求无偏好。为了研究的方便及研究的目的考虑，将需求意愿"强烈"和"很强烈"归为需求有偏好，即赋值为 1；将需求意愿"一般"和"无意愿"归为需求无偏好，即赋值为 0。

（1）村庄特征。卫龙宝等（2015）在研究农户公共品需求偏好时采用村委会到乡镇政府的距离、相隔最远的两个村民小组的距离、村庄地理特征等变量来表示村庄特征，认为村委会离乡镇政府越远，农户满意度越低。朱玉春和王蕾（2014）研究表明，地理位置越是处于劣势，农户的需求意愿越强烈。对于村庄特征变量，本研究主要选择村庄地理特征、村庄经济发展程度、村庄距县城的距离三个变量。村庄地理特征以 x_1 来表征，其取值为 1 代表村庄属于平原，取值为 0 代表为其他类型，如山区、丘陵等；村庄经济发展程度以 x_2 来表征，对其赋值为 1—3，依次代表低、中、高三个等级；村庄距县城的距离以 x_3 来表征，用村庄距县城的实际距离表示，其单位以公里计。

（2）农户个体特征及家庭特征。蔡起华和朱玉春（2015）、卫龙宝等（2015）在研究的过程中采用了人口学特征，如年龄、文化程度、家庭人口数、收入水平等。孔祥智和涂圣伟（2006）研究认为，农户个人特征、家庭特征及村庄特征共同影响了农户公共品需求偏好。Fletcher 和 Kenny（2005）研究显示，年龄越大对教育的需求越弱，支持教育的投入就越低。另外，还有学者研究认为，村干部、党员等为农村的"精英分子"，能够更多地体谅基层政府的困难，也更能深刻认识到公共品供给的重要性。对于农户个体特征变量，本研究主要选择性别、年龄、受教育程度、是否是村干部四个变量。农户性别以 x_4 来表征，其取值为 1 代表男性，取值为 0 代表女性；年龄以 x_5 来表征，对其赋值为 1—5，依次代表 18—25 岁、26—40 岁、41—50 岁、51—60 岁、61 岁以上五个级别；受教育程度以 x_6 来表征，对其赋值为 1—4，依次代表小学及以下、初中、高中或中专或高职、大专及本科四个等级；是否是村干部以 x_7 来表征，其取值为 1 代表是村干部，取值为 0 代表不是村干部。对于农户家庭特征变量，本研究选择家庭人口数来表示，家庭人口数以 x_8 来表征，对其赋值为 1—4，依次代表 2 人及以下、3—5 人、6—8 人、8 人以上四个等级。

（3）制度环境——选择性变量。已有研究表明，政府政策对保护广大农民的根本利益、维护社会稳定具有重要作用，改变了收入的分配关系，产生了较大的政治影响（樊丽明等，2008），于是政策越完善、政府重视程度越高，越有利于公共品的供给（朱玉春、王蕾,2014）。朱玉春等（2011）研究认为，农户对乡镇政府评价、地方政府对中央政策的执行效果对农户评价农村公共品供给效果具有显著影响。因此,本研究参考朱玉春等(2011)的研究选用政策支持、农户对乡镇政府评价、地方政府对中央政策的执行效果三个变量。政策支持和农户对乡镇政府评价分别以 x_9 和 x_{10} 来表征,对其赋值为1—5,依次代表非常不满意、不满意、基本满意、满意、非常满意五个等级;地方政府对中央政策的执行效果以 x_{11} 来表征,对其赋值为1—4,依次代表不清楚、不好、还行、好四个等级。各主要变量的描述统计性结果及其预期作用方向见表5-3。

表5-3　　主要变量的描述统计性结果及其预期作用方向

变量	均值	标准差	最小值	最大值	预期作用方向
农户对公共品的需求偏好(y)	0.573	0.495	0	1	—
村庄地理特征(x_1)	0.701	0.458	0	1	负向
村庄经济发展程度(x_2)	1.844	0.643	1	3	负向
村庄距县城的距离(x_3)	19.917	15.138	1	65	正向
性别(x_4)	0.600	0.490	0	1	不明确
年龄(x_5)	2.950	1.230	1	5	不明确
受教育程度(x_6)	1.935	0.796	1	4	不明确
是否是村干部(x_7)	0.052	0.223	0	1	不明确
家庭人口数(x_8)	2.172	0.580	1	5	正向
政策支持(x_9)	3.572	1.203	1	5	负向
农户对乡镇政府评价(x_{10})	3.579	0.648	1	5	负向
地方政府对中央政策的执行效果(x_{11})	2.798	0.843	1	4	负向

由表5-3可知,农户对公共品的需求意愿比例为57.3%,说明农户对公共品的需求意愿较为强烈,政府提供的农村公共品较为短缺,不能满足农民的需求或偏好。农户对国家出台的一系列支农惠农政策较为满意,因为政策的出台可以保证农民利益不受损失。

农户对乡镇政府的评价较高,地方政府对中央政策的执行效果较好。

四 模型估计与分析

(一) Logistic 模型估计结果

对整体以及五组分组(低收入组、中低收入组、中等收入组、中高收入组、高收入组)实地调查数据作二元 Logistic 模型估计。表 5-4 是二元 Logistic 模型估计结果。由表 5-4 可知,整体以及五组分组模型的 LR [$LR\chi^2(11)$] 统计量均大于 100,对数似然比统计量均小于 -67,其相对应的显著性水平均为 0.000,这说明整体以及五组分组模型表现了较为理想的整体拟合效果,且解释变量的作用方向基本符合拟合前的预期。

表 5-4　　不同收入层次农户对农村公共品需求偏好影响因素的 Logit 估计结果

解释变量	整体	低收入组	中低收入组	中等收入组	中高收入组	高收入组
村庄地理特征(x_1)	-0.006 (-0.04)	1.387** (2.33)	0.220 (0.61)	-0.198 (-0.42)	-0.819* (-1.93)	-0.334 (-0.82)
村庄经济发展程度(x_2)	-1.241*** (-8.85)	-1.649*** (-4.15)	-1.134*** (-3.48)	-1.614*** (-3.96)	-1.093*** (-3.38)	-1.501*** (-5.28)
村庄距县城的距离(x_3)	0.012** (2.27)	0.025 (1.49)	-0.001 (-0.04)	0.016 (1.21)	0.003 (0.31)	0.021* (1.80)
性别(x_4)	-0.143 (-0.86)	0.603 (1.27)	-0.230 (-0.61)	-0.870* (-1.95)	0.038 (0.11)	-0.118 (-0.33)
年龄(x_5)	-0.389*** (-5.27)	-0.535** (-2.56)	-0.448*** (-2.64)	-0.193 (-0.90)	-0.407** (-2.34)	-0.386** (-2.54)

续表

解释变量	整体	低收入组	中低收入组	中等收入组	中高收入组	高收入组
受教育程度 (x_6)	0.857*** (6.53)	1.124*** (2.97)	1.245*** (4.10)	1.205*** (3.33)	0.737** (2.45)	0.568** (2.00)
是否是村干部 (x_7)	-0.443 (-1.20)	0.802 (0.86)	0.138 (0.19)	2.050 (1.10)	-1.311 (-1.41)	-1.466** (-2.00)
家庭人口数 (x_8)	0.095 (0.67)	-0.237 (-0.60)	-0.116 (-0.41)	-0.109 (-0.32)	0.159 (0.50)	0.841** (2.06)
政策支持 (x_9)	-0.784*** (-7.94)	-0.581** (-2.29)	-0.535** (-2.39)	-1.350*** (-3.88)	-0.840*** (-3.34)	-0.980*** (-4.88)
农户对乡镇政府评价 (x_{10})	-0.453*** (-3.46)	0.299 (0.89)	-1.040*** (-3.44)	-0.598 (-1.54)	-0.366 (-1.22)	-0.449 (-1.55)
地方政府对中央政策的执行效果 (x_{11})	-0.826*** (-7.13)	-1.110*** (-3.31)	-0.659*** (-2.56)	-1.224*** (-3.56)	-1.179*** (-3.98)	-0.387* (-1.66)
截距项	8.818*** (9.91)	5.530*** (2.62)	9.420*** (4.52)	12.989*** (4.42)	10.543*** (4.61)	7.545*** (4.26)
对数似然比	-490.353	-67.552	-105.373	-73.454	-105.988	-109.058
伪判决系数	0.373	0.429	0.336	0.510	0.398	0.387
$LR\chi^2(11)$	583.27	101.45	106.78	152.80	140.02	137.67
$Prob>\chi^2$	0.000	0.000	0.000	0.000	0.000	0.000

注：***、**、*分别表示1%、5%和10%的显著性水平，括号内数值为相对应的Z值。

（二）结果分析与讨论

由表5-4可知，对于全部样本而言，影响农户对农村公共品需求偏好的重要因素主要有村庄经济发展程度（x_2）、年龄（x_5）、受教育程度（x_6）、政策支持（x_9）、农户对乡镇政府评价（x_{10}）、地方政府对中央政策的执行效果（x_{11}），其系数分别为 -1.241、-0.389、0.857、-0.784、-0.453、-0.826；村庄距县城的距离（x_3）也对农户的公共品需求偏好产生了积极的影响，其系数为 0.012。从分组情况看，不同的因素产生的影响和作用程度是不同的，但是对其产生共同影响的关键因素有村庄经济发展程度（x_2）、受教育程度（x_6）、政策支持（x_9）、地方政府对中央政策的执行效果（x_{11}）。

（1）村庄特征对农户公共品需求偏好的影响。从五组模型的估计结果来看，村庄地理特征对低收入组农户的需求产生了显著的正向影响，而对中高收入组却带来了负面影响。可能是由于近年来国家加大了对山区等地区的公共品投入，相对来说，这些地区的农户对公共品的需求意愿较弱。

低收入组、中低收入组、中等收入组、中高收入组、高收入组中村庄经济发展程度的系数分别为 -1.649、-1.134、-1.614、-1.093、-1.501，由此可见，村庄经济发展程度是影响不同收入组农户公共品需求偏好的重要因素。村庄经济发展程度越高，村庄对其所需的公共配套设施供给相对较为充足和完善，农户的需求意愿较弱。另外，经济发展程度较高的村庄大多接近于乡镇或者属于城中村、城乡结合部等类型，很容易享受到由于城镇发展而带来的辐射作用，如道路、教育、医疗等容易获取。

村庄距县城的距离仅对高收入组产生了正向影响，对其余组的影响不显著。在收入水平一定的情况下，村庄距县城的距离越远，农户对公共品的需求意愿越强烈。村庄距离城市越近，很容易享受到城市发展所带来的辐射带动作用，不需要本村庄投资农户就可以直接免费享受到相关的公共配套设施。

（2）农户个体特征及家庭特征对农户公共品需求偏好的影响。在中等收入组中，性别产生了显著的负向效应，对其余组无影响。这说明，女性对公共品的关注度高于男性，主要是因为现在农村中男性大多外出打工，女性是农业生产等经济活动的主要参与者，如孩子的教育、村里的公共基础设施建设等，所以女性表现出对公共品的需求意愿要强于男性。

除中等收入组外,年龄对低收入组、中低收入组、中高收入组、高收入组农户产生了显著的负向影响,这说明,年龄越大的农户,对公共品的需求意愿越弱;相反,年龄越小的农户,对公共品的需求意愿越强烈。一方面,年龄较大的农户可能外出的概率较小(主要表现为对交通、道路等的需求较弱)、不再从事农业生产(主要表现为对农田水利的需求较弱)、无教育的需求等,致使他们对公共品的需求意愿较弱;另一方面,目前公共品的供给可能已经满足了年龄较大农户的需求,于是他们需求较弱,说明了公共品的供给具有"老龄化"偏向。同时,从侧面反映出了年轻一代主体意识不断增强。

低收入组、中低收入组、中等收入组、中高收入组、高收入组中受教育程度的系数分别为1.124、1.245、1.205、0.737、0.568,由此可见,受教育程度对农户公共品需求偏好的影响不容忽视。受教育程度越高,越能够认识到公共品的重要性,也越能够认识到公共品能够给自身带来的好处,农户对公共品的需求意愿也就越强烈。随着受教育水平的提高,农户追求更加完善的医疗卫生保障体系、更好的教育条件和更高的教育质量、完善的基础设施、便利的交通、丰富多彩的文化娱乐等。

是否是村干部在高收入组中的系数为-1.466,是否是村干部是影响农户对公共品需求偏好的重要因素。是否是村干部对其他收入组的影响不大。家庭人口数对高收入组中农户产生了显著的正向效应,对其余组影响不显著。

(3) 制度环境对农户公共品需求偏好的影响。政策支持在低收入组、中低收入组、中等收入组、中高收入组、高收入组中的系数分别为-0.581、-0.535、-1.350、-0.840、-0.980,由此可见,农户对公共品需求偏好在很大程度上受到政策支持的影响。这说明农户对政策反映极为敏感,因为这些政策对于农户来说是非常有利的,可以保证农户享受到所需要的各类公共品,也可以使农户从中得到实实在在的利益,相应地,农户对各类公共品的需求意愿就较弱。

农户对乡镇政府评价仅对中低收入组中农户产生了显著的负向效应,对其余组无影响。乡镇政府作为基层政府,可以确保农民对公共品的需求意愿得以实现,在农村公共品供给中具有重要的作用。但实际上,乡镇政府对于农户的需求意愿并未顺利地转达,也未能完全履行其提供公共品的职责,或者乡镇政府提供的公共品并不符合农户的需求。

地方政府对中央政策的执行效果在以上五组模型中均通过了显著性检验,且系数为负。这说明,地方政府对中央政策的执行效果也是影响农户公共品需求偏好的重要因素之一。地方政府可以确保农民对公共品的需求意愿得以实现,在农村公共品供给中具有重要的作用,如果地方政府对中央政策的执行效果越好,即地方政府将更多的人力、财力用到了农村、农业、农民的发展上,农村公共品的供给才越完善,农户的需求才越弱。

五 小结

本部分研究利用四川、河南、山西、陕西、贵州、宁夏6省1146户农户微观数据,基于农户收入异质性视角,分析了不同收入水平农户对农村公共品的需求偏好;在此基础上,采用二元Logistic模型,实证研究了农户对农村公共品的需求偏好与其影响因素之间的内在作用机理。主要得到了以下五方面的结论:

(1)农户对农村公共品的整体需求意愿较为强烈。具体而言,农户对公共品的需求偏好显示结果为"强烈""很强烈"的概率分别为30.54%和26.79%。

(2)农户对不同类型公共品的需求偏好表现出一定的层次性或具有一定的差异性。具体表现为,农户对医疗卫生保健的需求意愿最为强烈,"强烈"和"很强烈"偏好结果概率合计为70.07%,其次依次是农村道路、农村社会保障、农村文化娱乐、农村基础教育,其相对应的农户需求意愿依次为62.56%、60.12%、43.1%、17.89%。

第五章 收入异质性视角下农户对农村公共品的需求偏好分析

（3）不同收入水平农户对公共品的需求意愿也较为强烈，且农户的需求意愿随着收入水平的提高而提升。具体表现为，低收入组、中低收入组、中等收入组、中高收入组、高收入组中农户需求偏好显示结果为"强烈"的概率最高，在30%上下浮动，概率分别为26.16%、36.75%、27.07%、31.68%、28.68%；需求偏好显示结果为"很强烈"的概率也较高，位于27%左右波动，需求偏好显示结果为"无意愿"的概率最低，处于20%左右。

（4）不同收入水平农户对不同类型公共品的需求偏好呈现出不同的特点。具体表现为，对于农村文化娱乐，随着农民收入水平的提高，农户的需求意愿整体上呈现上升趋势；对于农村社会保障，农户的需求意愿随着农民收入水平的提高而下降；对于农村基础教育，农户的需求意愿随着农民收入水平的提高，呈现出先下降后上升再下降的趋势；对于农村医疗卫生和农村道路，农户的需求意愿随着农民收入水平的提高，均呈现出上升—下降—上升—下降的变化趋势。

（5）对于农户公共品需求偏好的影响因素而言，从整体上看，主要有村庄经济发展程度、村庄距县城的距离、年龄、受教育程度、政策支持、农户对乡镇政府评价、地方政府对中央政策的执行效果。从收入分组来看，不同的因素对农户公共品需求偏好的影响方向和程度有所差异，但是对其产生共同影响的关键因素有村庄经济发展程度、受教育程度、政策支持、地方政府对中央政策的执行效果。

第六章　基于农户收入异质性视角的农村公共品供给效果评价

农村公共品是农村地区为了促进农村发展、满足农民生活、推动农业生产而提供的社会产品或服务，具有一定非竞争性与非排他性等特性，覆盖了农村生活的各个方面，涉及大型农业基础、"四通"（道路、桥梁、电网、通信）、水利灌溉设施、生态林网建设、农村文化站、图书馆等文化娱乐设施，以及涉及农村可持续发展的社会化服务，比如医疗卫生保健、农村基础教育等。进入21世纪，特别是2003年以来，社会主义新农村建设战略与城乡统筹发展战略持续推进以及财政对"三农"支出力度的加大，我国支农惠农政策力度不断加大，国家财政从规模和结构上都加大了对农村公共品的支出力度。近年来，农村发生了重大的变化，医疗卫生保健、基础教育、社会养老保障、最低生活保障、文化娱乐、饮水安全、交通、通信、能源等方面都取得了快速的发展，农村公共品供给规模和供给数量不断加大，农民得到的实惠越来越多。但还有一个现实的问题摆在我们面前，就是公平和效率如何体现？政府工作的绩效如何？公共支出的效果如何？这些都是需要作出回答的重要问题。我国在每一个时期都会出台一系列的支农惠农政策，但是每一项政策的目标、侧重点等都是不同的，那么不同特征农户从中得到的受益也是不同的，同时农户对于政策的实施效果也会给予不同的评价，即具有一定的差异性。农民集农村公共品生产者特征和农村公共品直接和最终消费者特征于一体。政府供给农村公共品，只有满足农村经济发展、农民生活及农业生产的现实需要，才能发挥其应

第六章　基于农户收入异质性视角的农村公共品供给效果评价

有的效用。目前,公共品供给的有效性更多关注的是公共支出的效果,对公共支出效果的反映有助于满足居民需求偏好和实现预期目标的程度(贾智莲,卢洪友,2010)。在现实中,衡量政府提供的农村公共品是否达到了预设目标,是否对农业、农村发展、农民增收发挥了重要的促进作用,最有效的途径就是农户评价其供给效果。不同特征的农户,对事物的认知、看法及其公共品的需求偏好等也会有所不同,因此,不同特征的农户对农村公共品供给效果的评价会存在差异性,因为不同特征农户在公共品方面凸显出个体行为偏好与需求偏好。因此,农村公共品供给效果与不同农户差异性之间存在着密切关系。农户综合评价政府提供的农村公共品,不仅表现出了农户的真实想法,更为重要的是对政府的工作作出了客观评价,因为政府工作的重点就是要体察农民的公共需求及其变化(何精华等,2006),提高农村居民的社会福利水平。农村公共服务的提供要遵循以农户需求为导向,充分考虑不同特征农户的需求偏好,因为不同特征农户对其的心理感官和评价也会表现出差异性。基于此,本研究在分析农户收入异质性与农村公共品供给效果之间的依存关系的基础上,利用晋、陕、蒙、川、甘、黔六省1571户不同收入层次农户的实地调查数据,采用多元有序 Probit 模型,综合评价不同收入层次农户对农村公共品供给效果,以期为合理配置和有效利用有限的农村公共资源,满足不同经济社会地位的农户对农村公共品供给的需求程度,提供理论上的支撑,并在政策层面上,寻求有效的路径,以提升农村公共品供给的有效性。

一　以往文献回顾

可以从不同的视角和层面,对农村公共品供给效果进行评价,也可以运用不同的方法进行。从现有的研究进展情况看,可以归纳为以下三个视角。

一是基于公共财政支出(以下简称公共支出)视角。公共支出效果的高低在很大程度上受到其合理性的影响。公共支出的效果是公共品供给有效性更为关注的方面（贾智莲，卢洪友，2010）。在实际中，农村公共支出在双重因素（县乡政府对农村公共品粗放式的管理、公共资源的稀缺性）的影响下，陈锡文（2005）研究认为，虽然其规模不断扩大，但是很难实现预期目标和效果。在研究方法上，有学者采用"布朗—杰克逊"公共支出扩展模型，立足于两个层面（公共支出对私人消费的影响、农村公共支出影响因素），对中国东、中、西部三大地区农村公共支出效果进行了实证研究（李燕凌，李立清，2005；李燕凌，曾福生，2006）。沈坤荣和张璟（2007）利用Granger因果检验法以及多变量回归模型，对城乡收入差距、农民收入增长、农村公共支出之间关系进行了研究。贾智莲和卢洪友（2010）立足于最终有效产出层面，综合运用固定效应模型与动态因子分析法，对地方政府的教育及民生类公共品的有效供给水平进行了综合评价。研究表明，教育与民生类公共品有效供给水平呈现出较大的区域差异，同时，地方经济发展水平和教育与民生类公共品有效供给水平之间没有必然的联系。邱士利（2013）研究认为，农田水利设施投资对农业生产具有巨大的促进作用，农田水利设施的改善，有助于降低农业生产成本，调整农业产业结构，进而提高粮食产量，其产出弹性为0.481。世界粮农组织（FAO，1998）指出，基础设施的质量以及范围是农业发展的重要决定因素，欠发达地区农村基础设施数量的增加及其质量的提高均能显著缩小收入分配差距（Caldeon，Serven，2004）。Sanjay Pradhan（1996）测算了印度农业部门公共支出效率，结果显示，农业部门公共支出对增加农业产值以及农村发展更具有生产性意义，并更具有效率与公平。刘伦武（2006）、方鸿和曹明华（2006）运用计量经济模型实证研究了农村/农业基础设施建设和农村经济增长之间的关系，研究认为农田水利基础设施、农村公路、农用机械及设备对农业总产值均产生了显著影响；粮食产量的增加需要依靠农业用水量的增长（王西琴等，2014），但水库建设对粮食产量产生了消极影响，主要和农业水利建设投入的现状和不足有关（胡晓宇，2012）。因此，农村基础设施的改善对于促进农村发展和增加农民收入具有重要的影响（Fan et al.，2002）。

二是政府视角。Afonso A. 和 Fernandes S. （2008）综合运用半参数分析法与 DEA – Tobit 两阶段法，对葡萄牙地区公共品供给效率进行了综合评价。也有学者对中国公共服务效率进行了测算，如朱玉春等（2010）运用 DEA 方法测算了其综合技术效率、纯技术效率与规模效率，研究指出，技术效率有效（位于生产前沿面上）的省份有 8 个，分别是辽宁、上海、福建、山东、广东、湖南、内蒙古和四川；同时其效率呈现出东高西低的态势，即地区差异显著（管新帅，王思文，2009）。也有学者基于政府财政（Gunnar Rongen，1995）和社会分配视角（John Rawls，1999），对公共品供给效率进行了测算。在此基础上，李燕凌（2008）、陈诗一和张军（2008）、韩华为和苗艳青（2010）等学者采用 Tobit 模型分析了其影响因素。此外，学者们对不同类型的公共品供给效率进行了研究，如农田水利设施供给效率，俞雅乖（2013）采用 DEA 方法评价了我国农田水利财政支出效率，研究表明，我国农田水利财政支出效率呈现出平稳增长态势，但区域差异显著（吴平，谭琼，2012）。也有学者得出了与之相反的结论。农田水利设施单一主体供给具有低效性（刘海英，李大胜，2014），同时运营效率低下，地区差异显著，具体而言，西部地区运营效率最低，中部地区较高，东部地区最高。中部地区农田水利运营效率低下的主要原因是纯技术效率不足，而西部地区主要来自于规模效率低下，因此，提高其运营效率的有效途径是"以补代资"（叶文辉，郭唐兵，2014）。此外，也有学者研究了农田水利管理效率，研究显示，我国农田水利管理技术效率还有待于进一步提高（张宁等，2012）。

三是基于农户视角。由于每一个地区公共服务供给数量和规模情况是不一样的，因此，不同地区的农民对公共服务的满意度的评价具有较大的差异性（李强等，2006）。在研究方法上，李燕凌和曾福生（2008）采用 CSI – Probit 回归模型对农村公共品供给农民满意度进行了研究。樊丽明和骆永民（2009）运用结构方程模型，实证研究了农民对农村基础设施满意度。朱玉春和唐娟莉（2010）

利用因子分析法和二元离散选择模型，对农村公共品投资农民满意度进行了定量化研究。认为农村公共品供给农户满意度影响因素主要有农户文化程度、收入水平、村庄类型、农户距乡镇政府距离、公共品供给农民参与情况、农民对政府的评价等。此外，也有学者运用Logit模型对基础设施建设村民的需求强度和融资意愿进行了研究（白南生等，2007）。其中，学者们对于农户农田水利设施需求意愿、满意度等方面进行了研究，如王格玲和陆迁（2013）研究认为，农户对小型水利设施合作意愿平均为87%，实际合作行为平均为58%，其中，愿意的农户主要选择以投资的方式参与供给（蔡起华，朱玉春，2015）。在此基础上，Logistic模型被用来实证分析农户参与农田水利建设意愿的影响因素，其影响主要来自种粮收益、粮食补贴、劳动力、自然灾害等（刘辉，陈思羽，2012；朱红根等，2010）。因此，可以通过稳定土地承包经营权、降低耕地细碎化程度等方法提高农户参与意愿（徐慧，黄贤金，2014）。此外，农户对农田水利设施的满意度较低（郭瑞萍，苟娟娟，2013），但与6年前相比还是有所增加的（马林靖，张林秀，2008），但是，不同管理方式农户满意度差异较大，即村集体管理方式下农户满意度最低，其次是私人承包，农户满意度最高的是用水协会管理方式，而造成农户满意度较低的原因主要有务农年限、水利设施认知、损耗程度、维修及时性、管理方式、用水纠纷等（王昕，陆迁，2015），因此，农田水利设施已成为农民评价农村公共服务满意度的最重要的影响因素之一（朱玉春等，2010）。此外，还有学者运用路径分析法、多元回归分析法等数量方法实证研究了医疗服务、新农合制度的满意度（王延中，江翠萍，2010；潘丹，2010；樊丽明等，2009；田秀娟等，2010）。

综上可见，近年来学者们从公共财政支出角度、政府角度和农户视角，对农村公共品供给效果（农村公共支出效果、农村公共品供给效率、农村公共品供给农户满意度）进行了评价，得到了很多有价值的研究结论，这对本部分的研究具有重要的启示和借鉴意义。从目前的研究进展情况来看，主要是强调政府公共支出的宏观效果，而很少体现不同特征或者处于不同社会经济地位的农户需求及效用状况。鉴于此，本部分研究基于不同收入层次农户的实地调查数据，采用多元有序 Probit 模型，综合评价不同收入层次农户对农村公共品供给效果，并对影响农户评价农村公共品供给效果的重要因子进行探索，并在政策层面上，寻求有效的路径，以提升其供给的有效性。

二 农户收入异质性与农村公共品供给效果之间的关系

农户既是农村公共品的生产者，更是其直接和最终的消费者，农户会根据自己的需求偏好作出反应，同时给出相应的评价，即可以反映出农村公共品供给效果的好与坏。目前，公共品供给的有效性更多关注的是公共支出的效果，对公共支出效果的反映有助于满足居民需求偏好和实现预期目标的程度（贾智莲，卢洪友，2010）。不同特征的农户，特别是收入水平的差异，对事物的认知、看法及其公共品的需求偏好等也会有所不同，因此，不同特征的农户对农村公共品供给效果的评价会存在差异性，因为不同特征农户在公共品方面凸显出明显的个体行为偏好与需求偏好。因此，农村公共品供给效果与不同农户差异性之间存在着密切关系。

（一）农户收入异质性与农村公共品有效供给之间的关系

农村公共品具有非排他性与非竞争性特性，其有效供给有别于私人产品的有效供给。农村公共品要达到有效供给状态，就必须基本满足所有农户对农村公共品的需求，即体现不同收入水平农户的个体行为偏好与需求偏好（不同收入水平的农户对农村公共品的需求偏好是不同的），同时农村公共品的供给与农户对其的需求必须达到均衡状态。本研究在此运用西方经济学中的供求均衡原理来解释说明农村公共品的有效供给问题。如图 6-1 所示，假设用 D 表示农村公共品的总需求曲线（农村公共品的总需求曲线由所有农户的个人需求曲线垂直加总得到），代表了农村地区所有农户的边际社会收益，即 $D = \Sigma MR = MSR$；用 D_i 表示第 i 个农户的需求曲线，代表了第 i 个农户的边际收益。农村公共品的供给曲线用 S 来代表，实际上该曲线也代表其边际社会成本 MSC。横轴表示农村公共品的数量，纵轴表示农户的边际收益。当农村公共品供求实现均衡时，满足以下的关系等式：

$$MR_1 + MR_2 + \cdots + MR_i = MSR = MSC$$

该等式表明，农村公共品边际成本等于农村地区任何一个农户所获得的收益与其余 $i-1$ 个农户所获得的收益之和。当农村公共品供求实现均衡时，农村公共品供求的均衡点 E 位于总需求曲线 D 与供给曲线 S 的交点处（见图6-1），此时所有农户享有同等数量的农村公共品，但是每个农户消费公共品所获得的边际收益却是不同的，这是由每个农户各自的需求所决定的。由此可见，农村公共品有效供给的条件是，所有农户消费农村公共品的边际收益之和在总体上是与提供农村公共品的边际社会成本相等同的。

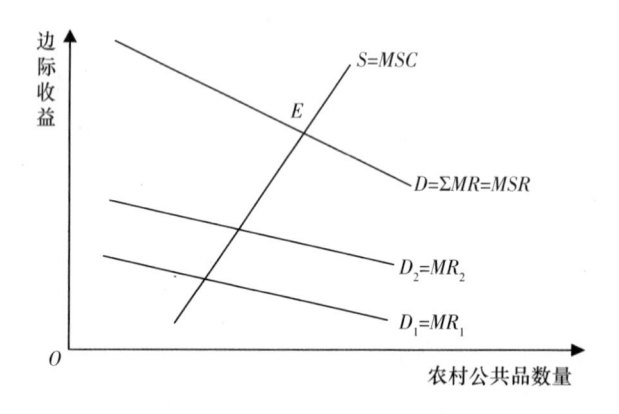

图6-1 农村公共品有效供给

基于理论层面，供求均衡状态决定了农村公共品供给水平，但由于其自身所具有的非排他性和非竞争性导致市场供给会产生失效性，究其原因，主要有两方面：一方面，农村公共品的非排他特性致使农民在农村公共品的供给过程中并不能如实地表达自己的需求偏好或者需求意愿,导致"搭便车"行为和现象频频发生。"搭便车"行为和现象的发生将会导致从理论上确定的总需求曲线并不能代表农户的实际需求偏好,进而难以准确确定农村公共品供给的实际数量。另一方面,农村公共品的非竞争特性致使新增农户消费公共品的边际成本为零。根据公共品供给的效率原则,其市场价格是需要按照边际社会成本来确定的,因此,公共品供给的有效性要求市场价格为零,从而造成其供给难以有效地向农户收费(或难以确定公共品的收费门槛)。所以,由于公共品的非竞争性和非排他性两大特性,导致市场价格机制失灵。基于上述两方面原因的考虑,必须由政府提供或政府补贴,农村公共品才能实现有效供给。

(二) 农户收入异质性与农村公共品供给效率之间的关系

农村公共品和一般商品是具有差异性的,一般商品具有竞争性和排他性,而农村公共品具有非竞争性和非排他性,正是由于公共品的这两大特性,使得"搭便车"现象普遍存在、难以确定农村公共品的收费门槛,从而导致市场机制失灵。农村公共品的供给要遵循以农户需求为导向,充分考虑不同特征农户的需求偏好,因为不同特征农户对其的心理感官和评价也会表现出差异性。然而,在实际中,农村公共品的供给却往往忽略了农户的需求偏好,导致其供给无效。要提高农村公共品供给的有效性,就必须以农户需求为导向,凸显不同特征农户的个体行为偏好与需求偏好。

从第五章的研究得知,农户对农村公共品的整体需求意愿较为强烈,且不同收入水平农户对不同类型农村公共品的需求偏好呈现出不同的特点,也就是说,不同类型的农户对农村公共品的需求偏好是不相同的。农户收入水平的差异性,使得农户对于农村公共品的需求层次也是不一样的。一般而言,高收入水平的农户,对于农村公共品的需求表现出高标准化和多样化,而低收入水平的农户,对于农村公共品的需求却是比较单一的、层次也较低。因此,农户收入异质性与农村公共品供给效率之间具有紧密的关系。

本研究在此借助"生产可能性曲线"对农户收入异质性与农村公共品供给效率之间的关系进行解释说明。如图6-2所示，假设有两个消费者——农户甲和农户乙，横轴和纵横分别表示农户甲和农户乙的效用水平，曲线AB是生产可能性曲线。生产可能性曲线是指在其他条件不变的情况下，消费者的效用水平或者满足程度达到最大化。生产可能性曲线AB具有向右下方倾斜的特征，这表示在产品或服务产出量既定前提下，沿着生产可能性曲线，增加农户甲的效用将会导致农户乙的效用降低，图6-2中，如果生产可能性曲线AB上的点从B点向A点移动，将会降低农户乙的效用，而农户甲的效用则提高。生产可能性曲线是由生产契约曲线（满足帕累托效率标准）发展而来的，即生产可能性曲线是具有生产效率的曲线，在其上的点均具有生产效率。点E处于生产可能性曲线上，即点E是具有生产效率的点；对于位于生产可能性曲线以外的点，如点N是不存在的，因为在现有的资源配置和技术条件下都无法实现，即超越了现有的生产能力；对于位于生产可能性曲线以内的点，如点M是不具有生产效率的，或者缺乏效率，因为其所代表的效用未达到最大化，可能存在资源浪费。

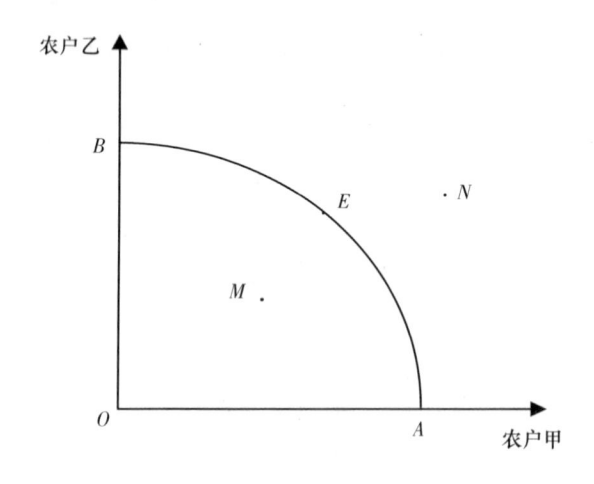

图6-2 农村公共品供给效率

三 不同收入层次农户对农村公共品供给效果的评估

（一）研究假说

根据公共品、福利经济学等相关理论及研究的目标，在借鉴前人研究成果及与农民访谈的基础上，提出五个假说。

H1：村庄特征对农户评价农村公共品供给效果有影响。村庄特征包括村庄类型、村庄距县城的距离。①村庄类型越优越（如乡镇驻地、城郊结合部），公共品的供给越充足、质量越高，公共服务设施也相对越完善，农户的评价结果就越好。樊丽明和骆永民（2009）认为，村庄类型对农民满意度起到了正面积极作用。因此，本研究预期，居住于乡镇驻地、城郊结合部的农户，会由于其公共品供给相对比较充裕，而评价相对要高一些。②村庄距县城的距离越远，公共品的供给成本越高，越不容易实现规模效应，其供给会在以城镇为中心的周边农村呈现出边际效益递减的趋势，本研究预期，村庄距县城的距离将对农户对农村公共品供给效果的评价产生负向影响。

H2：农户基本特征对农户评价农村公共品供给效果有影响。国外相关研究表明，农户社会学人口特征变量（性别、年龄、受教育程度、社会公职等）会对农村公共品供给效果评价产生显著的影响。因此，本研究选取性别、年龄、受教育程度、是否是村干部四个变量。农户的基本特征均不相同，对事物的认知、看法及公共品的需求等也会有所不同，因此，不同特征的农户对农村公共品供给效果的评价会存在差异性，因为不同特征农户在公共品方面凸显出个体行为偏好与需求偏好。因此，受教育程度和是否是村干部是影响农户评价农村公共品供给效果的重要变量。①农户受教育程度越高，其对农村公共品的需求层次、标准等会越高，相应地对农村公共品供给效果的评价会越低；但是，农户受教育程度越高，越能够体谅基层财政的困难，也越能容易感受到公共品供给情况的切实变化，其对农村公共品供给效果的评价相对会比普通人高一些。因此，上述两个方面的原因共同决定了受教育程度对农户评价农村公共品供给效果的具体影响尚不明确。②村干部往往意味着掌握着更多的信息，最先掌握上级政府的各项举措，直接与农民接触，可以直接掌握农户的需求，并可以将农民的需求顺利地转达给上级政府，增强农户的满足感；但村干部同时也受到上级政府下达的各项政治事务的烦扰，同时为了追求政治绩效，使其无暇更多地顾及农民的需求、感受，不能更多地关注农村公共品的供给情况，致使村级公共品由于缺乏资金而无法提供，从而农户的评价结果会较差。因此，是否是村干部与农户评价农村公共品供给效果之间的关系尚需实证来验证。

H3：制度环境对农户评价农村公共品供给效果有影响。①政策支持。农村的发展在一定程度上需要中央出台的各项支农惠民政策的支持，但是这些政策的推行和有效运行，需要政府的大力支持和引导，这有利于农户更加了解各项政策的实质，提高农户的评价度。本研究预期，政策支持会对农户的评价产生显著的正效应。②地方政府对中央政策的执行效果。地方各级政府作为中央各项政策的执行者，对各项政策的执行情况越好，农村公共品的供给会越完善，农户的评价结果会越好。本研究预期，地方政府对中央政策的执行效果与农户的评价之间存在正相关关系。③农户对乡镇政府的评价。乡镇政府作为基层政府，可以确保农民对公共品的需求意愿得以实现，在农村公共品供给中具有重要的导向作用，因为其经常直接与农民接触，能对农户的实际需求作出较好的反映，促进农村公共品的有效供给。因此，农户对乡镇政府的评价越高，越有利于提高农户对农村公共品供给效果的评价结果。

H4：农户参与情况对农户评价农村公共品供给效果有影响。①农村公共品供给农户参与满意度，简称为"参与满意度"因素。农户作为农村公共品的受益者，只有让农户参与其中，才能将其真实需求意愿通过其亲身参与得以充分表达，农村公共品的供给也才能越接近农户生产生活的需要，农民的满足感也得以增强。本研究预期，农村公共品供给农户参与满意度会对农户的评价产生显著的正效应。②农户参与对提高农村公共品供给效率的重要性，简称为"参与重要性"因素。如果农户参与对公共品供给效率提升具有重要作用，则其供给"X-无效率"（或效率"漏出"）现象将得以遏制，农村公共品供给效率损失或效率低下的问题将得以缓解，这在一定程度上会缓解农户对政府提供的公共品的不满情绪，提升农户满意度。本研究预期，农户参与重要性与农户评价农村公共品供给效果之间呈正相关关系。③农户参与农村公共品供给的方式，简称为"参与方式"因素。参与方式反映了农户的收益问题，会对农户产生激励作用，这也是农户表达自己真实需求意愿的一种渠道、一种方式，农户需求表达渠道越顺畅，农户的真实需求意愿才越可能得以实现。农户参与农村公共品供给的方式越完善（如委托给村委会、村民代表大会），政府对于农村公共品的供给越贴近农民，政府供给的公共品结构更趋于合理化，供求关系更趋于平衡化，即农户急需或迫切需要的、涉及可持续发展的公共品得以有效供给，农户的需求意愿得以实现。本研究预期，委托给村委会、村民代表大会方式相对于其他参与方式而言，农户对于农村公共品供给效果的评价结果要更好一些。

H5：环境比较对农户评价农村公共品供给效果有影响。①与过去五年相比，农村公共品供给的变化情况，简称为"变化情况"因素。近年来，国家财政加大了对农村的投入，农户对公共品供给的数量和质量的期望随之逐渐提高。假若近五年来农村公共品供给不足的现象没有得到缓解，公共服务设施没有太大改善，甚至有些农业基础设施（如农田灌溉设施、道路等）因缺乏管理和维护而出现退化现象，农户对其评价将会大打折扣。因此，农村公共品供给越好，公共服务设施越完善，农户对农村公共品供给效果的评价越高。②与直属县中其他乡村的公共品供给情况相比较而产生的比较优势，简称为"比较优势"因素。根据人们具有攀比心理这一特征，农户对于公共品供给情况的态度也具有一定的攀比心理，这种攀比心理主要来自于与同一县域其他地理位置相近村庄的比较。因此，本研究预期，与直属县中其他乡村相比而产生的比较优势成为农户对农村公共品供给效果进行评价的一个重要因素。换言之，本村公共品供给情况与同一县域其他地理位置相近村庄相比越好，农户的评价结果就越好。

（二）模型设定、数据来源与变量选择
1. 模型设定

研究对象是农户评价农村公共品供给效果，评价结果可能会有很多等级，如本章研究可分为很不好、不好、一般、较好、很好五个等级，属于排序选择问题。同时，由于解释变量多以离散型数据为主，也有一部分属于多项排序问题，因此，本研究选择多元有序 Probit 模型对农村公共品供给效果进行研究。

假设存在潜在变量 y_i^*，解释变量为 x_i，则可建立如下关系：

$$y_i^* = x_i\beta + \mu_i \qquad (6-1)$$

式 (6-1) 中，y_i^* 也可称作指标变量，x_i（$i=1,2,\cdots,n$）是自变量，代表 n 个影响农户评价农村公共品供给效果的因素，β 是待估系数，μ_i 是随机误差项，μ_i 服从标准正态分布，即 $\mu_i \sim N(0, \sigma^2 I)$。

假设实际观察变量为 y_i，则观察值 y_i 可由指标变量 y_i^* 按照如下关系来定义：

$$y_i = \begin{cases} 1. & \text{若 } y_i^* \leqslant \gamma_1 \\ 2. & \text{若 } \gamma_1 < y_i^* \leqslant \gamma_2 \\ 3. & \text{若 } \gamma_2 < y_i^* \leqslant \gamma_3 \\ 4. & \text{若 } \gamma_3 < y_i^* \leqslant \gamma_4 \\ 5. & \text{若 } y_i^* > \gamma_4 \end{cases} \qquad (6-2)$$

式 (6-2) 中，γ_1、γ_2、γ_3、γ_4（$\gamma_1 < \gamma_2 < \gamma_3 < \gamma_4$）分别代表农户对农村公共品供给效果评价结果（很不好、不好、一般、较好、很好）的临界值分界点。

于是，本章研究所建立的多元有序 Probit 模型基本形式如下：

$$\Pr(y = y_i \mid x_i, \beta) = \Pr(y = y_i \mid x_1, x_2, \cdots, x_n) \quad (6-3)$$

式 (6-3) 中，y_i 有 1,2,3,4,5 共 5 个选择。

由于多元有序 Probit 模型要求较高的被解释变量与较高的潜变量相对应，即意味着 $y_i^* < y_j^*$，于是 $y_i < y_j$。因此，对于 y 取各个指标（$y = 1,2,3,4,5$）的概率可用如下形式表示：

$$\Pr(y_i = 1 \mid x_i, \beta, \gamma) = \Pr(y_i^* \leq \gamma_1) = \Pr(x\beta + \mu) = F(\gamma_1 - x_i\beta) \quad (6-4)$$

$$\Pr(y_i = 2 \mid x_i, \beta, \gamma) = \Pr(\gamma_1 < y_i^* < \gamma_2) = \Pr(\gamma_1 < x\beta + \mu < \gamma_2) = F(\gamma_2 - x_i\beta) - F(\gamma_1 - x_i\beta) \quad (6-5)$$

$$\Pr(y_i = 3 \mid x_i, \beta, \gamma) = \Pr(\gamma_2 < y_i^* < \gamma_3) = \Pr(\gamma_2 < x\beta + \mu < \gamma_3) = F(\gamma_3 - x_i\beta) - F(\gamma_2 - x_i\beta) \quad (6-6)$$

$$\Pr(y_i = 4 \mid x_i, \beta, \gamma) = \Pr(\gamma_3 < y_i^* < \gamma_4) = \Pr(\gamma_3 < x\beta + \mu < \gamma_4) = F(\gamma_4 - x_i\beta) - F(\gamma_3 - x_i\beta) \quad (6-7)$$

$$\Pr(y_i = 5 \mid x_i, \beta, \gamma) = \Pr(y_i^* > \gamma_4) = \Pr(x\beta + \mu > \gamma_4) = 1 - F(\gamma_4 - x_i\beta) \quad (6-8)$$

式 (6-4) —式 (6-8) 中，$F(x)$ 是残差项 μ_i 的累积分布函数。

对于多元有序 Probit 模型参数的估计，本章研究采用极大似然估计法进行估计，于是需构建极大似然函数，构建的极大似然函数形式如下：

$$L(\beta, \gamma) = \sum_{i=1}^{n} \sum_{j=1}^{5} \text{Log}[\Pr(y_i = j \mid x_i, \beta, \gamma)] \cdot I(y_i = j) \quad (6-9)$$

式 (6-9) 中，函数 $I(\cdot)$ 代表一个指标函数，当括号中的逻辑关系为真时等于 1，当括号中的逻辑关系为假时等于 0。

2. 数据来源

本章研究所用数据来源于 2010 年 3—6 月对川、陕、黔、蒙、甘、晋6省份23市（县、区、旗）的农村公共品供给效果情况的实地调查。调研抽样采用分层抽样与随机走访的方式进行，依据经济发展程度（三个等级：经济发达、中等经济发展水平、经济落后）按照省、市（县）、乡镇、自然村这样的层级制度，共发放调查问卷1800份。在农户调查中，采用一对一的方式对成年人进行访问，试图使被访者的回答更贴合实际。此次实地调查问卷主要包括村庄基本情况、农户基本情况、制度环境、农户参与情况、环境比较五个大类的内容。根据公共品的特性、数据的完整性及其研究的需要，剔除无效问卷后，最终获得有效问卷1571份。

（1）村庄基本情况。在所有的被调查自然村中，传统村庄占据了主位，而乡镇驻地或城郊结合部所占比例较小，未曾涉及既是乡镇驻地又是城郊结合部的村庄。农户居住的位置相对比较分散，村庄距县城的距离分布在1—65公里，村庄距县城的平均距离为17.5公里。

（2）农户基本特征。在1571个被调查农户中，男性比例稍微偏高，达到62.64%；受访者的年龄（研究中剔除了65岁以上者）主要处于26—60岁，占比为84.85%，18—25岁和61—65岁的比例较小，分别为3.56%和11.59%，说明农业生产活动仍以中青年为主，年龄分布呈现正态分布趋势；对于受教育程度，受访者主要以初中文化程度为主，占53.28%，小学及以下的比例次之，为36.92%，高中及以上的比例为9.8%，这说明农民的受教育程度普遍偏低；3—5人的中小型家庭规模是目前比较普遍的模式，此次调查中72.31%的家庭呈现的是中小型家庭规模，反映了当今农村家庭规模的基本水平；被调查的农户当中，有118人是村干部，211人是党员；目前有95.42%从事农业生产，仅有4.58%的被调查者目前没有从事农业生产（这部分被调查者主要是长期在外打工或做生意等）（见表6-1）。

表6-1　　　　　　　　样本农户基本特征　　　　　　单位:%

统计指标		比例	统计指标		比例
性别	男	62.64	家庭规模	2人及以下	7.26
	女	37.36		3—5人	72.31
年龄	18—25岁	3.56		6—8人	19.09
	26—40岁	27.24		8人以上	1.34
	41—50岁	34.06	村干部	是	7.57
	51—60岁	23.55		否	92.43
	61—65岁	11.59	党员	是	13.49
受教育程度	小学及以下	36.92		否	86.51
	初中	53.28	农业生产	农业生产	95.42
	高中或中专、高职	7.89		非农业生产	4.58
	大专及以上	1.91			

3. 变量选择

本研究对于农户对农村公共品供给效果的综合评价,以农户对公共品整体供给状况的好坏程度来表征,用 y 来代表,当 $y=1$ 时,表示农户对农村公共品供给效果的评价很不好;当 $y=2$ 时,表示农户评价农村公共品供给效果不好;当 $y=3$ 时,表示农户评价农村公共品供给效果一般;当 $y=4$ 时,表示农户评价农村公共品供给效果较好;当 $y=5$ 时,表示农户评价农村公共品供给效果很好。

(1) 村庄特征。卫龙宝等 (2015) 在研究农户公共品需求偏好中采用村委会到乡镇政府的距离、相隔最远的两个村民小组的距离、村庄地理特征等变量来表示村庄特征,认为村委会离乡镇政府越远,农户满意度越低。对于村庄特征变量,本研究主要选择村庄类型、村庄距县城的距离两个变量。村庄类型以 x_1 来表征,对其赋值为1—3,依次代表普通乡村、乡镇驻地、城郊结合部;村庄距县城的距离以 x_2 来表征,用村庄距县城的实际距离表示,其单位以公里计。

(2) 农户个体特征。蔡起华和朱玉春（2015）、卫龙宝等（2015）在研究的过程中采用了人口学特征，如年龄、文化程度、家庭人口数、收入水平等。孔祥智和涂圣伟（2006）研究认为，农户个人特征、家庭特征及其村庄特征共同影响了农户公共品需求偏好。Fletcher 和 Kenny（2005）研究显示，年龄越大对教育的需求越弱，支持教育的投入就越低。另外，还有学者研究认为，村干部、党员等为农村的"精英分子"，能够更多地体谅基层政府的困难，也更能深刻认识到公共品供给的重要性。对于农户个体特征变量，本研究主要选择性别、年龄、受教育程度、是否是村干部四个变量。农户性别以 x_3 来表征，其取值为 1 代表男性，取值为 0 代表女性；年龄以 x_4 来表征，对其赋值为 1—5，依次代表 18—25 岁、26—40 岁、41—50 岁、51—60 岁、61—65 岁五个级别；受教育程度以 x_5 来表征，对其赋值为 1—4，依次代表小学及以下、初中、高中或中专或高职、大专及以上四个等级；是否是村干部以 x_6 来表征，其取值为 1 代表是村干部，取值为 0 代表不是村干部。

(3) 制度环境——选择性变量。已有研究表明，政府政策对保护广大农民的根本利益、维护社会稳定具有重要作用，改变了收入的分配关系，产生了较大的政治影响（樊丽明等，2008），于是政策越完善、政府重视程度越高，越有利于公共品的供给（朱玉春，王蕾，2014）。因此，本研究选用政策支持、农户对乡镇政府评价、地方政府对中央政策的执行效果三个变量。政策支持以 x_7 来表征，对其赋值为 1—5，依次代表非常不满意、不满意、基本满意、满意、非常满意五个等级；地方政府对中央政策的执行效果以 x_8 来表征，对其赋值为 0—3，依次代表说不清楚、不好、还行、好四个等级；农户对乡镇政府评价以 x_9 来表征，对其赋值为 1—5，依次代表非常不满意、不满意、基本满意、满意、非常满意五个等级。

(4) 农户参与情况——选择性变量。本研究选用农户参与满意度、参与重要性、参与方式三个变量。农户参与满意度以 x_{10}

来表征，对其赋值为1—5，依次代表非常不满意、不满意、基本满意、满意、非常满意五个等级；农户参与重要性以 x_{11} 来表征，对其赋值为0—4，依次代表说不清楚、不重要、一般、重要、非常重要五个等级；参与方式以 x_{12} 来表征，对其赋值为1—4，依次代表民间组织、个人参与、委托给村委会、村民代表大会四个等级。

（5）环境比较——选择性变量。本研究选用变化情况、比较优势两个变量。变化情况以 x_{13} 来表征，对其赋值为1—4，依次代表变差、基本无变化、变好、明显变好四个等级；比较优势以 x_{14} 来表征，对其赋值为1—5，依次代表最差的之一、中等偏下、中等、中上等、最好的之一五个等级。表6-2提供了各主要变量的描述统计性结果及其预期作用方向。

表6-2　　主要变量的描述统计性结果及其预期作用方向

变量	均值	标准差	最小值	最大值	预期作用方向
农户对农村公共品供给效果评价结果（y）	3.665	0.536	1	5	—
村庄类型（x_1）	1.177	0.474	1	3	正向
村庄距县城的距离（x_2）	17.483	13.755	1	65	负向
性别（x_3）	0.625	0.484	0	1	不明确
年龄（x_4）	3.127	1.049	1	5	不明确
受教育程度（x_5）	1.746	0.679	1	4	不明确
是否是村干部（x_6）	0.076	0.265	0	1	不明确
政策支持（x_7）	4.096	0.445	1	5	正向
地方政府对中央政策的执行效果（x_8）	1.898	0.638	0	3	正向
农户对乡镇政府的评价（x_9）	3.668	0.593	1	5	正向
参与满意度（x_{10}）	3.402	0.608	1	5	正向

续表

变量	均值	标准差	最小值	最大值	预期作用方向
参与重要性（x_{11}）	2.225	1.043	0	4	正向
参与方式（x_{12}）	3.477	0.613	1	4	正向
变化情况（x_{13}）	2.955	0.542	1	4	正向
比较优势（x_{14}）	3.256	0.575	1	5	正向

（三）实证分析

1. 农户对农村公共品供给效果评价

对于农户对农村公共品供给效果评价的披露，在此借鉴 Ciriacy – Wantrup（1947）所提出的条件价值评估法（CVM 法）来进行研究。依据 Ciriacy – Wantrup 的研究成果，本研究采用调查问卷的方式对农户对农村公共品供给效果评价情况进行揭示。表 6 – 3 提供了不同收入层次农户对农村公共品供给效果的综合评价结果。

表 6 – 3　　　　不同收入层次农户对农村公共品供给效果的综合评价结果　　　　单位:%

组别	不好	一般	较好	很好
整体	1.4	32.4	64.42	1.78
低收入组（3000 元以下）	5.07	44.7	50.23	0
中低收入组（3001—4000 元）	2.51	35.15	61.09	1.25
中等收入组（4001—5000 元）	0	28.69	69.92	1.39
中高收入组（5001—10000 元）	0.59	31.36	65.09	2.96
高收入组（10000 元以上）	1.25	16.25	82.5	0

注：收入组的划分参照《中国统计年鉴》中的划分标准执行。对于收入组的划分以下同，不再一一作出说明。按照此划分标准，中等收入和中高收入水平的农户比例较大，达到 65.88%。

第六章 基于农户收入异质性视角的农村公共品供给效果评价

由表6-3可知,农户对农村公共品供给效果的评价较为理想,具体而言,农户评价结果为"较好""很好"的概率分别为64.42%和1.78%,评价结果为"不好"的概率仅为1.4%,评价结果为"一般"的概率为32.4%。显而易见,农村公共品供给效果较为理想,这说明目前农村公共品的供给相对较为充裕,公共服务设施也相对较为完善,基本上能满足农民生产生活的需要,但还有进一步提高的空间。

从农民的收入来看,农户对农村公共品供给效果的评价与整体评价情况很相似,评价结果为"很好"的概率最低,低收入组、中低收入组、中等收入组、中高收入组、高收入组分别为0、1.25%、1.39%、2.96%、0,说明农户收入与农户评价农村公共品供给效果之间呈现倒"U"型趋势;评价结果为"较好"的概率最高,均超过50%,以上组别分别为50.23%、61.09%、69.92%、65.09%、82.5%,说明农户人均年收入越高,农户对农村公共品供给效果的评价越高;评价结果为"一般"的概率也较高,在30%上下浮动,以上组别分别为44.7%、35.15%、28.69%、31.36%、16.25%,说明随着农户人均年收入水平的提高,农户对农村公共品供给效果的评价呈下降态势。

2. 模型估计

本研究运用Stata10.0统计软件,对整体及五组分组(低收入组、中低收入组、中等收入组、中高收入组、高收入组)实地调查数据作有序Probit模型估计。表6-4是有序Probit模型的估计结果。由表6-4可知,整体以及五组分组模型的LR [$LR\chi^2(14)$] 统计量均大于56,除高收入组外,整体以及其余四组模型的对数似然比统计量均小于-114,其相对应的显著性水平均为0.000,这说明整体以及五组分组模型表现了较为理想的整体拟合效果,并且解释变量的作用方向基本符合拟合前的预期。

表 6-4　不同收入水平农户评价农村公共品供给效果影响因素估计结果

	解释变量	整体	低收入组	中低收入组	中等收入组	中高收入组	高收入组
村庄特征	村庄类型（x_1）	0.038 (0.53)	0.190 (0.91)	-0.032 (-0.17)	0.122 (0.66)	0.066 (0.66)	0.494 (0.77)
	村庄距县城的距离（x_2）	0.001 (0.38)	-0.014 (-1.18)	0.011 (1.43)	0.004 (0.70)	-0.003 (-0.93)	0.095 (1.42)
农户基本特征	性别（x_3）	-0.008 (-0.11)	0.316 (1.54)	0.115 (0.58)	0.003 (0.02)	-0.083 (-0.75)	0.916 (0.95)
	年龄（x_4）	-0.009 (-0.24)	-0.017 (-0.16)	0.077 (0.78)	-0.117 (-1.43)	0.014 (0.24)	2.783** (2.39)
	受教育程度（x_5）	0.057 (1.01)	-0.002 (-0.01)	-0.122 (-0.70)	-0.208 (-1.47)	0.209*** (2.61)	-0.600 (-0.73)
	是否是村干部（x_6）	-0.221* (-1.66)	0.498 (0.99)	-0.893** (-2.39)	-0.120 (-0.35)	-0.249 (-1.29)	-4.355** (-2.16)
制度环境	政策支持（x_7）	0.278*** (3.64)	0.237 (1.24)	0.465** (2.15)	0.214 (1.28)	0.230* (1.73)	-1.781 (-1.43)
	地方政府对中央政策的执行效果（x_8）	-0.093* (-1.71)	-0.198 (-1.31)	0.124 (0.79)	-0.148 (-1.21)	-0.119 (-1.38)	1.996* (1.92)
	农户对乡镇政府评价（x_9）	0.361*** (5.90)	0.688*** (3.95)	-0.151 (-0.93)	0.391*** (2.84)	0.395*** (3.94)	4.665*** (2.65)
农户参与情况	参与满意度（x_{10}）	1.033*** (16.33)	1.400*** (7.59)	1.405*** (8.01)	0.779*** (5.46)	0.993*** (10.20)	5.066*** (3.45)
	参与重要性（x_{11}）	0.101*** (3.05)	-0.089 (-0.96)	0.101 (1.20)	0.023 (0.29)	0.149*** (2.76)	0.702 (0.91)
	参与方式（x_{12}）	0.403*** (7.26)	0.316** (2.04)	0.384** (2.45)	0.460*** (3.81)	0.498*** (5.33)	5.235** (2.45)

第六章　基于农户收入异质性视角的农村公共品供给效果评价

续表

解释变量		整体	低收入组	中低收入组	中等收入组	中高收入组	高收入组
环境比较	变化情况 (x_{13})	0.093 (1.52)	0.082 (0.45)	0.282 (1.63)	-0.040 (-0.30)	0.113 (1.17)	0.029 (0.04)
	比较优势 (x_{14})	0.018 (0.30)	0.318* (1.70)	0.165 (0.78)	0.024 (0.13)	-0.040 (-0.47)	-0.130 (-0.26)
对数似然比 (Log likelihood)		-968.347	-114.473	-146.007	-200.662	-414.542	-12.236
伪判决系数 (Pseudo R^2)		0.206	0.384	0.251	0.163	0.212	0.699
$LR\chi^2(14)$		502.52	142.97	98.05	78.28	222.33	56.93
$Prob > \chi^2$		0.000	0.000	0.000	0.000	0.000	0.000

注：＊＊＊、＊＊、＊分别表示1%、5%和10%的显著性水平，括号内数值为相对应的Z值。

3. 讨论

由表6-4可知，从整体情况来看，影响农户评价农村公共品供给效果的重要因素主要有政策支持（x_7）、农户对乡镇政府评价（x_9）、农户参与满意度（x_{10}）、农户参与重要性（x_{11}）及参与方式（x_{12}），系数分别为0.278、0.361、1.033、0.101、0.403。是否是村干部（x_6）和地方政府对中央政策的执行效果（x_8）对其也产生了较为显著的影响，其系数分别为-0.221和-0.093。从收入分组情况来看，不同的因素产生的影响和作用程度不同，但是农户对乡镇政府评价、农户参与满意度、参与方式对其产生了共同关键的影响。

（1）村庄特征。从五组模型的估计结果来看，村庄类型和村庄距县城的距离对五组农户评价均没有产生影响。原因可能是自然村以普通乡村为主，且农户居住地距县城的平均距离为17.5公里，相对较远，农户不能享受到因城市发展所带来的辐射带动作用或者

159

不能免费享受乡镇政府所在地相关的公共配套设施。

（2）农户基本特征。从五组模型的估计结果来看，性别对五个收入组农户评价的影响均不显著。年龄在高收入组中产生了较显著的正向影响，对其余组农户的评价影响不显著。这说明，年龄越大的农户，对公共品的需求意愿越弱，农村公共品的供给很容易就能满足年龄较大者的需求，而目前农村公共品的供给却不能满足年龄较小者的需求，其对公共品的需求意愿较为强烈，或者说老年人相对于年轻人而言，对于农村公共品的需求较低。这表明，农村公共品的供给具有"老龄化"偏向，同时也具有"高消费"倾向，同时，从侧面反映出了年轻一代主体意识不断增强。

在中高收入组中受教育程度的系数为0.209，即仅对中高收入水平农户产生了显著的正向影响，受教育程度对其他收入组的影响较小。这说明，农户受教育程度越高，越能够认识到公共品的重要性，也越能够认识到公共品能够给自身带来的好处，其对农户越重要、给农户带来的利益越多，农户对其的评价就会越高。

是否是村干部对中低收入组和高收入组农户产生了重要的负向影响，对其余收入组的影响不显著，低收入组、中低收入组、中等收入组、中高收入组、高收入组中是否是村干部的系数分别为0.498、-0.893、-0.120、-0.249、-4.355。这说明，村干部平时往往会对普通村民和贫困人群给予更多的关注，这也体现了政府官员关注焦点的大众化趋势。中低收入组农户可谓是无权无势，也不符合扶贫、低保、救济等方面的政策范畴，处于社会的中间层，很难被顾及。高收入组的农户往往很少关注村里的事物，同时可能也是村干部的重要竞争者，于是，给予的关注较少。

（3）制度环境对农户评价农村公共品供给效果的影响。政策支持与中低收入组和中高收入组农户的评价之间呈显著的正相关关系，而与其余收入组之间的相关关系不显著。由此可见，政策支持对农户评价农村公共品供给效果的影响是不容忽视的。这说明，对于普通人群而言，国家出台的一系列优惠政策可以最大限度地保障他们的利益，可以保证农户享受到所需要的各类公共品，也可以使

第六章　基于农户收入异质性视角的农村公共品供给效果评价

农民从中享受到实实在在的利益，然而真正的贫困群体并未获得实惠，这显然是与政策的初衷有一定程度的背离。而政策支持却对高收入组农户评价农村公共品供给效果的影响为负，与预期相悖。可能是因为高收入群体容易产生不平衡心理，他们所得到的支持、关心、利益相对可能较少。

地方政府对中央政策的执行效果仅对高收入组农户的评价结果产生了较为显著的正向影响，对其余收入组均没有产生影响。这说明，地方各级政府作为中央各项政策的执行者，对各项政策的执行情况相对较差，使农村公共品的供给未能满足农民生产生活的需要。

除中低收入组外，其余收入组农户对乡镇政府评价均对农户评价农村公共品供给效果具有显著的正效应，在以上五个收入组中的系数分别为0.688、-0.151、0.391、0.395、4.665。这说明，乡镇政府作为基层政府，可以确保农民对公共品的需求意愿得以实现，在农村公共品供给中具有重要的导向作用，因为其经常直接与农民接触，能对农户的实际需求作出较好的反映，促进农村公共品的有效供给。

（4）农户参与情况对农户评价农村公共品供给效果的影响。农户参与满意度对五组收入组农户的评价结果均产生了显著的正向影响，在以上五个收入组中的系数分别为1.400、1.405、0.779、0.993、5.066；农户参与方式也在五组收入组中均产生了显著的正向影响，在以上五个收入组中的系数分别为0.316、0.384、0.460、0.498、5.235；参与重要性仅对中高收入组产生了重要的正向影响，对其余收入组的影响不显著，在以上五个收入组中的系数分别为-0.089、0.101、0.023、0.149、0.702。由此可见，农户参与是影响农户评价农村公共品供给效果的关键因素。农户作为农村公共品的直接受益者，只有让农户参与到其供给当中去，才能将其真实需求意愿通过其亲身参与得以充分表达，其供给也才能越接近农户生活的需要，也能够使农民"主人翁"的地位得以体现，更重要的是可以促使农民最真实的需求意愿得以实现，推动农村公共品供求关系更趋于均衡化，供给结构更加合理化，农村公共品供给更加有效、效率更高。

农户参与方式在五组收入组中均产生了显著的正向影响。可见，农户在农村公共品供给过程中的参与方式是不容忽视的，反映了农户的收益问题，会对农户产生激励作用，这会直接影响农村公共品供给效果的好坏。这说明，委托给村委会、村民代表大会相比其他参与方式而言，这两种方式可以使农户的真实需求意愿得以真正地实现，促使政府提供的公共品更贴近农业生产、农民生活的需要，推动农村公共品供求关系更趋于均衡化，供给结构更趋于合理化，这体现了利益驱动机制的重要性。

（5）环境比较对农户评价农村公共品供给效果的影响。农村公共品供给变化情况对五个收入组农户评价的影响均不显著，究其原因，可能是因为农村公共品供给情况较五年前相比有所改进，但改进幅度不大，不能满足农民由于收入水平不断提高而对多样化、高标准化公共品的需求，或者说农民收入水平不断提高而要求公共品供给的多样化和高标准化与政府提供公共品单一化、低层次之间的矛盾日益突出；也可能是由于国家财政给予了农村大量的投资，而使农户对公共品抱之以更高的期望，然而实际可能没有达到农户的预期期望，甚至与预期相去甚远，致使农户的评价较差，这可能是影响不显著的重要原因。

比较优势在以上五个收入组中的系数分别为0.318、0.165、0.024、-0.040、-0.130，仅对低收入组农户评价具有较显著的正向影响，对其余收入组的影响不显著。这说明，近年来，国家出台的一系列惠农政策，如新型农村合作医疗、加大扶贫力度、义务教育等，对低收入群体更有利。比较优势对中高收入组和高收入组农户的评价结果带来负效应，可能是因为富裕人群具有较弱的攀比心理，对于他们而言，农村公共品供给的好坏对他们的影响不大，具体而言，农村公共品供给充足，不会给他们带来太多的收益，而农村公共品供给严重短缺，也不会给他们的生产生活带来影响，即不会对他们的利益造成损失，因此，他们的评价相对较低，即呈现负相关关系。

四 小结

本章研究在分析农户收入异质性与农村公共品供给效果之间的依存关系的基础上，利用晋、陕、蒙、川、甘、黔六省1571户不同收入层次农户的实地调查数据，采用多元有序Probit模型，综合评价了不同收入层次农户对农村公共品供给效果。主要得到了以下四点结论：

（1）农户对农村公共品供给效果的评价较高。具体而言，农户对公共品评价结果为"较好""很好"的概率分别为64.42%和1.78%，评价结果为"不好"的概率仅为1.4%，评价结果为"一般"的概率为32.4%。

（2）不同收入水平农户对农村公共品供给效果的评价也较高，且农户对公共品评价随着收入水平的提高而提升。具体表现为，低收入组、中低收入组、中等收入组、中高收入组、高收入组中农户对公共品评价结果为"较好"的概率最高，均超过50%，概率分别为50.23%、61.09%、69.92%、65.09%、82.5%。对于"较好"评价结果，农户人均年收入越高，农户对农村公共品供给效果的评价越高；对于"很好"评价结果，农户人均年收入与农户对农村公共品供给效果的评价结果之间呈现倒"U"型关系。

（3）从整体情况来看，影响农户评价农村公共品供给效果的重要因素主要有政策支持、地方政府对中央政策的执行效果、农户对乡镇政府评价、农户参与满意度、农户参与重要性及参与方式。

（4）从收入分组情况来看，不同的因素产生的影响和作用程度不同，但是对农户评价农村公共品供给效果产生共同影响的关键因素有农户对乡镇政府评价、农户参与满意度、参与方式；村庄类型、村庄距县城的距离、农户性别、供给变化情况对五组农户的评价均没有产生影响；其余变量对部分收入组农户评价产生了显著影响，而对其他收入组农户评价的影响则不显著。

第七章 案例研究

一 案例一：农村道路——基于农户收入异质性视角的农村道路供给效果评估
——来自晋、陕、蒙、川、甘、黔六省2140户农户的调查

农村道路是农村通向外界的桥梁，直接关系到农民的生产生活，在农村经济和社会发展中发挥着举足轻重的作用，是农民生产生活活动中所必需的也是不可获取的公共品，其次作为公共品本身具有不完全的非排他性和非竞争性（刘成奎，桂大一，2009；朱玉春等，2010）。其中村内道路、通往邻村道路及通往乡镇道路的建设和维护与农民切身利益紧密相关。进入21世纪以来，我国支农惠农政策力度不断加大，我国在农村公路建设速度和公路总里程上取得了非常优异的成绩，技术等级和质量也明显提高。2001年我国用于农村公路建设投资资金为358亿元，2010年为1923.8亿元，年均增长率为20.54%。2001年我国农村公路的总里程为127.7万公里，2010年为350.66万公里，年均增长率为12%，远远高出1978—2000年3.7%的增长速度。到2010年年底，我国农村通公路的乡镇和建制村的比重分别达到99.97%和99.21%。实践证明，近年来，国家财政投资的增加，使得农村道路得到了较大的改善，农村道路不断拓展拓宽，使得农村地区出行困难现象得到扭转，同时也为农民外出务工、农业

生产和非农创收创造了有利条件,增加了农民的非农就业机会,带动了农村经济的发展。但是这些能否体现出公平公正原则,是否提高了公共支出的效果呢?无法回答。随着农村经济的发展,城镇化进程的不断推进以及农民非农就业机会的增多,农民对道路的需求会随之增加。因此,道路供给能否满足农户的需求,是否符合农户的意愿,就成为农户评价道路供给效果的重要因素。虽然道路对不同收入水平的农户具有不同的用途和作用,但是道路供给的最终目的是使整个农村地区居民的福利得到改善和优化,使不同收入水平的农户得到最大限度的满足及预期效应。不同收入水平的农户对农村道路的需求有不同的心理预期和心理期望,从而对目前道路供给效果的感受和评价也不相同。所以,农村道路供给能不能达到预期目标,能不能给农户带来意想不到的效果,道路供给达到怎样的供给效果才能更好地满足农户的心理预期,必须要把农户收入差异带来的需求差异考虑在内。这就需要站在农户的角度,考虑到不同收入水平农户对道路供给真实的、差异化的需求,才能对农村道路供给效果做出准确的评估。作为农村道路的最终消费者,农民要使自己的真实想法得以真正的体现,就必须对政府投资提供的道路情况给予评价,并把这种评价作为政府工作绩效的一项评价标准。政府在提供农村道路供给时,要充分考虑到不同收入水平的农户差异化的心理需求预期。要有针对性地提供道路供给,切实解决农户最关心的问题,才能使国家的惠农政策落到实处。鉴于此,本部分基于实地调查数据,运用 Heckman – Probit 两阶段模型,从农户的角度出发,并充分考虑不同收入水平农户的差异化需求,探寻农户对农村道路供给效果的评价及其影响因素,以寻求农村道路有效供给的途径。

(一) 以往文献综述与研究假说

1. 以往文献回顾

可以从不同的角度和层面,对农村道路供给效果进行评价,也可以运用不同的方法进行。从现有的研究进展情况看,大致可以归纳为以下三个方面。

（1）农村道路供给对农村发展影响的研究。大量研究表明，农村道路供给对农村发展产生了重要影响。一方面，农村道路建设降低了农民购买生产资料与出售农产品的成本，即直接降低了农业生产成本，从而提高了农业收入（彭代彦，2002），显著地促进了农业总产值的增加（方鸿，曹明华，2006），对农村经济发展具有举足轻重的作用（朱玉春等，2010）。同时，农村道路供给状况的改善有效地促进了农业生产率的增长，尤其是农村道路投资对经济欠发达地区农业生产的边际回报率要高于发达地区（樊胜根，张林秀，2003）。另一方面，农村道路基础设施条件的改善，能显著促进农村地区非农部门的发展，并有利于增加农村非农就业机会（彭代彦，2002；樊胜根，张林秀，2003；Fan, et al., 2002；邓蒙芝等，2011），因此，道路供给状况越好的村庄的非农就业劳动力更愿意选择在本村、本乡以及本县实现非农就业（邓蒙芝等，2011），以间接增加农民收入。相比较而言，道路投资对非农 GDP 增长的回报率要高于对农业 GDP 增长的回报率（樊胜根等，2002）。

（2）农户对农村道路供给满意度的研究。农村道路供给作为促进农村发展的重要手段之一，对农村发展产生了非常显著的影响，但是该如何从农户的角度出发去评估道路供给在农村发展中所发挥的功效并进一步提高其效用呢？这就需要建立以农户为中心的道路建设体制，运用科学的方法测评农户满意度。研究农户对农村道路供给的满意度，对于提高农村道路供给效率，修正并优化公共品道路资源配置具有重要的现实意义（高慧，2006）。目前有学者研究表明，农民对农村道路供给的满意度较高，满意度均超过 74%（张开华，万敏，2009；骆永民，樊丽明，2008），也有学者认为，农民对农村道路供给的满意度较低（王明昊，赵阳，2008），但可以通过两种方法来提高农民对农村道路供给的满意度，即补贴农民交通费或者补贴道路工程（这适合于农民以工代赈的方式投入农村道路供给中的情况）（高慧，2006）、通过资源配置改善可到达乡村区域中心的道路（P. A. Maya, K. Sörensen, P. Goos, 2010）。虽然农民对农村道路供给的满意度较低，但是农民对农村道路供给的投资意愿却是最高的（朱玉春，唐娟莉，2009），然而并不是所有的道路投资都是农民最需要的，因为农民对道路的需求和村级实施的道路之间的相关关系并不显著（易红梅等，2008）。因此，政府在加大对农村道路供给投入的同时，需要充分考虑地区差异和区域协调发展问题（王明昊，赵阳，2008；张林秀等，2005）。

（3）农村道路对减缓贫困作用的研究。多数研究表明，非洲国家的乡村公路已成为学者们研究发展中国家道路对减缓贫困影响的聚焦点［Asia Development Bank（ADB），2001］，其研究关注的是投资后的经济效益，重点分析道路投资的成本效益。如2005年世界发展报告指出，道路投资的经济回报率估计在16%—39%（世界银行，2005）。近十年来，中国在减缓贫困方面取得了巨大的成功，其中，农村道路所产生的社会效益最高（刘承芳，张林秀，Scott Rozelle，2007）。从地区分布上来看，道路投资使东部地区和中部地区产生了最高的GDP经济回报，对于西部地区，尤其是对于西南地区而言，道路投资对减缓贫困起到了重要作用；从道路的等级上来看，低等级道路（多数是农村道路）对国内生产总值（GDP）的效益—成本比是高等级道路（高速公路、等级路）效益—成本比的四倍左右（樊胜根，Connic Chan - Kang，2006；Shenggen Fan，Connie Chan - Kang，2008），且对减缓收入贫困和人类贫困起着重要的作用（樊胜根等，2002；谭清香，2003；吴国宝，2006），这些作用主要是通过使农户收入来源与就业结构多样化以及提高生产率来实现的。同时，增加穷人对道路的利用是道路对减缓贫困产生积极作用的关键（吴国宝，2006）。然而，也有一些学者的研究得出了相反的结论，认为，农村道路投资没有带来显著的社会效益（Jocelyn A Songco，2010），农村道路建设不仅不是解决贫困问题的灵丹妙药，在缩小收入差距上的效果不明显，且给穷人带来的影响绝大多数可能是负面的（HG Jacoby，2010；Devres，1980）。

综上可见，学者们的研究为本研究奠定了科学研究的基础，具有重要的启示和借鉴意义。从目前的研究进展情况来看，主要是强调政府公共支出的宏观效果，而很少体现不同特征或处于不同社会经济地位的农户需求及效用状况。鉴于此，本部分试图从农户收入异质性视角出发，探寻不同收入层次农户对农村道路供给效果的评价，以寻求农村道路有效供给的途径。

2. 研究假说

根据公共品相关理论及研究目标，在借鉴前人研究成果及与农民进行深层访谈的基础上，本研究提出以下七个研究假说。

H1：村庄特征对农户评价农村道路供给效果有影响。村庄特征包括村庄类型、村庄距县城距离。

H2：农户个体特征对农户评价农村道路供给效果有影响。不同特征的农户，对事物的认知是不同的。根据消费者行为理论，不同特征的农户，对农村道路的需求是不同的，即不同特征的农户对农村道路供给效果的评价会存在差异性。不同特征农户在公共品方面凸显个体行为偏好与需求偏好，于是，农户特征对农村道路等公共品供给效果评价有显著影响（王蕾，朱玉春，2013）。农户个体特征包括性别、年龄、受教育程度、是否是村干部。

H3：制度环境对农户评价农村道路供给效果产生重要影响。农村的发展在一定程度上需要中央出台的各项支农惠民政策的支持，但是这些政策的推行和有效运行，需要政府的大力支持和引导，这有利于农户更加了解各项政策的实质，提高农户的评价度。本研究假定，农户对政策和乡镇政府的评价越高，越有利于提高农户对农村道路供给效果的评价结果。

H4：农户的参与对农户评价农村道路供给效果产生影响。为了体现农户的"主人翁"地位，使道路供给更符合农户的心理预期，增强农户的满足感，就应该使农户参与到农村道路的供给当中，因为只有这样农户的需求意愿才可以得以顺畅、真正的表达，也能促使农村公共品的供求关系更趋于平衡化。Khwaja（2004）研究认为，老百姓参与对当地公共投资项目的质量会产生重要影响。因此，本研究假定，农户参与满意度越高，农户对农村道路供给效果的评价就越高。

H5：道路供给情况的改善有助于提升农户的满意度。道路供给情况的变化（改善或恶化）会对农户评价农村道路供给效果产生一定影响。本研究假定，村内道路是柏油路或水泥路、能满足经济发展需要、维护状况越好，农户对农村道路供给效果的评价就越高。

H6：环境比较对农户评价农村道路供给效果有影响。人们对事物的态度会随着环境的变化发生相应的变化，换句话说，环境的变化会对农户评价农村道路供给效果产生一定的影响。与过去五年相比，农村道路改善越大，与邻村道路供给状况相比所产生的比较优势越大，农户对农村道路供给效果的评价就越高。

H7：农户对交通状况的满意度会对农村道路供给效果的评价产生积极的影响。交通状况从某种程度上能反映出道路供给情况。本研究假定，农户对交通状况的满意度越高，越有助于提高农户对农村道路供给效果的评价结果。

（二）数据来源及说明

本研究所用数据来源于2010年3—6月对川、陕、黔、蒙、甘、晋6省份[①]23市（县、区、旗）的农村道路供给效果情况的实地调查。调研抽样采用分层抽样与随机走访的方式进行，依据经济发展程度（三个等级：经济发达、中等经济发展水平、经济落后）按照省、市（县）、乡镇、自然村这样的层级制度，共发放调查问卷2310份。在农户调查中，采用一对一的方式对成年人进行访问，试图使被访者的回答更贴合实际。此次实地调查问卷主要包括村庄基本情况、农户个体特征、制度环境、农户参与情况、农村道路供给情况、环境比较、交通状况七个大类的内容。根据公共品的特性、数据的完整性及

---

① 此次调研样本选择四川、陕西、贵州、内蒙古、甘肃、山西6个省（自治区），主要原因是中西部地区经济发展还相当的滞后，特别是欠发达地区、农业弱质区等的农村道路还相当的落后，进入21世纪，特别是2003年以来，随着统筹城乡经济社会发展战略和社会主义新农村发展战略的推及及财政"三农"支出的不断增加，我国支农惠农政策力度不断加大，国家财政从规模上加大了对农村道路的支出力度，农村公路取得了跨越式发展。我们主要是想考察这些地区在国家给予大量的资金支持，在农村道路得到大幅度改善之后，农民的客观评价是否能够更好地体现国家支农惠农政策实施的效果，能否更好地体现农民最真实的想法和需求；而东部地区自身的经济发展水平较高，农村道路已相当的完善，对其投资改进的幅度很有限，农民的感受不会发生较大的变化，应将更多的资金投入中西部地区。目的主要是想让国家在政策、资金等方面对中西部地区给予更多的关注，使支农惠农政策更多地向中西部地区倾斜，更多地关注民生问题，逐步缩小东中西部地区之间的差距，使中西部地区的农民能享受到同东部地区同样待遇的公共服务。

研究的需要，在统计过程中剔除数据缺失或前后矛盾或不符合本研究情况的问卷170份，共获有效问卷2140份，有效率为92.64%，样本基本情况见表7-1和表7-2。

表7-1　　　　　　　　样本地区分布情况　　　　　单位：份、%

地区	四川				贵州			
	彭山	乐至	隆昌	双流	遵义	镇宁	清镇	惠水
频数	100	100	100	95	98	100	90	85
频率	4.67	4.67	4.67	4.44	4.58	4.67	4.21	3.97
地区	陕西				山西			
	子洲	绥德	榆阳区	神木	杨凌	山阴	平鲁	朔城区
频数	78	71	66	80	269	79	81	47
频率	3.64	3.32	3.08	3.74	12.57	3.69	3.79	2.2
地区	甘肃				内蒙古			
	径川	陇西	张掖	徽县	伊金霍洛旗	准格尔旗		
频数	90	72	123	106	96	114		
频率	4.21	3.36	5.75	4.95	4.49	5.33		

（1）村庄基本特征。统计结果显示，在所有被调查的自然村中，传统村庄占据了主位，而乡镇驻地或城郊结合部所占比例较小，未曾涉及既是乡镇驻地又是城郊结合部的村庄。农户居住的位置相对比较分散，村庄距县城的距离分布在1—65公里，村庄距县城的平均距离为19.52公里。

（2）农户基本特征（见表7-2）。在2140个被调查农户中，主要以男性为主，占64%；年龄（研究中剔除了年龄较大者，即65岁以上者）分布呈现出倒"U"型趋势，其中，以中青年为主，占85.2%；在受教育程度上，受访者主要以初中文化程度为主，占53.3%，小学及以下的比例次之，为36%，高中及以上的比例为10.7%，这说明农民的受教育程度普遍偏低；在家庭规模上，3—5

人的中小型家庭规模是目前比较普遍的模式，占 73.6%，这正体现了当今农村家庭平均人口规模的基本水平；在所调查的农户户主中，有 7.3% 的是村干部，12.8% 的是党员；90.1% 的从事农业生产。

表 7-2　　　　　样本基本特征描述　　　　　单位：份、%

统计指标		样本数	比例	统计指标		样本数	比例
性别	男	1369	64	家庭规模	2 人及以下	167	7.8
	女	771	36		3—5 人	1575	73.6
年龄	18—25 岁	70	3.3		6—8 人	377	17.6
	26—40 岁	593	27.7		8 人以上	21	1
	41—50 岁	741	34.6	村干部	是	156	7.3
	51—60 岁	491	22.9		否	1984	92.7
	61—65 岁	245	11.5	党员	是	274	12.8
受教育程度	小学及以下	771	36		否	1866	87.2
	初中	1141	53.3	农业生产	农业生产	1929	90.1
	高中或中专、高职	185	8.7		非农业生产	211	9.9
	大专及以上	43	2				

（三）农村道路供给效果的评估

1. 农户对农村道路供给效果评价

对于农户对农村道路供给效果评价的披露，在此借鉴 Ciriacy - Wantrup（1947）所提出的条件价值评估法（CVM 法）来进行研究。依据 Ciriacy - Wantrup 的研究成果，本研究采用调查问卷的方式对农户评价农村道路供给效果情况进行揭示。表 7-3 提供了不同收入层次农户对农村道路供给效果的评价结果。

由表 7-3 可知，农户对农村道路供给效果的评价不理想，具体而言，农户评价结果为"很不好"和"不好"的概率分别为 5.28% 和 54.44%，概率合计超过了一半（59.72%），评价结果为"一般"的概率为 14.16%，评价结果为"较好"的概率为 20%，评价结果为"很好"的概率仅为6.12%。显而易见,农村道路供给效果还不是很理想,体现了国家近年来的投资还没有达到预期的效果,与农户的预期及需求还存在一定的差距,还不能满足农民生产生活的需要,具有很大的提升空间。

表7-3　不同收入层次农户对农村道路供给效果的评价结果

单位:%

效果	很不好	不好	一般	较好	很好
整体	5.28	54.44	14.16	20	6.12
低收入组(3000元以下)	2.87	47.67	21.5	22.58	5.38
中低收入组(3001—4000元)	2.88	60.06	17.25	16.29	3.52
中等收入组(4001—5000元)	7.42	57.53	13.61	18.35	3.09
中高收入组(5001—10000元)	5.41	54.92	10.39	20.88	8.4
高收入组(10000元以上)	6.96	43.04	18.35	22.79	8.86

注:收入组的划分参照《中国统计年鉴》中的划分标准执行。对于收入组的划分以下同,不再一一作出说明。按照此划分标准,中等收入和中高收入水平的农户比例较大,达到64.95%。

从农民的收入来看,农户对农村道路供给效果的评价与整体评价情况很相似,评价结果为"不好"的概率最高,在50%上下浮动,低收入组、中低收入组、中等收入组、中高收入组、高收入组的概率分别为47.67%、60.06%、57.53%、54.92%、43.04%;而评价为"很好"的比重比较小,并呈现出"U"型态势,以上五个收入组依次分别为5.38%、3.52%、3.09%、8.4%、8.86%;评价结果为"一般"和"较好"的概率处于中等水平,并呈现出"U"型态势,以上五个收入组依次分别为21.5%、17.25%、13.61%、10.39%、18.35%和22.58%、16.29%、18.35%、20.88%、22.79%。

2. 农村道路供给效果的具体表现

本部分主要是从制度环境(政策支持、农户对乡镇政府评价)、农户参与情况(农户参与满意度)、供给情况(村内道路类型、能否满足经济发展需要、维护状况)、环境比较(变化情况、比较优势）、交通状况（农户对交通状况满意度）五个大的方面对农村道路供给效果的具体表现进行说明，具体结果见表7-4。

表7-4　　　　　农村道路供给效果的具体评价　　　　单位：份、%

统计指标		样本数	比例	统计指标		样本数	比例
政策支持	非常不满意	62	2.9	农户对乡镇政府评价	非常不满意	773	36.1
	不满意	517	24.1		不满意	410	19.2
	基本满意	586	27.4		基本满意	419	19.6
	满意	783	36.6		满意	517	24.1
	非常满意	192	9		非常满意	21	1
农户参与满意度	非常不满意	797	37.2	村内道路类型	泥土路	780	36.5
	不满意	494	23.1		砂石路	529	24.7
	基本满意	519	24.3		柏油路	336	15.7
	满意	305	14.3		水泥路	495	23.1
	非常满意	25	1.2				
能否满足经济发展需要	是	870	40.7	变化情况	明显变差	217	10.1
	否	1270	59.3		变差	905	42.3
维护状况	无人维护管理，严重损毁	1303	60.9		基本无变化	332	15.5
	维护管理一般，局部损毁	491	22.9		变好	568	26.6
	维护管理很好	346	16.2		明显变好	118	5.5
比较优势	最差的之一	517	24.2	农户对交通状况满意度	非常不满意	208	9.7
	中等偏下	472	22.1		不满意	521	24.3
	中等	852	39.8		基本满意	628	29.4
	中上等	178	8.3		满意	715	33.4
	最好的之一	121	5.6		非常满意	68	3.2

注：变化情况是指农村道路供给状况与五年前相比的变化程度；比较优势是指本村的道路供给状况与邻村的比较结果。以下相同，不再一一作出说明。

（1）制度环境。农户对政策支持的满意度较高，其中"满意"和"非常满意"的占45.6%；农户对乡镇政府评价的满意度较低，不满意度超过一半（55.3%）。这表明，乡镇政府作为基层政府，在农村道路提供过程中的导向作用并未充分发挥出来，对农户的实际需求意愿不能作出较好的反映，在一定程度上激起了农民的不满。

（2）农户参与满意度。农村道路供给农户参与满意度呈现出下降态势，不满意度较高，"非常满意""满意""基本满意""不满意""非常不满意"的比例分别为1.2%、14.3%、24.3%、23.1%、37.2%。农户作为农村道路的直接和最终消费者，可谓是其受益者，但是大多数农户并未亲身参与到农村道路供给过程中，农民的需求意愿未能得以顺畅的表达，弱化了农民的满足感。

（3）供给情况。村内道路主要以泥土路为主，占36.5%，柏油路和水泥路的比例分别为15.7%和23.1%；40.7%的被调查者认为目前农村道路可以满足经济发展需要；道路的管理维护较差（无人管理维护，严重毁损的占60.9%，而管理维护很好的仅占16.2%）。近年来，我国支农惠农政策力度不断加大，国家在政策和资金上对于农村道路给予了大力支持，但是资金主要用于道路的建设，道路建成之后，大多处于一种无人管理与维护的状态，主要是因为没有建立相应的管理体制，即没有设道路管理与维护资金，没有派专人进行管理和定期维护。

（4）环境比较。农村道路与五年前相比，变差的比例最高，为42.3%，明显变好的比例仅为5.5%；比较优势（本村与直属县中其他地理位置相近村庄的道路供给状况相比较而产生的结果）结果以"中等"为主，占39.8%，最好的比例仅为5.6%。这表明，大多已建有道路的农村由于缺乏管理与维护而出现退化现象，导致农民不满；或者是由于近五年农村道路并未得到改善或改善程度不大，而农民由于收入水平的不断提高对其表现出高标准化的要求，这使得农民的需求没有得到真正的满足。

（5）农户对交通状况满意度。农户对交通状况满意度的评价结果近似趋于倒"U"型态势，以"满意"的结果居多，为33.4%。

由此可见，农村道路供给的具体方面也是不尽如人意，存在的问题较多也较为突出，如农村道路的管理维护状况很差、农户参与满意度低等，因此，在保证农村道路供给规模的基础上，也必须保证其供给的质量。

（四）农村道路供给效果评估影响因素的实证检验

1. 模型的设定

农户对农村道路供给效果的评价是在对道路供给状况发生变化感知的基础上，理性对道路供给状况作出的客观、公正的评价，因此，本部分研究选用 Heckman – Probit 两阶段模型分析。第一阶段，估算农户对道路状况发生变化感知的影响因素概率；第二阶段，对于感知到道路发生变化的农户而言，其对道路供给效果的评价取决于哪些因素。

（1）第一阶段关于农户对道路供给状况发生变化感知的影响因素模型，形式如下：

$$y_i^* = \beta_i x_i + \mu \quad (7-1)$$

式（7-1）中，被解释变量 y^* 是一个无法观测的潜变量，由解释变量 x_i 决定，β_i 是待估参数，μ 是随机误差项。潜变量 y^* 与观测变量 y 可以通过以下函数来表示。

$$y_i = \begin{cases} 1, \text{如果 } y_i^* > 0 \\ 0, \text{如果 } y_i^* \leq 0 \end{cases} \quad (7-2)$$

$y_i = 1$ 意味着农户感受到了农村道路的变化，$y_i = 0$ 意味着农户未感受到农村道路的变化。

因此，本研究第一阶段中的农户感知模型（7-1）就可以转化为如下的实际应用模型：

$$P(y_i = 1|x) = F(\beta_0 + \beta x) = F(\beta_0 + \beta_1 x_1 + \beta_2 x_2 + \cdots + \beta_n x_n)$$
$$(7-3)$$

式（7-3）中，y_i 代表农户对道路状况发生变化的感知，$F(\cdot)$ 是累计分布函数，$x_i(i = 1, 2, \cdots, n)$ 代表 n 个影响农户对道路供给状况发生变化感知的因素。

（2）第二阶段关于农户感知道路变化后对其供给效果评价的影响因素模型，形式如下：

$$Y_j^* = \alpha_j x_j + \varepsilon \qquad (7-4)$$

式（7-4）中，被解释变量 Y^* 是一个无法观测的潜变量，由解释变量 x_j 决定，α_j 是待估参数，ε 是随机误差项。潜变量 Y^* 与观测变量 Y 可以通过以下函数来表示。

$$Y_j = Y_j^*, \text{如果 } y_i^* > 0 \qquad (7-5)$$

显然，只有在观测到 $y_i = 1$ 时，才有农户对道路供给效果的评价 Y_j。

因此，第二阶段中的农户对道路供给效果评价模型（7-4）就可以转化为如下的实际应用模型：

$$Y_j^* = \alpha_0 + \alpha_1 x_1 + \alpha_2 x_2 + \cdots + \alpha_k x_k + \varepsilon \qquad (7-6)$$

式（7-6）中，Y^* 是潜在变量，代表农户评价农村道路供给效果结果，即很不好、不好、一般、较好、很好五个等级；$x_j(j=1,2,\cdots,k)$ 代表 k 个影响农户感知道路变化后对其供给效果评价的因素，包括农户性别、年龄、政策支持、农户参与满意度、变化情况、比较优势、农户对交通状况满意度等；ε 是随机误差项。

2. 指标选择

本研究对于农户对农村道路供给效果的综合评价，以农户对农村道路供给状况的好坏程度来表征，用 Y 来代表，当 $Y=1$ 时，表示农户评价农村道路供给效果很不好；当 $Y=2$ 时，表示农户评价农村道路供给效果不好；当 $Y=3$ 时，表示农户对农村道路供给效果的评价一般；当 $Y=4$ 时，表示农户对农村道路供给效果的评价较好；当 $Y=5$ 时，表示农户对农村道路供给效果的评价很好。对于农户对道路状况发生变化的感知用 y 来代表，当 $y=1$ 时，表示农户感受到了农村道路的变化；当 $y=0$ 时，表示农户未感受到农村道路的变化。

（1）村庄特征。卫龙宝等（2015）在研究农民公共品需求偏好中采用村委会到乡镇政府的距离、相隔最远的两个村民小组的距离、村庄地理特征等变量来表示村庄特征，认为村委会离乡镇政府越远，农户满意度越低。对于村庄特征变量，本研究主要选择村庄类型、村庄距县城的距离两个变量。村庄类型以 x_1 来表征，对其赋值为 1—3，依次代表普通乡村、乡镇驻地、城郊结合部；村庄距县城的距离以 x_2 来表征，用村庄距县城的实际距离表示，其单位以公里计。

（2）农户个体特征。蔡起华和朱玉春（2015）、卫龙宝等（2015）在研究的过程中采用了人口学特征，如年龄、文化程度、家庭人口数、收入水平等。孔祥智和涂圣伟（2006）研究认为，农户个人特征、家庭特征及其村庄特征共同影响了农户公共品需求偏好。Fletcher 和 Kenny（2005）研究显示，年龄越大对教育的需求越弱，支持教育的投入就越低。另外，还有学者研究认为，村干部、党员等为农村的"精英分子"，能够更多地体谅基层政府的困难，也更能深刻认识到道路供给的重要性。对于农户个体特征变量，本研究主要选择性别、年龄、受教育程度、是否是村干部四个变量。农户性别以 x_3 来表征，其取值为 1 代表男性，取值为 0 代表女性；年龄以 x_4 来表征，对其赋值为 1—5，依次代表 18—25 岁、26—40 岁、41—50 岁、51—60 岁、61—65 岁五个级别；受教育程度以 x_5 来表征，对其赋值为 1—4，依次代表小学及以下、初中、高中或中专或高职、大专及以上四个等级；是否是村干部以 x_6 来表征，其取值为 1 代表是村干部，取值为 0 代表不是村干部。

（3）制度环境——选择性变量。已有研究表明，政府政策对保护广大农民的根本利益、维护社会稳定具有重要作用，改变了收入的分配关系，产生了较大的政治影响（樊丽明等，2008），于是政策越完善、政府重视程度越高，越有利于公共品的供给（朱玉春，王蕾，2014）。因此，本研究选用政策支持、农户对乡镇政府评价两个变量。政策支持和农户对乡镇政府评价分别以 x_7 和 x_8 来表征，对其赋值为 1—5，依次代表非常不满意、不满意、基本满意、满意、非常满意五个等级。

（4）农户参与情况——选择性变量。对于农户参与情况本研究选用农户参与满意度变量来代表。农户参与满意度以 x_9 来表征，对其赋值为 1—5，依次代表非常不满意、不满意、基本满意、满意、非常满意五个等级。

（5）农村道路供给情况——选择性变量。对于农村道路供给情况变量，本研究选用村内道路类型、能否满足经济发展需要、维护状况三个变量。村内道路类型以 x_{10} 来表征，对其赋值为1—4，依次代表泥土路、砂石路、柏油路、水泥路四个等级；能否满足经济发展需要以 x_{11} 来表征，其取值为1代表能满足经济发展需要，取值为0代表不能满足经济发展需要；农村道路维护状况以 x_{12} 来表征，其取值为1代表无人维护管理，严重损毁，取值为2代表维护管理一般，局部损毁，取值为3代表维护管理很好。

（6）环境比较——选择性变量。本研究选用变化情况、比较优势两个变量。变化情况以 x_{13} 来表征，对其赋值为1—5，依次代表明显变差、变差、基本无变化、变好、明显变好五个等级；比较优势以 x_{14} 来表征，对其赋值为1—5，依次代表最差的之一、中等偏下、中等、中上等、最好的之一五个等级。

（7）交通状况——选择性变量。交通状况本研究选用农户对交通状况满意度变量来代表。农户对交通状况满意度以 x_{15} 来表征，对其赋值为1—5，依次代表非常不满意、不满意、基本满意、满意、非常满意五个等级。各主要变量的描述统计性结果及预期作用方向见表7-5。

表7-5　　主要变量的描述统计性结果及其预期作用方向

变量	均值	标准差	最小值	最大值	预期作用方向
农户对道路状况发生变化的感知（y）	0.92	0.266	0	1	—
农户对农村道路供给效果的评价结果（Y）	2.67	1.046	1	5	—
村庄类型（x_1）	1.21	0.504	1	3	正向
村庄距县城的距离（x_2）	19.52	15.256	1	65	负向
性别（x_3）	0.64	0.480	0	1	不明确
年龄（x_4）	3.12	1.040	1	5	不明确
受教育程度（x_5）	1.77	0.688	1	4	不明确

续表

变量	均值	标准差	最小值	最大值	预期作用方向
是否是村干部（x_6）	0.07	0.260	0	1	正向
政策支持（x_7）	3.25	1.011	1	5	正向
农户对乡镇政府评价（x_8）	2.35	1.221	1	5	正向
农户参与满意度（x_9）	2.19	1.120	1	5	正向
村内道路类型（x_{10}）	2.26	1.176	1	4	正向
能否满足经济发展需要（x_{11}）	0.41	0.491	0	1	正向
维护状况（x_{12}）	1.55	0.756	1	3	正向
变化情况（x_{13}）	2.75	1.119	1	5	正向
比较优势（x_{14}）	2.49	1.113	1	5	正向
农户对交通状况满意度（x_{15}）	2.96	1.045	1	5	正向

3. 实证结果与分析

根据研究的目的，本部分研究省略了 Heckman – Probit 两阶段模型中第一阶段即农户感知影响因素模型的估计结果，关于不同收入层次农户对农村道路供给效果评价影响因素（第二阶段）的估计结果见表 7 – 6。回归结果显示，整体及五组分组模型的 Waldχ^2 检验的显著性水平均为 0.0000，表明六组模型的拟合效果较为理想；同时，六组模型的逆米尔比率（Inverse Mills Ratio）都不具有统计上的显著性，表明六组模型均不存在选择偏差。

表 7 – 6　不同收入水平农户评价农村道路供给效果影响因素估计结果

解释变量	整体			低收入组			中低收入组		
	系数	Z值	P值	系数	Z值	P值	系数	Z值	P值
常数项	0.034	0.21	0.835	0.197	0.40	0.693	0.244	0.51	0.608
村庄类型（x_1）	0.072	1.72	0.086	0.165	3.22	0.001	0.044	0.40	0.691
村庄距县城的距离（x_2）	0.001	0.40	0.687	0.005	1.80	0.072	0.001	0.32	0.747

续表

解释变量	整体 系数	整体 Z值	整体 P值	低收入组 系数	低收入组 Z值	低收入组 P值	中低收入组 系数	中低收入组 Z值	中低收入组 P值
性别（x_3）	-0.017	-0.37	0.713	0.013	0.23	0.817	0.040	0.32	0.746
年龄（x_4）	-0.026	-1.11	0.265	-0.059	-1.41	0.157	-0.036	-0.55	0.579
受教育程度（x_5）	0.052	1.16	0.245	-0.103	-1.56	0.120	0.013	0.12	0.903
是否是村干部（x_6）	0.095	1.15	0.251	0.165	1.42	0.156	-0.009	-0.04	0.965
政策支持（x_7）	0.139	4.07	0.000	0.098	1.21	0.225	0.067	0.68	0.494
农户对乡镇政府评价（x_8）	-0.045	-0.96	0.337	0.049	1.16	0.247	0.105	1.30	0.194
农户参与满意度（x_9）	0.159	3.46	0.001	0.002	0.02	0.986	0.080	0.79	0.428
村内道路类型（x_{10}）	0.179	5.61	0.000	0.315	3.67	0.000	0.122	1.44	0.150
能否满足经济发展需要（x_{11}）	0.067	0.55	0.581	0.138	0.79	0.432	-0.080	-0.18	0.854
维护状况（x_{12}）	0.312	5.94	0.000	0.141	2.25	0.025	0.592	2.74	0.006
变化情况（x_{13}）	0.122	3.88	0.000	0.168	4.12	0.000	0.112	1.55	0.120
比较优势（x_{14}）	0.141	5.55	0.000	0.093	2.26	0.024	0.064	0.92	0.355
农户对交通状况满意度（x_{15}）	0.037	0.97	0.332	0.129	2.33	0.020	0.028	0.28	0.781

解释变量	中等收入组 系数	中等收入组 Z值	中等收入组 P值	中高收入组 系数	中高收入组 Z值	中高收入组 P值	高收入组 系数	高收入组 Z值	高收入组 P值
常数项	0.028	0.18	0.855	0.007	0.09	0.929	0.162	0.59	0.552
村庄类型（x_1）	0.120	2.97	0.003	-0.003	-0.13	0.896	0.090	1.21	0.227
村庄距县城的距离（x_2）	0.0004	0.36	0.719	0.001	0.82	0.410	0.001	0.40	0.691
性别（x_3）	-0.011	-0.32	0.748	-0.030	-1.21	0.225	0.073	0.92	0.357
年龄（x_4）	-0.015	-0.87	0.383	-0.016	-1.26	0.209	0.023	0.54	0.586
受教育程度（x_5）	-0.013	-0.38	0.707	0.018	0.96	0.337	-0.079	-1.17	0.240
是否是村干部（x_6）	0.008	0.11	0.915	0.010	0.26	0.797	0.496	3.73	0.000
政策支持（x_7）	0.010	2.97	0.003	0.249	9.57	0.000	0.163	2.58	0.010
农户对乡镇政府评价（x_8）	0.011	0.24	0.811	-0.013	-0.56	0.573	0.013	0.23	0.816
农户参与满意度（x_9）	0.086	3.38	0.001	0.089	4.12	0.000	0.085	1.55	0.121
村内道路类型（x_{10}）	0.170	7.26	0.000	0.076	4.26	0.000	0.077	0.96	0.338
能否满足经济发展需要（x_{11}）	0.407	6.54	0.000	-0.008	-0.11	0.914	0.292	2.38	0.017
维护状况（x_{12}）	0.488	10.61	0.000	0.220	5.39	0.000	0.175	1.80	0.071
变化情况（x_{13}）	-0.026	-0.74	0.459	0.183	9.11	0.000	0.087	1.70	0.089
比较优势（x_{14}）	0.136	7.35	0.000	0.162	7.64	0.000	0.195	4.23	0.000
农户对交通状况满意度（x_{15}）	0.148	5.80	0.000	0.162	6.75	0.000	0.147	1.72	0.085

由表7-6可知,从整体情况来看,村庄类型(x_1)、政策支持(x_7)、农户参与满意度(x_9)、村内道路类型(x_{10})、维护状况(x_{12})、变化情况(x_{13})及比较优势(x_{14})是影响农户评价农村道路供给效果的重要因素,其系数分别为0.072、0.139、0.159、0.179、0.312、0.122、0.141。从收入分组情况看,虽影响因素有异,但共同影响的关键因素主要是维护状况(x_{12})。

(1)村庄特征。五组模型的估计结果表明,居住在优越村庄类型中的贫穷人群对道路供给效果的评价较高。村庄距县城的距离对低收入组农户评价农村道路供给效果带来了较显著的正效应,对其他收入组的影响不显著,这与预期相悖。可能是因为距县城越远,农户对现在所处的道路环境比较适应,外出的情形不是很多,对道路的依赖程度不高,所以对目前道路的供给状况比较满意,评价比较好。

(2)农户基本特征。五组模型的估计结果显示,性别、年龄和受教育程度在五个模型中均未通过显著性检验,表明性别、年龄和受教育程度对农户评价农村道路供给效果的影响不显著。是否是村干部是高收入组农户评价农村道路供给效果的重要影响因素,对其余收入组农户的评价结果影响不大,这说明村干部为了追求个人利益、个人前途,并为了得到高收入人群的支持,往往更多关注的是高收入人群的利益。

(3)制度环境。在五个效果评价模型中,低收入组、中低收入组、中等收入组、中高收入组、高收入组政策支持的系数分别为0.098、0.067、0.010、0.249、0.163。中等收入组、中高收入组、高收入组农户对农村道路供给效果的评价均在1%的显著性水平上产生了重要的正向影响,而低收入组、中低收入组农户对其效果评价的影响不显著,这说明虽然中央出台的一系列优惠政策利于普通人群,但是对道路设施而言,高收入人群对道路的利用程度和依赖程度均要高于低收入人群,道路可以为他们带来更大的便利和更丰厚的收益,因此,高收入人群对其评价较高。

五组模型的估计结果显示,农户对乡镇政府评价对所有组效果评价的影响均不显著。乡镇政府作为基层政府,在农村公共品供给中具有重要的主导作用，但实际上，农户对乡镇政府的满意度较低（不满意度为55.3%），主要是因为其在农村道路供给上并未完全履行其职责，而是将此负担转移到村委会和农民身上，由农民筹资筹劳分担解决，加重了农民负担，导致农民对其评价较低。

（4）农户参与情况。农户参与满意度仅在中等收入组和中高收入组效果评价模型中通过了1%水平的显著性检验，且系数符号为正。可见，在农村道路供给的评价过程中，农户的参与是必不可少的，因为农户的参与能使农户的需求意愿得以真正的表达，也才能够检测政府供给道路的成效，这样道路供给更符合农民的心意，农户的满足感得以增强。

（5）供给情况。在五个效果评价模型中，村内道路类型的系数，以上组别分别为0.315、0.122、0.170、0.076、0.077。可见，村内道路类型已成为不同收入层次农户评价农村道路供给效果的一个重要因素。

能否满足经济发展需要对中等收入组和高收入组农户评价农村道路供给效果产生了显著的正向影响，对其余收入组效果评价的影响不显著。这在一定程度上说明富裕人群对道路的需求程度要高于普通人群，道路对富裕人群比普通人群显得更重要。

在五个效果评价模型中，维护状况效果评价的系数，以上组别分别为0.141、0.592、0.488、0.220、0.175，由此可得出，农村道路的维护状况对农户评价农村道路供给效果产生了重要影响。这说明，道路维护状况越好，越方便农户出行和农业生产，越有助于推动农村经济的发展。

（6）环境比较。在五个效果评价模型中，变化情况的系数，以上组别分别为0.168、0.112、-0.026、0.183、0.087。可见，不同收入层次农户对农村道路供给效果的评价受到变化情况的显著影响。这表明，近五年来农村道路的供给情况有了较大的改进，满足了低收入农户和高收入农户的需求。

比较优势的系数，以上组别分别为0.093、0.064、0.136、0.162、0.195。可见，除中低收入组之外，比较优势对其余收入组农户产生了重要的正向影响。因此，比较优势是影响不同收入层次农户评价农村道路供给效果的重要因素。这说明人们具有较强的攀比心理，即收入水平越高，农户的攀比心理越强，可能的原因是农村道路对富裕人群的作用要强于贫困人群。增加贫穷人群对道路的利用程度以增加其收入也是国家投资修建农村道路的主要目标之一，因此，低收入农户的评价较好。

（7）交通状况。在五个效果评价模型中，农户对交通状况满意度的系数，以上组别分别为 0.129、0.028、0.148、0.162、0.147。由此可得出，农户对交通状况满意度对农户评价农村道路供给效果产生了重要影响。究其原因，可能是大部分高收入农户主要从事非农生产，或者是多数的中高收入农户主要在县城或乡镇打工，经常往返于城乡之间，对交通的依赖程度比较高；对于低收入农户而言，对交通的依赖程度较低，但是一旦感受到交通为其带来的便利，就会对交通状况作出较高的评价。

（五）本部分小结

本部分研究利用晋、陕、蒙、川、甘、黔六省 2140 户不同收入层次农户的实地调查数据，采用 Heckman – Probit 两阶段模型，综合评价了不同收入层次农户对农村道路供给效果。研究结果表明，一方面，从整体情况来看，农户对农村道路供给效果的评价较低，具体而言，农户评价结果为"很不好"和"不好"的概率分别为 5.28% 和 54.44%，概率合计超过了一半（59.72%），评价结果为"一般"的概率为 14.16%，评价结果为"较好"的概率为 20%，评价结果为"很好"的概率仅为 6.12%；具体而言，农村道路供给效果较差主要体现在以下方面：农户对乡镇政府的满意度较低（不满意度为 55.3%），农村道路供给农户参与满意度较低，道路管理维护较差（主要是损坏失修严重），农村道路较之以前变得更差。另一方面，从收入分组情况来看，不同收入水平农户对农村道路供给效果的评价也较低。具体表现为，对于"不好"的评价结果，不同收入层次农户所占的比重最大，均在 50% 上下浮动；低收入组、中

低收入组、中等收入组、中高收入组、高收入组的概率分别为47.67%、60.06%、57.53%、54.92%、43.04%；而对于"很好"的评价结果，不同收入层次农户所占的比重比较小，并呈现出"U"型态势，以上五个收入组依次分别为5.38%、3.52%、3.09%、8.4%、8.86%。对于农户评价农村道路供给效果的影响因素而言，从整体上看，主要有村庄类型、政策支持、农户参与满意度、村内道路类型、维护状况、变化情况及比较优势；从收入分组情况来看，不同的因素产生的影响和作用程度不同，但是对其产生共同影响的关键因素有农村道路的维护状况；农户性别、年龄、受教育程度、农户对乡镇政府评价对不同收入层次农户评价农村道路供给效果均没有显著影响；其余变量，如村内道路类型、能否满足经济发展需要、变化情况、比较优势、农户对交通状况满意度等对部分收入组农户评价农村道路供给效果的影响显著，而对其他收入组农户评价农村道路供给效果的影响则不显著。因此，国家和各级政府应结合中西部地区实际情况，不断提升农村道路的供给水平，切实解决农民对道路供给的实际需求，从而提高农民对供给效果的评价，为中西部地区农村经济的发展奠定基础。于是，应充分尊重农民意愿，加强农村道路的管理与维护，不断完善和健全农村道路建设体制，也就是说，国家及各级政府当前对农村道路的投资，不只是要用于道路设施的建设，而且也要更为注重体制建设。

二 案例二：农村饮水——基于农户收入异质性视角的农村饮水供给效果评估
——来自中西部地区的农户调查

农村公共品供给问题是建设社会主义新农村和全面构建小康社会的重要内容，也是解决"三农"问题的重点。农村饮水设施属于准公共物品的范畴，具有准公共物品的特性，即其消费具有竞争性和非排他性两大特性。进入21世纪，尤其是2003年以来，国家对农村公共品投入了大量的人力、物力和财力,重点加大了对农村民生工程的投入力度,用以完善农村水、电、路、气、信等基础设施,以期加快推动农村饮水安全、电网改造、农村道路、农村沼气、危房改造等方面的建设。饮水是人最基本的生存条件,农村饮水安全问题关系到农民的生命安全和身体健康。农村饮水安全工程作为农村饮水安全的保障工程,对于解决"三农"问题、促进农村经济发展、缩小城乡差距等具有尤为重要的作用(杜晓荣等,2013)。实践证明,在农村饮水设施上,国家财政投资力度的不断加大,使其供给状况得到了较大的改善,基本上解决了农村地区吃水难的问题,并在一定程度上解决了饮水安全问题。但是目前我国仍有3亿左右农民的饮水安全问题尚未得到解决,主要分布在中西部地区(中西部地区占到80%),多数处于自然条件差、人口居住分散、工程建设成本高的地区,建设难度大,可谓是难啃的"硬骨头"。农村饮水不安全主要是因为水资源短缺、水污染严重、供水工程标准低、缺乏水处理设施、水质达不到规定的标准等(钟建华,于澜,2006),这对农民的身心健康构成了严重的威胁,对农村社会的稳定也带来了严重的影响(陈子年等,2008;张国山,黄喜良,2012)。要保证农民身体健康、减少疾病的侵扰,维护农村社会的稳定,最行之有效的办法就是要保障饮水安全。

  国家出台的一系列支农惠农政策对农民来说是非常有利的,但是否能体现出公平公正原则,是否提高了公共支出的效果呢?公共支出是否合理,对支出效果具有重要影响。公共支出效果,既包括物质性效果,也包括精神性效果,即公共品受众的感觉效果(李燕凌,2008)。虽然农村公共支出不断增加,但很难实现预期目标并实现其预期效果(陈锡文,2005),主要是因为当今的农民有不同的利益诉求和需求意愿,组织合作存在很大的困难。在这样的情况下,农村饮水工程的建设要按照预期实施就会存在一定的难度。随着农村经济的发展,农民的生活水平和生活质量不断提高,对饮用水的要求也会随之提高,即农民对饮水安全问题更加关注和重视。因此,饮水供给能否满足农户的需求,就成为农户评价饮水设施供给效果的重要因素。农户评价饮水设施供给效果是在综合各因素的基础上表达的主观结果。传统经济学假设个体决策行为具有同质性，而现代经济学突破了这个假设，认为复杂多变的个体决策行为具有异质性的特点。于是，在收入差异的前提下，不同特征的农户，对农村饮用水的需求是不同的，即不同特征的农户对农村饮水供给效果的评价会存在差异性。因此，立足于农户收入异质性视角，注重农户个体的差异性，充分尊重农户的需求意愿，研究农村饮水设施供给效果是政府建设民生工程的一个重要领域，是衡量其供给是否达到了预期的目标，也是衡量政府绩效的一个重要方面，对于健全支农惠农政策体系具有重大意义。

（一）以往文献回顾与研究假说

1. 以往文献回顾

随着国家对农村饮水关注度的不断提高以及国家财政对农村饮水投入力度的不断加大，国内外学者们对这一领域的研究也不断深化和升华。纵观目前的研究，主要集中在以下几个方面：

一是关于农村饮水安全现状的研究。农村饮水安全问题事关农村居民的身体健康和正常生活，是事关民生的重大问题，是社会主义新农村建设的重点内容之一。而目前饮水不安全人口比例大，我国仍有3亿左右农民的饮水不安全，主要是饮用水氟砷含量超标、苦、咸（郑发平，2007；张兆新，李开月，2007），严重影响了农民的身体健康（刘晓民等，2007；杨建，韩花，2001）。因此，可以从筹集资金、加大投入，突出重点、分步实施，强化管理、提高效率等方面来加快饮水设施的建设，确保农村饮水安全（杨雪冰，刘玉璋，2008）。

二是有关农村饮水安全评价指标及方法的研究。周志霞等（2008）建立的农村饮水评价指标体系主要包括四个部分，即基本指标、项目实施效果、项目经济效益和专家评价。胡其昌和王生云（2008）构建了包括效益情况、资金使用情况和工程完成情况三大指标体系，运用因子分析法，综合评价了浙江省10个地市2003—2004年农村饮水工程的实施效果。丰景春和戚昌青（2012）构建了组织成效、技术成效、经济成效、安全成效四大指标体系，运用群决策层次分析法确定了指标权重，并通过 TOPSIS 与 GAHP 模型建立了农村饮水安全评价模型。刘利霞等（2009）从水量、水质和供水三个方面构建了指标体系，采用熵权法与综合评价法，定量化评价了云南省农村饮水安全。研究结果表明，云南省农村饮水处于较不安全状态，并且保障程度地区差异显著。于是，易雯等（2011）构建饮用水源水质安全预警监控体系框架。此外，模糊数学法（Yilmaz Icaga，2007）、人工神经网络评价法（YANG et al.，2007）、主成分分析法（黎明强，2009）、层次分析法（庄承彬等，2010）、灰色评价法（张春荣，2007）、尼梅罗指数评价法（甘霖等，2010）、因子分析法与层次分析法（何寿奎，胡明洋，2014）等方法也被引用到饮水安全评价中。因此，需要确定符合实际的水质检测指标和频次，这样既可以保障水质安全，又可以降低检测费用（周晓东，2015）。

  三是关于农村饮水供给机制及供给主体的研究。李雪松和李林鑫（2011）从农村饮水安全工程的准公共产品属性入手，建立以政府和私人投资者为主体的博弈关系，探讨博弈双方投资的收益与在现实供需关系下的收益格局，对农村饮水安全工程供给机制进行了研究。随着农村经济的发展和社会力量的不断壮大，农村饮水供给主体逐渐实现多元化，主要有政府、村民自治组织、私人和第三部门，这是由农村饮水安全各要素的多层次性与异质性特性所决定的，也正是由于此特性使得农村饮水安全陷入了困境，因此有效解决困境的途径就是政府强力介入和供给主体的异化（李伯华等，2007），其中政府的介入是确保农村饮水安全的关键（李伯华等，2008）。于是，于文龙（2011）指出，要通过引入市场竞争来提高农村饮水的供给效率。

  四是有关农村饮水绩效评价的研究。对于农村饮水绩效的评价主要集中在供给效果、满意度、支付意愿等方面。杜晓荣等（2013）从公共产品理论、福利经济学、投入产出理论与可持续发展理论出发，探讨了农村饮水安全工程社会绩效、经济绩效和生态绩效的理论根源，以期奠定其理论基础。农户对农村公共品的需求因收入差异性呈现出不同偏好（朱玉春，王蕾，2014），即农户收入水平越高，对公共品的需求越大（卫龙宝等，2015），同时农户多倾向于以投资的方式参与公共品的供给（蔡起华，朱玉春，2015）。于是，多元有序 Probit 模型被用于分析农户评价农村公共品供给效果的影响因素中，结果表明，农民对农村公共品的效果评价是比较高的，评价结果为"较好"与"很好"的概率合计为66.2%；对农户评价农村公共品供给效果产生共同影响的关键因素有农户对乡镇政府评价、农户参与满意度、参与方式（朱玉春等，2011）。农村饮水类型与6年前相比有了较大的改观，超过70%的农民对饮用水的情况比较满意（马林靖，张林秀，2010），于是，农户对农村饮水安全的支付意愿较高，达到71.5%（李伯华等，2008）。

纵观目前的研究进展情况，宏观研究较多、微观研究相对较少，定性研究较多、定量研究相对较少，缺乏对农户主体行为的研究。农户作为饮水设施的提供者，更是饮水的消费者，农民要使自己的真实想法得以真正的体现并满足自己的需求意愿，就需要对饮水的供给效果作出准确的评价，这样才能使农村饮水的供给更为有效。同时，基于农户收入异质性视角，评价农村饮水供给效果，可以为政府制定科学合理的政策提供依据。鉴于此，本部分研究在实地调查的基础上，运用多元有序 Logistic 模型，侧重从不同收入层次农户的角度出发，探索影响农户评价农村饮水供给效果的重要因子，寻求有效的途径以加强农村饮水的供给，提高其供给的有效性，以使农村饮水设施供给更符合农民的需求意愿。

2. 研究假说

根据公共品、福利经济学等相关理论及研究的目标，在借鉴前人研究成果及与农民进行深层访谈的基础上，本部分研究提出如下六个研究假说。

H1：村庄特征对农户评价农村饮水供给效果有影响。村庄特征

（包括村庄类型和村庄距离县城的距离）是影响农户对农村基础设施满意度的重要因素（樊丽明，骆永民，2009）。村庄特征包括村庄类型、村庄距县城的距离。

H2：农户基本特征对农户评价农村饮水供给效果有影响。不同特征的农户，对事物的认知是不同的。根据消费者行为理论，不同特征的农户，对农村饮用水的需求是不同的，即不同特征的农户对农村饮水供给效果的评价会存在差异性。不同特征农户在公共品方面凸显个体行为偏好与需求偏好，于是，农户特征对饮水设施等公共品供给效果评价有显著影响（王蕾，朱玉春，2013）。户主年龄、文化程度及家庭人口数量是影响农户对饮水安全支付意愿的主要因素（李伯华等，2008）。农户基本特征包括性别、年龄、文化程度、家庭规模。

H3：制度环境对农户评价农村饮水供给效果产生重要影响。农村地区作为一个特殊的区域，由于历史的原因，农村的发展相对落后，需要国家在政策上给予大力的支持，可是政策的实施和有效运行，需要政府的引导和推动，促进农村的发展，提高农户的满意度。政府政策一般是更利于普通人群，政府对农田水利设施等公共品供给越重视，农户农业收入等方面的利益才更能够得到保障，农户的意愿更能引起政府的重视，即政府对公共品的重视程度越高，越有利于更好地提供公共品、提高其供给水平（朱玉春，王蕾，2014）。乡镇政府作为基层政府，可以确保农民对公共品的需求意愿得以实现，在农村公共品供给中具有重要的作用（朱玉春等，2011），同时，政府的介入是确保农村饮水安全的关键（李伯华等，2008）。于是，本研究假定，农户对政策和乡镇政府评价的满意度越高，越有利于提高农户对农村饮水供给效果的评价结果。

H4：农户的参与对农户评价农村饮水供给效果产生影响。为了体现农户的"主人翁"地位，使农村饮水供给更符合农民的心理预期，增强农户的满足感，就应该使农户参与到农村饮水的供给当中去，因为只有这样农户的需求意愿才可以得以顺畅、真正的表达，也能促使农村公共品的供求关系更趋于平衡化，供给结构更加合理化，农村公共品供给更加有效、效率更高（朱玉春等，2011）。于是，本研究假定，农户参与满意度越高，农户对农村饮水供给效果的评价就越高。

H5：饮水供给情况的改善有助于提升农户的满意度。农村饮用水状况直接与农民的身体健康状况相关，获得安全的饮用水是农民生存的基本需求和基本人权（刘利霞等，2009），于是，农民逐渐地认识到饮水安全的重要性（李伯华等，2008）。农村饮水安全的衡量涉及水质、水量、保证率、供水能力等方面（刘利霞等，2009）。饮用水来源反映了饮水设施的建设情况，这与水量、水质等直接相关；水质是农户非常关心的一个问题，与农民的身体健康息息相关，是衡量饮水安全的一个重要指标；饮水需求是人们生存的第一大需求，饮水能否满足生活需要是农民生存的首要条件。本研究假定，饮水来源是自来水、水质越好、越能满足生活需要，农户对农村饮水供给效果的评价就越高。

H6：环境比较对农户评价农村饮水供给效果有重要影响。随着时间的推移和空间的转移，人们对事物的认知会发生相应的变化。饮水设施、条件、类型等与过去6年相比，都有了较大的改观，农民对饮用水情况比较满意（马林靖，张林秀，2010）。本研究在此主要选用饮水变化情况和比较优势两个指标来反映环境比较情况。

（二）数据来源及说明

本研究数据来源于2013年7—10月对四川、河南、山西、陕西、贵州、宁夏6个省[①]18个市（县）的农村饮水供给状况的实地调查。此次实地调查采取多阶段随机走访的方式进行，按照经济

---

① 此次调研样本选择四川、河南、山西、陕西、贵州、宁夏6个省，主要原因是中西部地区经济发展与东部地区相比，还相当滞后，特别是欠发达地区的农村饮水设施还相当的欠缺，饮水困难，更谈不上饮水安全。选择中西部地区进行研究主要是考虑目前我国仍有3亿左右农民的饮水安全问题尚未得到解决，主要分布在中西部地区（中西部地区占到80%），多数处于自然条件差、人口居住分散、工程建设成本高的地区。

发展程度（按照三个等级：经济发达、中等经济发展水平、经济落后）在这6个省中随机选取3个市（县），每个市（县）、乡镇、自然村按以上经济发展程度的等级划分进行随机抽取，研究共抽取了2235户农户。在农户调查中，采用一对一的方式对成年人进行访问，试图使被访者的回答更贴合实际。此次实地调查问卷主要包括村庄基本情况、农户基本情况、农村饮水设施供给情况、政策、农户参与情况、环境比较六个大类的内容。根据公共品的特性、数据的完整性及研究的需要，剔除无效问卷后，最终获得有效问卷2157份，样本基本情况见表7-7。

表7-7　　　　　　　　样本基本特征描述　　　　　单位：份、%

统计指标		样本数	比例	统计指标		样本数	比例
性别	男	1104	51.18	家庭规模	2人及以下	378	17.52
	女	1053	48.82		3—5人	1511	70.05
年龄	18—25岁	536	24.85		6—8人	250	11.59
	26—40岁	725	33.61		8人以上	18	0.84
	41—50岁	459	21.28	村干部	是	217	10.06
	51—60岁	276	12.8		否	1940	89.94
	61—65岁	161	7.46	党员	是	256	11.87
受教育程度	小学及以下	500	23.18		否	1901	88.13
	初中	896	41.54	农业生产	农业生产	1778	82.43
	高中或中专、高职	432	20.03				
	大专及以上	329	15.25		非农业生产	379	17.57

（1）村庄基本情况。在所有的被调查自然村中，传统村庄占据了主位，高达84.5%，乡镇驻地或者城郊结合部所占的比例较小。农户居住的位置相对比较分散，村庄距县城的距离分布在1—65公里，村庄距县城的平均距离为19.5公里。

(2) 农户基本特征（见表 7-7）。在所有的被调查者中，男女比例基本持平；年龄（研究中剔除了 65 岁以上者）主要以中青年为主，将近 80%，说明农业生产活动仍以中青年为主；在文化程度上，小学及以下、初中、高中或中专或高职、大专及以上的比例分别为 23.18%、41.54%、20.03%、15.25%；在家庭规模上，主要以 3—5 人的中小型家庭为主，占 70.05%，大家庭很少，还不到 1%，这也从侧面反映了当今农村家庭规模的基本水平；在 2157 户农户中，10.06% 的是村干部，党员的比例为 11.87%；从事农业生产的农户占总样本的比重为 82.43%，17.57% 的被调查者目前没有从事农业生产（这部分被调查者主要是长期在外打工或做生意等）。

（三）农村饮水供给效果的评估

1. 不同收入水平农户对农村饮水供给效果评价

对于农户对农村饮水供给效果评价的披露，在此借鉴 Ciriacy - Wantrup（1947）所提出的条件价值评估法（CVM 法）来进行研究。依据 Ciriacy - Wantrup 的研究成果，本研究采用调查问卷的方式对农户评价农村饮水供给效果情况进行揭示。表 7-8 提供了不同收入层次农户对农村饮水供给效果的评价结果。

表 7-8　　农户对农村饮水供给效果的评价结果　　单位:%

效果	很不好	不好	一般	较好	很好
整体	1.99	9.09	14.05	71.63	3.24
低收入组（3000 元以下）	4.08	9.63	11.11	73.7	1.48
中低收入组（3001—4000 元）	0.32	8.09	19.42	70.87	1.3
中等收入组（4001—5000 元）	1.17	10.16	15.82	71.09	1.76
中高收入组（5001—10000 元）	1.64	10.68	15.81	67.97	3.9
高收入组（10000 元以上）	2.94	7.08	9.5	74.61	5.87

注：收入组的划分参照《中国统计年鉴》中的划分标准执行。对于收入组的划分以下同，不再一一作出说明。按照此划分标准，中等收入以上的农户比例较大，达到 73%。

由表7-8可知，农户对农村饮水供给效果的评价较为理想，具体而言，农户评价结果为"较好"的概率为71.63%，评价结果为"很好"的概率为3.24%，评价结果为"一般"的概率为14.05%，评价结果为"不好"和"很不好"的概率合计为11.08%。显而易见，农村饮水的供给效果较为理想，体现了国家近年来投资的成效，但这与农户的预期及饮水安全还有一定的差距，有进一步提升的空间。

从收入分组情况来看，农户对农村饮水供给效果的评价与整体上的评价结果是一致的，概率最高的是"较好"的评价结果，均处于70%左右，低收入组、中低收入组、中等收入组、中高收入组、高收入组分别为73.7%、70.87%、71.09%、67.97%和74.61%；评价结果为"很好"的概率，以上组别依次分别为1.48%、1.3%、1.76%、3.9%、5.87%，说明农户人均年收入与农户对农村饮水供给效果的评价结果之间呈现"U"型态势；而评价结果为"很不好"的比重较小，以上组别依次分别为4.08%、0.32%、1.17%、1.64%和2.94%，也呈现出"U"型态势；评价结果为"不好"的概率也较小，以上组别依次分别为9.63%、8.09%、10.16%、10.68%、7.08%。

2. 农村饮水供给效果的具体表现

表7-9提供了农村饮水供给情况。通过表7-9可以得到如下信息：

（1）制度环境。在政策支持上，评价结果为"非常满意"的比例为31.85%，"满意"的比例为60.41%，"不满意"的比例仅为2.74%，可见，农户对政策支持的满意度较高；农户对乡镇政府评价的满意度很高，满意度为97.03%，不满意度仅为2.97%。这表明，国家出台的支农惠农政策的确让农民从中得到了实实在在的实惠，同时，乡镇政府在政策执行过程中，充分发挥了政府的导向作用，在国家投资建设的地区将饮水设施按时按质完成，保证了农民生活用水的需要。

表7-9　　　　　农村饮水供给效果的具体评价　　　　单位：份、%

统计指标		样本数	比例	统计指标		样本数	比例
政策支持	非常不满意	20	0.93	变化情况	明显变差	19	0.88
	不满意	39	1.81		变差	110	5.1
	基本满意	108	5		基本无变化	882	40.89
	满意	1303	60.41		变好	778	36.07
	非常满意	687	31.85		明显变好	368	17.06
农户对乡镇政府评价	非常不满意	25	1.16	比较优势	最差的	46	2.13
	不满意	39	1.81		中等偏下	168	7.79
	基本满意	253	11.73		中等	1217	56.42
	满意	1675	77.65		中上等	575	26.66
	非常满意	165	7.65		最好的	151	7
农户参与满意度	非常不满意	23	1.07	水质	水源污染	59	2.74
	不满意	99	4.59		水涩	49	2.27
	基本满意	770	35.7		水苦	55	2.55
	满意	1241	57.53		水浑浊	315	14.6
	非常满意	24	1.11		水咸	60	2.78
饮水来源	挑水	614	28.47	能否满足生活需要	好	1619	75.06
	自家打井	724	33.56		是	1678	77.79
	自来水	819	37.97		否	479	22.21

注：变化情况是指农村饮水供给状况与五年前相比的变化程度；比较优势是指本村的饮水供给状况与邻村的比较结果。以下相同，不再一一作出说明。

（2）农户参与满意度。在农户参与满意度上，评价结果为"非常满意"的比例为1.11%，"满意"的比例为57.53%，"不满意"的比例仅为5.66%，可见，农户对农村饮水供给参与满意度较高。这表明，在饮水设施的建设、饮用水的供给方式和需求上，反映了农户的意愿，使农民"主人翁"的地位得以体现。

（3）供给情况。农村饮水主要来源于自来水，占37.97%，自家打井和挑水吃的比例分别为33.56%和28.47%；77.79%的农户认为饮水能满足日常的生活需要，但还有22.21%的被调查者认为饮水不能满足日常生活需要，这个比例是相当高的，这说明目前农村饮水设施建设还相当的欠缺，需要国家对经济欠发达地区继续加大投资力度，解决农民吃水难问题；75.06%的农户认为饮用水水质较好，其余24.94%的农户认为饮用水水质不好，主要表现为水苦、咸、涩、浑浊等，对人们的身体健康构成了严重的威胁，这主要是由于农民的饮用水大多都是地表水，加之没有相对应的水进化处理设施所造成的，这是值得深思并迫切需要解决的一个重要问题。

此外，本部分研究在此也对自来水供水方式和水价进行了调查。对于自来水供水方式，定时短时间供水的比例为11.11%，极少停水的比例最高，为71.55%，经常停水和偶尔停水的比例分别为10.99%和6.35%。对于自来水水价的评价结果，近似趋于倒"U"型态势，以"合适"结果为主，占76.19%，评价结果为"很低""较低""偏高""很高"的比例分别为5.74%、7.57%、8.91%、1.59%。

（4）环境比较。农村饮水情况与五年前相比，变化情况近似趋于倒"U"型态势，以"基本无变化"为主，占40.89%；比较优势近似趋于倒"U"型态势，以"中等"结果居多，为56.42%，中上等和最好的比例分别为26.66%和7%。这表明，不管是随着时间的推移还是空间的转移，农村饮水都发生了较大的变化，这与国家的投资是分不开的。

（四）农村饮水供给效果评估影响因素的实证检验

1. 模型设定

研究对象是农户对农村饮水供给效果的评价，评价结果可能会有很多等级，如本部分研究可分为很不好、不好、一般、较好、很好五个等级，属于排序选择问题。同时，由于解释变量多以离散型数据为主，也有一部分属于多项排序问题，因此，本研究选择多元有序 Logistic 模型对农村饮水供给效果进行研究。其基本形式如下：

$$P_j(y \leq j|x) = P(y=1|x) + \cdots + P(y=j|x) \quad (7-7)$$

即 $\text{Log}it(P_j) = \ln[\dfrac{P(y \leq j)}{1-P(y \leq j)}] = \alpha_j + \sum\limits_{i=1}^{n}\beta_i x_i \quad (j=1,2,3,4,5, i=1,2,\cdots,n)$

$$(7-8)$$

式（7-8）经过转换，可以转换为如下等价式：

$$P_j = P(y \leq j|x) = \begin{cases} \dfrac{\exp(\alpha_j + \sum\limits_{i=1}^{n}\beta_i x_i)}{1+\exp(\alpha_j + \sum\limits_{i=1}^{n}\beta_i x_i)} (1 \leq j \leq 4) \\ 1 (j=5) \end{cases}$$

$$(7-9)$$

于是，对于 y 取某一个指标（$y=1,2,3,4,5$）的概率可用如下形式表示：

$$P(j) = P(y=j|x) = \begin{cases} P(y \leq 1|x)(j=1) \\ P(y \leq j|x) - P(y \leq j-1|x)(2 \leq j \leq 4) \\ 1 - P(y \leq 4|x)(j=5) \end{cases}$$

$$(7-10)$$

式（7-7）—式（7-10）中，y 是被解释变量，代表农户对农村饮水供给效果评价结果（很不好、不好、一般、较好、很好）；x_i（$i=1,2,\cdots,n$）是自变量，代表 n 个影响农户评价农村饮水供给效果的因素，包括村庄类型、村庄距县城的距离、农户性别、年龄、文化程度、家庭规模、政策支持、农户对乡镇政府的评价、农户参与满意度、饮水来源、水质、能否满足生活需要、饮水变化情况及比较优势等；α_j 是截距参数；β_i 是回归系数。

2. 变量选择

本研究对于农户对农村饮水供给效果的评价，以农户对农村饮水设施供给状况的好坏程度来表征，用 y 来代表，当 $y=1$ 时，表示农户对农村饮水供给效果的评价很不好；当 $y=2$ 时，表示农户对农村饮水供给效果的评价不好；当 $y=3$ 时，表示农户对农村饮水供给效果的评价一般；当 $y=4$ 时，表示农户对农村饮水供给效果的评价较好；当 $y=5$ 时，表示农户对农村饮水供给效果的评价很好。

（1）村庄特征。卫龙宝等（2015）在研究农户公共品需求偏好中采用村委会到乡镇政府的距离、相隔最远的两个村民小组的距离、村庄地理特征等变量来表示村庄特征，认为村委会离乡镇政府越远，农户满意度越低。对于村庄特征变量，本研究主要选择村庄类型、村庄距县城的距离两个变量。村庄类型以 x_1 来表征，对其赋值为1—3，依次代表普通乡村、乡镇驻地、城郊结合部；村庄距县城的距离以 x_2 来表征，用村庄距县城的实际距离表示，其单位以公里计。

（2）农户基本特征。蔡起华和朱玉春（2015）、卫龙宝等（2015）在研究的过程中采用了人口学特征，如年龄、文化程度、家庭人口数、收入水平等。孔祥智和涂圣伟（2006）研究认为，农户个人特征、家庭特征及村庄特征共同影响了农户公共品需求偏好。Fletcher 和 Kenny（2005）研究显示，年龄越大对教育的需求越弱，支持教育的投入就越低。另外，还有学者研究认为，村干部、党员等为农村的"精英分子"，能够更多地体谅基层政府的困难，也更能深刻认识到公共品供给的重要性。对于农户基本特征变量，本研究主要选择性别、年龄、文化程度、家庭规模四个变量。农户性别以 x_3 来表征，其取值为1代表男性，取值为0代表女性；年龄以 x_4 来表征，对其赋值为1—5，依次代表18—25岁、26—40岁、41—50岁、51—60岁、61—65岁五个级别；文化程度以 x_5 来表征，对其赋值为1—4，依次代表小学及以下、初中、高中或中专或高职、大专及以上四个等级；家庭规模以 x_6 来表征，对其赋值为1—4，依次代表2人及以下、3—5人、6—8人、8人以上四个等级。

（3）制度环境——选择性变量。已有研究表明，政府政策对保护广大农民的根本利益、维护社会稳定具有重要作用，改变了收入的分配关系，产生了较大的政治影响（樊丽明等，2008），于是政策越完善、政府重视程度越高，越有利于公共品的供给（朱玉春，王蕾，2014）。因此，本研究选用政策支持、农户对乡镇政府评价两个变量。政策支持和农户对乡镇政府评价分别以 x_7 和 x_8 来表征，对其赋值为 1—5，依次代表非常不满意、不满意、基本满意、满意、非常满意五个等级。

（4）农户参与情况——选择性变量。农户参与情况本研究选用农户参与满意度变量来代表。农户参与满意度以 x_9 来表征，对其赋值为 1—5，依次代表非常不满意、不满意、基本满意、满意、非常满意五个等级。

（5）农村饮水供给情况——选择性变量。对于农村饮水供给情况变量，本研究选用饮水来源、水质、能否满足生活需要三个变量。饮水来源以 x_{10} 来表征，对其赋值为 1—3，依次代表挑水、自家打井、自来水三个等级；水质以 x_{11} 来表征，对其赋值为 1—6，依次代表水源污染、水涩、水苦、水浑浊、水咸、好六个等级；能否满足生活需要以 x_{12} 来表征，其取值为 1 代表能满足生活需要，取值为 0 代表不能满足生活需要。

（6）环境比较——选择性变量。本研究选用变化情况、比较优势两个变量。变化情况以 x_{13} 来表征，对其赋值为 1—5，依次代表明显变差、变差、基本无变化、变好、明显变好五个等级；比较优势以 x_{14} 来表征，对其赋值为 1—5，依次代表最差的、中等偏下、中等、中上等、最好的五个等级。各主要变量的描述统计性结果及预期作用方向见表 7 - 10。

3. 实证结果与分析

本部分研究运用 Stata 统计软件，对整体以及五组分组（低收入组、中低收入组、中等收入组、中高收入组、高收入组）实地调查数据作多元有序 Logistic 模型估计。表 7 - 11 提供了多元有序 Logistic 模型估计结果。由表 7 - 11 可知，整体及五组分组模型的 LR [LRχ^2（14）] 统计量均超过 133，对数似然比（Log likelihood）统计量均小于 - 143，其相对应的显著性水平均为 0.000，这说明整体以及五组分组模型的整体拟合效果较为理想。

表7-10 主要变量的描述统计性结果及其预期作用方向

变量	均值	标准差	最小值	最大值	预期作用方向
农户对农村饮水供给效果的评价结果（y）	3.650	0.771	1	5	—
村庄类型（x_1）	1.195	0.486	1	3	正向
村庄距县城的距离（x_2）	19.507	15.008	1	65	负向
性别（x_3）	0.512	0.500	0	1	不明确
年龄（x_4）	2.444	1.203	1	5	不明确
文化程度（x_5）	2.274	0.984	1	4	不明确
家庭规模（x_6）	1.957	0.568	1	4	不明确
政策支持（x_7）	4.204	0.695	1	5	正向
农户对乡镇政府评价（x_8）	3.888	0.598	1	5	正向
农户参与满意度（x_9）	3.530	0.654	1	5	正向
饮水来源（x_{10}）	2.095	0.810	1	3	正向
水质（x_{11}）	5.376	1.225	1	6	正向
能否满足生活需要（x_{12}）	0.778	0.416	0	1	正向
变化情况（x_{13}）	3.633	0.854	1	5	正向
比较优势（x_{14}）	3.286	0.793	1	5	正向

表7-11的Logistic回归结果显示，对于整体而言，影响农村饮水供给效果的重要因素主要有政策支持（x_7）、农户对乡镇政府的评价（x_8）、农户参与满意度（x_9）、水质（x_{11}）、能否满足生活需要（x_{12}）、变化情况（x_{13}）、比较优势（x_{14}），其系数分别为0.544、0.720、0.434、0.345、0.917、0.529、1.058；村庄距县城的距离（x_2）、年龄（x_4）、文化程度（x_5）、饮水来源（x_{10}）对其也产生了较为显著的影响，其系数分别为-0.010、-0.126、-0.172、0.201。从收入分组情况来看，不同的因素产生

的影响和作用程度是不同的，但是对其产生共同影响的关键因素有政策支持（x_7）、农户对乡镇政府的评价（x_8）、能否满足生活需要（x_{12}）、变化情况（x_{13}）、比较优势（x_{14}）。

表7-11　不同收入层次农户对农村饮水供给效果评价影响因素的多元有序 Logistic 估计结果

解释变量		整体			低收入组			中低收入组		
		系数	Z值	P值	系数	Z值	P值	系数	Z值	P值
村庄特征	村庄类型（x_1）	-0.120	-1.16	0.247	-0.445	-1.09	0.274	0.128	0.40	0.692
	村庄距县城的距离（x_2）	-0.010**	-2.58	0.010	-0.026**	-2.15	0.031	-0.053***	-5.04	0.000
农户基本特征	性别（x_3）	0.145	1.27	0.205	-0.011	-0.03	0.978	-0.035	-0.10	0.917
	年龄（x_4）	-0.126**	-2.07	0.038	-0.463**	-2.40	0.016	-0.117	-0.72	0.473
	文化程度（x_5）	-0.172**	-2.37	0.018	-0.763***	-2.82	0.005	-0.070	-0.35	0.729
	家庭规模（x_6）	-0.036	-0.37	0.714	0.140	0.42	0.675	-0.074	-0.27	0.789
制度环境	政策支持（x_7）	0.544***	6.13	0.000	1.243***	5.32	0.000	0.578*	1.75	0.081
	农户对乡镇政府的评价（x_8）	0.720***	7.43	0.000	0.494*	1.87	0.061	0.690**	2.19	0.028
农户参与情况	农户参与满意度（x_9）	0.434***	5.27	0.000	0.376	1.57	0.116	-0.114	-0.45	0.649

续表

解释变量		整体			低收入组			中低收入组		
		系数	Z值	P值	系数	Z值	P值	系数	Z值	P值
供给情况	饮水来源 (x_{10})	0.201**	2.35	0.019	0.214	0.79	0.427	0.974***	3.33	0.001
	水质 (x_{11})	0.345***	7.86	0.000	0.243	1.46	0.145	0.338**	2.31	0.021
	能否满足生活需要 (x_{12})	0.917***	6.72	0.000	1.696***	3.27	0.001	0.870**	2.24	0.025
环境比较	变化情况 (x_{13})	0.529***	7.77	0.000	0.514**	2.04	0.041	0.750***	3.05	0.002
	比较优势 (x_{14})	1.058***	12.90	0.000	0.879***	3.41	0.001	1.345***	5.77	0.000
对数似然比 (Log likelihood)		-1505.366			-143.383			-192.905		
伪判决系数 (Pseudo R²)		0.243			0.401			0.257		
LRχ^2(14)		966.59			192.31			133.63		
Prob > χ^2		0.000			0.000			0.000		

解释变量		中等收入组			中高收入组			高收入组		
		系数	Z值	P值	系数	Z值	P值	系数	Z值	P值
村庄特征	村庄类型 (x_1)	0.440*	1.72	0.085	-0.456**	-2.37	0.018	-0.150	-0.66	0.509
	村庄距县城的距离 (x_2)	0.001	0.08	0.940	0.004	0.46	0.645	-0.008	-0.99	0.322

续表

解释变量		中等收入组			中高收入组			高收入组		
		系数	Z值	P值	系数	Z值	P值	系数	Z值	P值
农户基本特征	性别(x_3)	-0.070	-0.27	0.788	0.689***	2.90	0.004	-0.220	-0.91	0.365
	年龄(x_4)	0.080	0.60	0.551	-0.340***	-2.62	0.009	0.206	1.42	0.157
	文化程度(x_5)	-0.003	-0.02	0.984	-0.318**	-2.22	0.027	-0.008	-0.05	0.956
	家庭规模(x_6)	-0.222	-1.05	0.294	-0.052	-0.27	0.789	-0.141	-0.70	0.484
制度环境	政策支持(x_7)	0.630***	3.17	0.002	-0.538**	-2.21	0.027	0.751***	3.47	0.001
	农户对乡镇政府的评价(x_8)	0.981***	4.38	0.000	0.765***	3.25	0.001	0.650***	3.11	0.002
农户参与情况	农户参与满意度(x_9)	0.133	0.73	0.467	0.427**	2.40	0.017	0.867***	4.94	0.000
供给情况	饮水来源(x_{10})	0.388**	2.00	0.045	-0.394**	-2.04	0.042	0.121	0.70	0.483
	水质(x_{11})	0.355***	3.71	0.000	0.338***	4.55	0.000	0.536***	4.97	0.000
	能否满足生活需要(x_{12})	0.664**	2.14	0.032	0.687**	2.43	0.015	0.724**	2.45	0.014

续表

解释变量		中等收入组			中高收入组			高收入组		
		系数	Z值	P值	系数	Z值	P值	系数	Z值	P值
环境比较	变化情况(x_{13})	0.801***	4.70	0.000	0.281**	2.10	0.036	0.478***	3.71	0.000
	比较优势(x_{14})	0.849***	4.27	0.000	0.986***	5.96	0.000	1.253***	7.36	0.000
对数似然比(Log likelihood)		-327.105			-396.651			-347.141		
伪判决系数(Pseudo R^2)		0.282			0.175			0.3336		
LRχ^2(14)		256.82			168.03			347.55		
Prob > χ^2		0.000			0.000			0.000		

注：***、**、*分别表示1%、5%和10%的显著性水平。

（1）村庄特征对农户评价农村饮水供给效果的影响。从五组模型的估计结果来看，村庄类型对中等收入组和中高收入组农户产生了较为显著的影响，村庄距县城的距离对低收入组和中低收入组农户产生了较为显著的负效应，对其他组的影响不显著。距离城市越近，农户更容易享受到城市的辐射作用；反之亦然。贫困人群为了保证生活的需求，更希望享受城市的辐射作用，普遍存在着"搭便车"的倾向。

（2）农户特征对农户评价农村饮水供给效果的影响。性别对中高收入组农户产生了显著的正向影响，对其他组的影响不显著。这表明，在富裕人群中，男性比女性更加关注饮水，更多关注的是水质问题，因为这涉及农户的身体健康，水质的好坏是对农户身体健康构成威胁最大的因素，也会因此致病而付出巨大的经济代价。年龄在低收入组和中高收入组中产生了较为显著的负效应，这表明，农户年龄越大，挑水或者自己打井的农户对饮用水的获取难度就越大，评价就会越低，同时也说明年轻一代的主体意识增强；文化程度对低收入组和中高收入组农户产生了较显著的负向影响，文化程度的高低主要是与饮用水的水质、管理认识、饮水安全等相关。家庭规模在五个模型中均未通过显著性检验，表明家庭规模对农户评价农村饮水供给效果的影响不显著。

（3）制度环境对农户评价农村饮水供给效果的影响。政策支持在五组模型中均通过了显著性检验，由此可见，农户对农村饮水供给效果的评价在很大程度上受到政策支持的影响。这表明，国家出台的一系列优惠政策使农民从中享受到了实实在在的利益，国家投资修建饮水设施，解决了贫困落后地区的饮水困难问题，更解决了这些地区的饮水安全问题，农民的评价较高。

农户对乡镇政府评价在以上五个收入组中的系数分别为0.494、0.690、0.981、0.765、0.650。可见，农户对乡镇政府评价是影响不同收入层次农户评价农村饮水供给效果的重要因素。乡镇政府作为基层政府，可以确保农民的需求意愿得以实现，在农村饮水供给中具有重要的主导作用。

（4）农户参与满意度对农户评价农村饮水供给效果的影响。农户参与满意度在中高收入组和高收入组中分别通过了5%和1%水平的显著性检验，且系数符号为正。由此可见，农户参与满意度对农户评价农村饮水供给效果的影响是不容忽视的。农户作为农村饮水设施的受益者，只有让农户参与到供给当中去，才能将其真实需求意愿通过其亲身参与得以充分表达，其供给也才能越接近农户生活的需要，也能够使农民主人翁的地位得以体现，也说明农民的参政意识和维权意识在不断地提高。

（5）供给情况对农户评价农村饮水供给效果的影响。饮水来源对中低收入组、中等收入组和中高收入组农户评价农村饮水供给效果产生了较为显著的影响，这说明，普通人群更希望用上安全的自来水，低收入人群更多关注的是水量，而对于高收入人群而言，更多关注的是水质。

能否满足生活需要的系数，以上组别分别为1.696、0.870、0.664、0.687、0.724，可见，饮水能否满足生活需要是影响不同收入层次农户评价农村饮水供给效果的关键因素。饮水与农民生活紧密相关，饮水需求是农民生存的第一大需求，因此，饮水的供给首先是要满足农民日常生活用水需求。

除了低收入组外，水质在其余组中通过了5%或1%水平的显著性检验，且系数符号为正。这说明，水质越好，农户的评价越高。农民在饮水基本的生活需求得到满足之后，会追求更高层次的需求。收入水平越高，农户对水质的要求就越高，会更需要安全的饮用水，因为水质是农户非常关心的一个问题，与农民的身体健康息息相关，如果水质不好，农民会因水致病，发生水性疾病，对身体健康构成严重的威胁。

（6）环境比较对农户评价农村饮水供给效果的影响。变化情况的系数，以上组别分别为0.514、0.750、0.801、0.281、0.478，可见，变化情况是影响不同收入层次农户评价农村饮水供给效果的重要因素。这表明，近年来，农村饮水供给情况发生了较大的改进，满足了农民的需求，这与国家投资兴建自来水工程是分不开的。

五组模型的估计结果显示，比较优势五个组中均通过了1%水平的显著性检验，且系数为正。这说明，比较优势是影响不同收入层次农户评价农村饮水供给效果的关键因素。这表明，比较优势越大，农户的评价就越高。同时也说明农户具有较强的攀比心理，即随着收入水平的提升，农户的攀比心理不断增强，可能的原因是富裕人群对饮水的需求要高于贫困人群。

（五）本部分小结

本部分研究基于中西部地区2157户农户调查数据，采用多元有序Logistic模型，评价了不同收入层次农户关于农村饮水供给效果。研究结果表明，一方面，从整体情况看，农村饮水的供给效果较为理想，具体而言，农户对农村饮水供给效果的评价结果为"较好"的概率为71.63%，评价结果为"很好"的概率为3.24%，评价结果为"一般"的概率为14.05%，评价结果为"不好"和"很不好"的概率合计为 11.08%。另一方面，从收入分组情况来看，农户对农村饮水供给效果的评价也较高，比如，概率最高的是"较好"的评价结果，均处于 70% 左右，低收入组、中低收入组、中等收入组、中高收入组、高收入组分别为 73.7%、70.87%、71.09%、67.97% 和 74.61%；评价结果为"很好"的概率，以上组别依次分别为 1.48%、1.3%、1.76%、3.9%、5.87%，说明农户人均年收入与农户对农村饮水供给效果的评价结果之间呈现"U"型态势；而评价结果为"很不好"的比重较小，以上组别依次分别为 4.08%、0.32%、1.17%、1.64% 和 2.94%，也呈现出"U"型态势。对于农户评价农村饮水供给效果的影响因素而言，从整体上看，主要有政策支持、农户对乡镇政府的评价、农户参与满意度、水质、能否满足生活需要、变化情况和比较优势；从收入分组情况来看，不同的因素产生的影响和作用程度不同，但是对其产生共同影响的关键因素有政策支持、农户对乡镇政府的评价、能否满足生活需要、变化情况、比较优势；农户性别、年龄、文化程度、农户参与满意度、水质等变量对部分收入组农户评价产生了显著影响，而对其他收入组农户评价的影响则不显著。

第八章　现有农村公共品供给机制研究

一　农村公共品供给机制的模式表征

(一) 政府供给模式

一种政府供给模式是，农村公共品的供给或者生产全部由政府相关部门直接承接。也就是说，政府相关部门不仅是农村公共品的提供者，而且也是农村公共品的生产者。这一类型的政府供给模式，作为政府进行公共资源有效配置的重要政策路径，可以使得政府利用相关国有企业或公司，对农村生产或生活所需要的公共品，进行直接生产和经营，这对于纯公共品或者相当多的准公共品的提供或者生产，是最佳的供给路径选择。现实中，政府一般是通过设立相关的公共管理部门，对农村公共品进行直接生产，而对于生产哪些类型的农村公共品，怎样进行这些农村公共品的生产，以及怎样对生产好的农村公共品进行一次或二次分配等实践问题，则全部由政府相关规定来界定，其公共管理部门仅仅负责执行政府相关公共政策。然而，在一些情形下，这一类型的政府供给模式，在产品或者服务的供给过程中，也必须考虑农村基层组织的作用，积极与村集体组织进行合作，如发放低保户的救济金等。

另一种政府供给模式是，农村公共品的供给由政府相关部门通过市场交易的方式，来间接承接。政府购买就是这一类型政府供给模式的典型代表。基于现代市场经济的契约关系，政府可以与私人企业或者公司，就农村公共品或服务的生产或提供签订合同，这就是实现了政府通过市场交易的方式,来购买农村公共品,进而实现有效的农村公共品供给。当然,政府也可以不签订购买合同,而采用直接从产品市场上购买相关产品,进而实现政府供给农村公共品。

(二) 市场供给模式

一种市场供给模式是,仅仅依靠市场自身的力量,让市场独立地、完全地实现农村公共品的供给。在现实实践中,许多具有排他性的农村公共品,完全可以依靠市场经济的运行规则进行供给,政府仅仅需要做好相关的政策规制即可,比如,农村电力网络、农村通信设施等。现阶段,电力与电信领域早已实施了政企改革,对之前的相关部门实行市场化改革,致使这些部门更加适应市场化的发展趋势。这些企业或者公司,可以通过向农户收取一定的使用费用,来回收他们供给这些准公共品所投入的成本,当然,这么做完全是遵循市场规则的营利行为。

另一种市场供给模式是,政府相关部门依靠市场的力量,来实现农村公共品供给。也就是说,政府在市场供给农村公共品的过程中,积极发挥其政府相关职能,给予相关企业或公司适当的税收补贴和政策支持。在现实实践中,有大量的农村公共品,尤其是排他性较弱的农村公共品,由于这一类型的农村公共品难以利用供给项目自身进行获利,或者其获利必须经过相当长的时间后才有可能,致使这一类型的农村公共品的生产者就必须承担较大的市场风险。针对这一现象,市场在供给农村公共品的时候,必须和政府实现一定的合作,常见的形式是,政府积极利用相关经济激励方式诱导市场力量供给农村公共品。这一经济激励方式,主要包括赋税减免、放贷优惠、发放补贴等形式。通过这一形式实现农村公共品供给的类型主要有农村环境治理、农村合作医疗、农村教育、农村生活卫生等。

（三）社区供给模式

一种社区供给模式是，农村社区对所需要的农村公共品进行独立的投资，进而实现直接生产或供给农村公共品。这一类型的社区供给模式，适用于农户所在自然村庄或者行政村庄内部，与农户生产或者生活等关联比较紧密的农村公共品，比如，农村道路的修缮、农村水利设施的维护等。这些农村公共品由农村社区进行直接供给，会使得其供给成本相对较低，其供给效果也相对较高。社区供给农村公共品，主要是利用各种形式来筹集资金，比如，利用乡镇企业的收入、农村集体建设用土地的使用费、一些社会募捐等，进而实现农村公共品的有效供给。这一供给过程中，并不需要政府或农户来出资，其供给的农村公共品的维护及管理，也多由村庄集体组织来负责。

另一种社区供给模式是，农村社区和农村社区内部的农户，对所需要的农村公共品一起进行投资及建设。这一类型的社区供给模式，多适用于村庄层面的公共品，比如，计划生育制度落实、农村教育事业管理、基本的农田水利设施供给、农村基本交通网络构建等。而对于一些相对贫穷落后的地方，这一类型的社区供给模式，则常常表现为，集体集资或集体投劳等形式，利用这些措施，来实现农村公共品的供给，而在相对富有的地方，采用"一事一议"等农村基层公共制度来供给农村公共品，也属于这一范畴。

还有一种社区供给模式是，农村社区和农村社区内部的农户，对所需要的农村公共品进行有条件的投资，来实现农村公共品供给，也就是说，农村社区与农户个体进行合作供给农村公共品。农村社区可以通过给提供农村公共品的农户个体一些政策补贴或者一些物质激励等，促使农户个体以市场交易的手段，以相对较低的价格，来供给农村公共品，或者农村社区先从农户个体手中，以政府购买的方式，获得所需要的农村公共品，进而供给所需要的农村社区。除此之外，在相对富有的地方，农村社区也可以和企业或者公司进行合作，来实现农村公共品的有效供给。

（四）自愿供给模式

一种自愿供给模式是，私人自愿进行农村公共品的投资及建设。这一类型的自愿供给模式，其核心出发点在于，私人出于自己的利益所求，来提供农村公共品，比如，村庄道路不好，不方便一些富有农户进行农业生产经营，那么这些富有的农户，就会自己出钱来修整农村道路，以实现自我利益最大化，从而也实现了农村公共品的有效供给。这种情况也会发生在一些企业家身上，但其利益所求则有所不同。一些地区在农村公共品供给不足的情形下，农户常常寄希望于社会供给主体，而一旦社会供给主体提供了农户所需要的农村公共品，农户会对这些社会供给主体给予相当高的社会评价，致使其品牌的口碑得到较高的提升，而这些有利之处正是许多企业或公司所需要的，因此，很多企业家或私营业主很喜欢自愿供给一些农户所急需的农村公共品。

另一种自愿供给模式是，非营利组织自愿进行农村公共品的投资及建设。而非营利组织有很多称谓，有时候被称作"非营利部门"，有时候被称作慈善部门，有时候被称作第三部门，还有时候被称作自愿部门等。其核心要点在于，非营利组织是以自愿为基础而成立的社会互助组织，其是相对于政府公共部门或者私人部门而独立存在的一个组织；其类型主要包括各种类型的非政府组织和各种类型的非营利性民间组织等；其主要特征在于自愿性、自主治理性、非利益性、较强的组织特性等；其主要功能在于，利用组织的自愿特性，来实现农村公共品的有效供给，其对解决政府供给农村公共品的乏力有较大的积极作用。非营利组织在供给农村公共品时，既可以避免政府失灵，又可以避免市场失灵，从而实现农村公共品的有效供给。现实中，在许多发展中国家的社会实践中，以农村社区为基础形成的各种非营利组织，在很多方面对改善农村公共品供给效果都有重要的积极促进作用，这些方面主要有农村饮用水的供给、农村人居环境的改善、农村生活卫生条件的提升、农村基础教育的普及以及农村贫困和弱势群体的救济等。

二 农村公共品供给机制的有效构建

(一) 需求表达机制

农户对农村公共品供给的需求表达机制，其实就是在当前制度环境下，农户利用各种各样的形式，申诉对农村公共品供给的自我需求的过程。依据相关理论，可以将农户对农村公共品的需求表达形式区分为三个类型：一种类型是，农户直接投票以选择自我偏好的农村公共品，这也就是所谓的直接民主；一种类型是，农户利用自己的投票，选择一个或多个代表自己利益的成员，来进一步表达自己的利益诉求，这也就是所谓的间接民主；还有一种类型是，农户通过网络等媒介或者自身上访等形式，来实现自身的利益诉求。而在当前的中国实践中，农户对农村公共品供给的需求表达主要依赖于直接民主和间接民主这两种类型。现阶段，直接民主在农户表达对农村公共品供给需求时，核心点在于，所有利益相关者都会参与到决策中，并直接行使自己的投票权利。现实中，许多国家在一些重要的公共事务治理过程中，都会实行全体民众共同决策，比如，欧洲共同体的欧盟成员国的决策。而间接民主则可以被称为嵌套的直接民主，其在农户表达对农村公共品供给需求时，核心点在于，所有利益相关者通过投票的形式，选出他们的利益代表者，进而由这一代表者，对相关农村公共品供给方案进行投票，从而选出符合所有利益相关者意愿的方案，以此来保证和提高农村公共品的有效性，这其中，所有利益相关者进行投票选举其利益代表者，就是直接民主的表征形式，而代表者进行投票的行为，也就是间接民主的表征形式。

现阶段，中国农户对农村公共品供给的需求表达机制存在较多现实问题，亟待解决，而要解决这些现实问题，可以通过以下三个方面得到实现：

第一，构建完善、健全和有效的信息收集机制，这样可以保证农村公共品供给过程中农户的需求信息具有较高的真实性、有效性及可信性，使得政府相关部门进行农村公共品供给决策时，有一定的实践根据。

第二，在充分发挥政府职能的基础上，积极培育各类农户专业合作组织、各类农户技术协会等非政府组织，促使政府与他们进行协作，并在现有政策框架下，充分发挥非政府组织的监督和协调职能，使政府能够及时了解到农户在农村公共品供给方面的诉求。

第三，政府应该多方位地、多角度地提升农户的公共服务意识，以提高农户对村庄共同体的认知水平，从而积极调动农户参与农村公共品供给的积极性及主动性，不断地增强农户参与农村公共品供给的主人翁意识。只有农户从根本上认识到自我受益的事实，农户才能为农村公共品供给提供最中肯的决策意见。

（二）决策机制

农村公共品供给的决策机制，就是指在农村公共品供给过程中，所呈现出的一系列决策规范和完整的决策制度，其主要涵盖了农村公共品供给的决策主体、参与形式与机制、决策形式、供给责任与义务、决策主体的权利和利益分配、决策监督与约束机制等方面。然而在实际中，农村公共品的供给与需求之间并没有达到平衡状态，而在其供给与需求之间存在着较大的差距，为了解决这一问题，需要建立有效的农村公共品供给决策机制，同时，根据其供给与需求之间的差异可将农村公共品供给的决策机制，区分为供给导向型和需求导向型两种决策机制。通常来说，发达国家的农村公共品供给体制已经从供给主导型转向了需求主导型，但是，由于中国尚处于经济发展转型时期，致使中国现阶段的农村公共品体制尚未完全转变成需求主导型。

目前，中国农村公共品供给的决策机制依然需要进行系统的建设及完善，其创新也就呼之欲出，主要可以从以下三个方面进行：

第一，积极培育各类农户专业化合作组织，以进一步拓宽农户自身利益诉求的政策路径。农户作为弱势群体，在农村公共品供给中，很难有自己的话语权，只有让农户团结起来，形成一个组织结构，才能让农户真正地拥有话语权，才可以为农户争取到真正的权利，以进一步提高农村公共品供给的效果。

第二，不断优化农村公共品供给的决策过程及形式。当前，中国农村公共品供给机制依然在转型时期，很多农村公共品供给的决策机制也处在转型时期。整体来看，目前"自上而下"的农村公共品供给的决策机制是有一定历史局限性的，但是不可否认，其也是相对有效的。由于农村经济社会的快速发展，导致农户对农村公共品的需求呈现多样性，加之，农户个体对农村公共品供给的信息获取途径和利益诉求的差异性，这些致使仅仅依赖于农户个体需求偏好来推断出相对同质的社会整体偏好，有很大难度，而且现实实践中，农户对农村公共品的需求偏好也常常受到外界很多因素的影响，这进一步导致以需求为导向的农村公共品供给的决策机制难以实施，所以，我国目前农村公共品供给的决策机制仍然以供给导向型为主。但是，在这样的决策机制下，政府急需进行的就是，优化农村公共品供给的决策过程与形式，尽量提高农户在农村公共品供给决策过程中的参与度，让农村公共品供给更能体现农户的真实意愿和诉求。

第三，还需要建立有效的农村公共品供给决策绩效评价机制。目前，农村公共品仍然主要由政府来供给，但是由于政府自身行为的不足或缺陷，导致政府在决策上并不一定能完全以农户需求为依据，政府的决策过程及行为也受限于一定的理性框架内。其原因在于，政府所要服务的群体众多，其也具有较强的阶级性，这致使政府的任何一项公共政策的制定与实施，都会受到很多外在因素的影响，导致政府的农村公共品供给的决策行为很难真正实现农户群体这一整体福利的最大化，因此，必须对政府的农村公共品供给的决策行为进行绩效评价，以尽量保证政府的农村公共品供给的决策行为符合全社会的公共利益诉求。

(三) 筹资机制

现代化公共管理理论认为，各级政府的主要职能就是利用财政支出，为全社会提供所需要的公共品。但是，从财政分权的角度来看，各级政府的主要职能也存在一定的差异，其中，中央政府的主要职能在于，提供像基础教育、卫生医疗保健等全国性或者全局性的公共品，而地方政府的主要职能在于，提供地方性的或者是区域性的公共品。然而，现实实践中，并不是这种情况，依据中国农村公共品供给的成本分担情况或筹资筹劳体制，中国农村公共品供给正是颠覆了之前的理论论断，使得各级政府之间的主要职能区分没有那么清晰。因此，现阶段，亟须进行农村公共品供给的筹资机制改革，以实现农村公共品供给效果的提高，而这一改革措施，主要可以从以下两个方面来进行：

一方面，需要改革体制内的政府筹资。1978年以来，中国社会经济发展驶入了快车道，然而，中国的财政体制却始终是经济建设型财政，这就导致了用于农村公共品供给的公共财政支出在整体财政中所占的比例微乎其微，再加上，中国显著的城乡二元结构的影响，这进一步致使政府对农村公共品供给投资的不足。中国正处在经济转型的关键时期，而如果要顺利渡过这一时期，就必然要构建一套与现实相符合的公共财政体系，以使得政府财政支出的公共性支出占有较大比例，致使中国的财政体系的性质从竞争性转向公共性。现阶段，中国公共财政支出要着重解决与农户生产、生活等密切相关的现实困难，积极扩大财政支农的力度，优化财政支出的政策路径，积极推进农村各项公共事业的协调发展。

另一方面，需要改革体制外的非政府筹资。由于农村公共品具有较强的正外部性，致使非政府机构对其进行投资，所获得的收益较低，主要原因在于，农村公共品投资规模较大，但是其投资收益能够真正实现获利的滞后期较长，而且即使有获利，其投资收益比也是很低的。因此，很多民间资本基于经济理性的角度，自然没有投资农村公共品的内在驱动力。但是，政府依然可以利用一些政策措施，来积极诱导民间资本介入农村公共品供给，从而实现农村公共品供给效果的路径优化。而这些政策措施包括，给予介入农村公共品供给的民间资本一些税收政策优待，赋予这些民间资本一定的政府特许权，并对这些民间资本的信贷进行适当地放宽。通过这些做法，可以提高民间资本的投资收益比，进而可以有效提升民间资本介入农村公共品供给的积极性。

（四）生产管理机制

由于中国长期处于城乡二元结构下，致使中国农村公共品的生产管理机制也要适应这一结构，其采用的是自我生产、自我管理、自我经营的相对传统的"自我生产管理"的生产管理机制。但是，为了适应市场经济的快速发展，这一生产管理机制就必须进行创新，使其从传统的生产管理模式，转向现代的生产管理模式，即"公共生产管理"模式。这一转型并不是空中楼阁，其有着深厚的历史渊源。1978年，中国实行改革开放之后，随着市场经济逐渐成熟，市场上就出现了很多独立的企业，这些企业中也不乏具有公共服务意识的企业家，这就是农村公共品供给的生产管理模式转型的社会经济基础。

而要对农村公共品供给的生产管理机制进行创新，这种创新包含对农村公共品供给的生产机制和对农村公共品供给的管理机制两个大方面进行创新。其中，积极进行政府职能的科学转变和积极推进农村公共品供给主体的多样化，将是生产机制创新的着力点；而对管理机制的创新，则应该侧重于努力提升农村公共品供给的管理能力及管理绩效。在传统的社会经济发展条件下，政府常常依据"出资者是谁，谁就是管理者"来进行农村公共品的管理，而现实情况恰恰是，政府是农村公共品供给的唯一投资主体，这必然导致"球员与裁判是一个人"的困境，致使政府在农村公共品供给的管理过程中出现诸多现实问题，比如，市场信息不充分，成员"搭便车"现象等，这都进一步导致政府对农村公共品供给管理绩效的下降。因此，农村公共品供给的管理机制要优先于生产机制进行全面创新。具体而言，对于主要由政府投资提供的农村公共品，应该在充分结合当前我国的惠农支农政策、各级政府及其相关公共部门的相关配套措施、农村基层的管理制度等，在农村当地构建适当的、专门的管理机构，来管理这一类型的农村公共品供给。当然，这一类的管理机构的存续时间可以是短期的，也可以是长期的，主要依赖于农户自身的需求意愿来定。而对于主要由市场进行投资，来提供的农村公共品，则需要积极搭建投资主体责任制的管理平台。在农村公共品供给过程中，所花费的一切费用，都应该按照政府相关公共管理部门的相关标准执行监督，而且要考虑农村基层组织的需求意愿，只有这样，才能真正实现这一类型的农村公共品供给的管理机制的创新。

三　农村公共品供给机制的政策支撑

（一）优化财政体制

从本质上来看，造成农村公共品供给规模较小、供给质量不高以及供给效果较低的原因在于，政府财政支持力度不够，因此，进一步加大政府的财政投入力度，提升地方政府财政支出中"三农"支出的比例，是进一步提升农村公共品供给水平及其农户的满意度的有效途径，也是完善农村公共品供给体制的有效措施。

一方面，中央政府需要进一步加大对农村公共品的财政支持力度，并以此为依托，积极构建农村公共品供给的长效机制。现阶段，中国的"三农"问题，尤其是农村公共品供给问题，不仅关系到广大农户的切身利益，而且关系到所有中国国民的福利发展。由于历史原因，农村一直都是容易被政府政策所忽视的地方，这致使农村公共品供给效果低下，进而带来了一系列的"三农"问题，而中央政府有力的财政投入，可以在一定程度上缓解当前农村公共品供给困境，其对进一步提升农村公共品供给效果有重要的积极影响。

另一方面，地方政府也需要进一步加大对农村公共品的财政支持力度，进而提升农村公共品供给水平及其农户的满意度（主要是看农村公共品的供给是否符合农户的需求意愿），以缩小城市与农村之间的公共品供给水平及其效率上的差距。现阶段，地方政府的财政支农程度，直接影响着地方政府下辖区域的农村公共品供给效果，也影响着城市与农村之间的公共品供给效果的差距。然而，由于公共财政资源具有总量恒定性，这就意味着，如果在农村公共品供给方面增加财政投入，就必然会引起城市公共品供给上财政投入的减少。但是，在城乡二元结构显著的情形下，增加对农村公共品供给的财政投入是有助于缓解城乡差距的。

此外，还需要在梳理各个层级行政部门之间权责关系的基础上，努力做到公共财政资源的最低耗散。由于不同行政部门之间或者不同层级之间的权责关系的不清晰，会直接导致科学的、合理的财政体制难以形成，这就进一步导致公共财政资源无端地消耗在各个行政部门之间。然而，中国行政部门之间的关系难以在短时间内理顺，因此，现阶段，积极梳理不同层级行政部门的权责关系，是减少公共财政资源无端消耗的有效路径，也是构建农村公共品供给长效机制所需要的财政体制的必由之路。

（二）实现多元主体供给路径

现阶段，为进一步提升农村公共品供给效果，农村公共品供给亟须实现多元化主体参与，进而实现供给主体的多元化，可以使农村公共品供给逐步摆脱对财政投入的依赖性，拓宽其投入的资金渠道。由于农村公共品具有较强的非竞争性和非排他性两个特殊属性，这就导致市场经济条件下，要实现农村公共品供给的供求均衡是相当困难的，再加上政府作为农村公共品供给的核心主体，其又受限于自身的职能缺陷，导致政府在供给农村公共品时，也存在诸多现实问题，因此应该在政府供给主体之外，积极找寻新的供给农村公共品的主体，以逐步实现农村公共品供给主体的多元化，这样可以弥补单一供给主体在供给过程中可能存在的某些不足和缺陷，这些新的供给主体有市场化的供给主体、公司或企业等半市场化的供给主体，非政府组织等非营利性供给主体，农户等私人供给主体。

具体而言，对于一些农村准公共品和一些具有排他性质的农村公共品，可以在农户群体达成一致意见时，实施用户付费制度，进而采用市场化的手段，来实现这些农村公共品的有效供给。而针对一些在自然村域内或者行政村域内，充分利用农村基层组织的自治能力，就能实现供给的农村公共品，政府应该在吸收农村基层组织建议的基础上，积极诱导各种类型的供给主体来参与这一类型的农村公共品供给。另外，除了政府和市场这两个主要的农村公共品供给主体外，也应该对非营利组织机构在农村公共品供给过程中发挥的特殊作用给予充分肯定，并调动非营利组织机构的积极性和主动性，以填补政府和市场两个主体在其供给过程中可能存在的某些不足和缺陷，以充分发挥多元主体供给农村公共品的优势。由于中国的非营利性组织机构起步较晚，其发展也受到多方面因素的制约，因此政府应该采取一些措施，积极培育非营利性组织机构，搭建农村"草根组织"成长的政策平台，通过鼓励和引导农户参与相关组织机构，来进一步巩固非营利性组织机构的民主政治基础。

（三）健全农村基层治理的制度体系

从理论上来看，农村公共品供给的本质就是一种公共选择的过程，而在当前市场化供给农村公共品的发展阶段，农村公共品供给不仅要着力于其自身的特性及其农户的需求，更应该特别注重外在制度环境，那么，为何要更加注重外在制度环境？究其原因，主要是因为不利的制度环境因素很容易造成农村公共品供给的低效率或无效率，因此，需要通过不断完善农村基层治理的制度体系，来避免这一现实问题。但是，现阶段，中国农户是基本上没有所谓的政治生活的，他们作为政治生活中的弱势群体，常常在农村公共品供给决策中被代表，加之，中国农户也没有参与政治活动的公共意识，这都导致中国农户当前的政治地位不高。没有一定的政治地位，也就意味着没有一定的政治话语权，这会致使农户在农村公共品供给中,成为被公共政策制定者所遗忘的群体。因此,应该积极健全现有的农村基层治理体系,给予农户足够的政治话语权。针对这一问题,现阶段,可以从以下两个方面着手解决:

一方面,考虑到农村基层组织的自治能力和功能,同时也考虑到农村的实际情况及其农村基层组织供给公共品的水平和能力,农村基层政府需要适时地调整或转换农村公共品供给的管理形式。当前农村基层政府在进行自治过程中,存在一些现实问题亟待解决,如"过度自治化"和"附属行政化"等。只有解决了这些现实问题,才能真正发挥村民自治制度的优越性。政府需要积极引导农户行使自我的政治权利,以开拓农户参与农村公共品供给的新的政策路径,使得农户的切身利益能够受到重视。

另一方面,需要不断优化已存在的人民代表大会选举制度。现阶段,农户要想行使自我的政治权利,就必须依赖于人民代表大会,因此,必须对人民代表大会制度的相关规定进行优化,以提升农户参与政治活动的话语权。第一,修正《中华人民共和国选举法》的相关不合理规定,比如,城市与农村之间的政治活动参与比例限制等,使得农户与城市居民能够具有类似的选举和被选举的政治权利。第二,应该在各级人民代表大会选举中,大力提升优秀农户成员代表的参与率。第三,应该在各级人民代表大会中,积极鼓励农户代表对农村公共品供给等公共事务治理建言献策,以使人民代表大会能够真正做到代表人民的公义呼声。第四,应该在各级人民代表大会提案中,成立专门的讨论小组,注重农户代表的提案,以使农户的政治话语权能够真正"发声"。做到了以上各个方面之后,才能真正实现农户政治权益的维护,才可使政府在提供农村公共品时,真正做到有效、科学、可持续。

(四) 完善监督约束机制

农村公共品供给效果的提升,不仅仅依赖于农村公共品供给的财政投资资金的加大,更重要的是要对供给主体在农村公共品供给过程中的行为及其投资资金的使用情况进行有效监督和约束,因为只有对农村公共品供给过程中资金的使用和最终的供给结果进行监督，以约束政府或其他供给主体的资源浪费行为、不作为行为、投资资金的挪用占用行为等，才能确保有限的资源投入发挥出最佳效果，切实提升农村公共品的供给效果，因此，需要建立多方位、多阶段、多层级的监督与约束机制。

现阶段，可以从三个方面进行监督与约束。第一，从党政内部入手，不断强化党政内部的监督力度，并且要做到行政决策行为不会受到监督行为的影响；第二，积极发挥农村基层政府的自治功能，不断优化各级人民代表大会、各级人民政协大会以及各级农户代表的外在监督机制；第三，充分认识到各种类型的社会组织的外部监督作用，积极搭建这些社会组织的监督平台。然而，这一切监督手段的基础都是法律，都必须依法进行监督与约束。依据相关法律、法规，清晰界定各种监督形式的权力与责任的分配，进而完善多元化的监督反应机制，构建多样化的监督反馈渠道，并对农户或者社会其他主体的监督行为实施相应的奖励措施。

第九章　优化农村公共品供给效果的政策措施

一　农村公共品供给效果低下的原因分析

通过以上各章内容的分析，我们可以看出农村公共品供给过程中存在着诸多问题，如投资资金不足、供给结构不合理、供给质量低下、不能满足农户的需求等，这些都导致了农村公共品供给效果的低下。因此，本部分主要立足于宏观和微观两个层面，运用公共选择理论和委托—代理理论对农村公共品供给效果低下的原因进行分析，这有助于探寻合适有效地增强农村公共品供给效果的政策途径，也有利于公共资源的合理配置，以期不断提升农村公共品供给效果和供给效率。

（一）公共选择问题（宏观效率损失）

公共选择理论的基础主要是采用"经济人"假设来分析政府行为与政治体制，其代表人物有布坎南（Buchanan）、詹姆斯（James）和麦吉尔。传统经济学的经济分析中将政治制度排除在外，而公共选择理论旨在利用"经济人模型"，即将政治制度中的政府行为和市场中的私人、家、户行为放在一个统一的分析框架中，以修正传统经济分析中的这一缺陷。因此，公共选择理论采用"经济人"假设，以此来分析政府管理活动。认为人是理性的，对于任何行动都是带有目的性的，以使其效用达到最大化（陈振明，1998）。

公共选择理论不同于传统的行政学，关注的是政府和社会的关系，而非改革和完善政府自身。它主张将政府的一部分职能外放给社会和市场，建立公私竞争，不断弱化政府的垄断地位，通过外部公私关系重组来促进政府改革。因此，公共选择理论强调市场的重要作用，主张政府应将自己不该做以及不擅长做的交给市场。同时指出，随着经济发展，一方面社会公共需求不断增长；另一方面政府的服务供给能力却是有限的，而解决这一矛盾的较佳路径就是公共服务市场化。因此，在公共品供给方面，可以将社会组织类型和公共品类型进行合理组合，也就是说针对不同类型的公共品应该选择合适的社会组织进行生产；而哪种社会组织类型才是适合生产该种公共品的，应该由市场机制来决定。并且，理论和实践也都证明：各种类型的社会组织，如私人企业、半独立性的政府公司、非营利机构以及政府机构等，都可以提供公共品（张学敏，2004）。

农村公共品具有非竞争性和非排他性，私人由于成本收益不对等而不愿意提供，因此政府成为农村公共品的主要提供者。主要原因有两点：首先，非竞争性意味着新增农民的边际成本为零，意味着农村公共品将免费供给（此时按照边际成本方式定价），进而使得私人无法收回成本；其次，非排他性意味着农村公共品的供给将无法避免"搭便车"的行为。由于上述原因，私人提供农村公共品，将无法通过市场获得成本补偿，也就是说私人提供农村公共品的市场是无法存在的。因此，为了满足人们对农村公共品的需求，政府便理所当然地成为供给农村公共品的主体。

在公共选择中，农村公共品的供给数量和规模可以根据国家制定的投票机制（此种方式更合理和规范、更具有决定权）或者消费者效用最大化原则来确定，因此在农村主要是根据消费者的政治程序投票来决定农村公共品的供给数量和供给规模。这种政治程序的投票机制一般包括直接民主制和间接民主制。所谓直接民主制，指的是农村公共品的需求数量由投票人直接投票决定；而间接民主制则是农村公共品的需求量由民选投票决定（杨继，2010）。然而，实际上间接民主制并不是有效的制度，很容易滋生利益集团和政党之间的"权利寻租"现象;同时,更为严重的是,由于在特殊利益集团内信息的非对称性,多数人被少数人剥削的情况时有发生。这一点也被《集体行动的逻辑》的作者奥尔森(Olson,1995)在其著作中所证实。他认为,很多情况下,少数服从多数的原则在公共选择过程中可能会失灵。这样,在农村公共品的供给中,将很难兼顾效率与公平,从而导致政府公共品供给无效。

公共选择理论假设政府官员是"经济人",也追求个人利益最大化。尼斯卡南认为,"权力、较大影响力、轻松的工作负担、公共声誉、薪金、职务津贴"等是影响政府官员利益最大化的因素(杜平,米贤儒,2010)。政治过程也包含自愿交换的互惠性、属于正和博弈,这和市场过程是一样的。每个经济人都有自己独立的价值和利益,因此都想在政治决策中能够谋求个人价值目标和私人利益。按照公共选择理论,政府官员也具有"经济人"的性质,追求自身利益最大化。于是,就会产生一些不正常的现象,政府官员的行为与其职责是相背离的。可以从以下几个方面来说明。

(1)"自上而下"的官员任命和决策体制。这种体制会使得上级政府不履行其职责,而是将其职责用行政命令的手段强加给下级政府,而财权又没有同时下放,这就造成基层政府缺乏财力,却要将其有限的财力用以执行过多的政治事务(除了其自由的政治事务外,还有上级政府强加的事务),使基层政府无力提供公共品,进而使非均等化问题更加严重。与此同时,政府官员的政绩及其上级领导对其的评价是其薪金和职位升迁的主要影响因素,而与其工作效率关系微弱,他们之间的利害关系密不可分。一般情况下,通常用"公共品"提供的数量来衡量政府官员的政绩,如政府经常会提供一些易突出政绩的公共品,如各地普遍存在的"形象工程""政绩工程"。于是,政府官员"求大""求多"的现象在政府提供农村公共品的过程中屡见不鲜,致使凸显政绩的公共品供给过剩,与此同时农民大量急需的公共品却严重供给不足。这种体制也造成了政府机构臃肿、行政机构层级过多、人浮于事等现象,致使行政效率低下。

(2) 政府的决策背离农民的需求意愿，农村公共品无法有效供给。由于农村公共品具有非竞争性和非排他性特性，政府成为其主要提供者，而政府为了追求政绩和利益，往往倾向于"独家经营"（杨丹晖，1994），导致农民需要的公共品供给不足。农民是农村公共品的主要消费者，影响其需求偏好的众多影响因素中，收入是最重要的。在既定的收入水平下，农民会选择一个公共品与私人产品的最优组合，使其利益最大化。而政府官员实现其个人利益最大化的政策组合往往与农民不一致，因此，政府部分决策者往往忽视农民的最优需求组合，致使偏离农民需求的农村公共品供给过剩，而满足农民需求的农村公共品供给严重不足。

(3) 地方政府不能有效供给农村公共品，这主要是与地方政府庞大的债务负担密切相关。地方债务庞大源于几个原因：一是财权与事权划分不明晰，地方政府事务多而财力少；二是地方政府不能有效转变职能，行政机构庞大臃肿，办事效率低下；三是由于行政管理缺乏监督和约束机制，地方政府领导为了凸显政绩，往往依靠金融举债等方式融资，以建设"政绩工程"和"形象工程"；四是地方政府无法在现有不健全的财政金融体制下通过正规途径充分融资，只能在非正规融资渠道上铤而走险；五是在委托—代理机制下，委托人和代理人均处于信息的非对称状态下，并且都为了实现自身利益的最大化，可能会发生损害对方利益的现象，这样委托人和代理人的信用就会受到损害，如果政府委托市场、私人等主体提供公共品，就很可能会因此类问题，致使政府的信用存在很大风险（唐云锋，2005）。上述问题都会导致地方财政资金有限或者短缺。而地方政府又要应对上级下派的各项政治事务，以及偏好于建造"政绩工程"，于是用于提供农民所需求的农村公共品的资金就更加有限了，从而农村公共品供给效率低下、供给不足等问题愈发突出。

(4) 农村公共品供给过程中，过剩和不足两种现象并存，这主要是由信息的非对称性所造成的。农民和政府在公共品问题上所形成的契约关系，即委托—代理关系，基层政府（乡镇政府）是代理人,农民是委托人,农民委托政府提供公共品。在这一契约关系中,委托人综合文化素质偏低,信息来源有限,因此很难分辨公共品的费用是否合理;而代理人一方,虽然拥有相对完全的信息,但是其在向委托人——村民自治组织(村委会)披露信息时,为了其自身利益,往往有选择性地披露甚至隐瞒,这就进一步加剧了政府和农民之间的信息不对称。因此,在政府和农民双方信息不对称的情况下,农民无法有效监督政府,最终导致"政绩工程"等不满足农民需求的公共品供给过剩,而农民急需的公共品却供给不足。

(5)"寻租"导致政府官员一心谋求权力,忽略农民的真实需求偏好。在"经济人"的假设下,政府在提供农村公共品的过程中,为了自身利益最大化,会通过再分配性质的财富转移、保护利益集团垄断地位等手段,从中获取超额利润,"寻租"现象应运而生。政府官员为了获取超额利益,就会滥用公共权力,并且可能利用手中的自由裁量权主动为其利益集团提供租金。这样,政府官员为了获取更多的超额利益,就会为获得更高的权力和职位展开竞争(阮守武,2009)。因此就会产生这样一种社会现象,政府官员将社会实际问题比如农户需求等抛于脑后,更多地关注自己的地位和利益。

(二) 委托—代理问题(微观效率损失)

迈克尔·詹森和威廉·梅克林(1976)是委托—代理理论的主要代表人物。他们将委托—代理关系定义为一种契约关系。在这个契约关系中,一些人通过委托另外一些人代表他们去行使某些权利和职责以获取利益,其中,在实际中行使权利和职责的人称为代理人,而委托其他人行使其权利和职责的人称为委托人。为了更好地行使委托人所委托的事务,代理人会从委托人那里得到若干决策权以更好地行使其权利和职责(陈郁编,1998)。委托人主动设计契约形式,因此,委托人在信息经济学中也被称为是具有信息优势的一方;相应地,代理人就只能作出唯一选择:要么接受,要么拒绝(张维迎,1996)。在这种情形下,由于人们不能掌握所有的信息,即不同程度上存在信息的欠缺,然而代理人却掌握了大量的信息,处于信息优势地位，但委托人由于掌握的信息量很小，而处于信息劣势地位，同时他们之间的根本利益也不可能完全一致，因此，当代理人和委托人出现利益偏差、激励不相容问题后，代理人可能会做出损害委托人利益的行为，这就是所谓的委托—代理问题。因此，委托—代理关系总会产生代理成本，换句话说，就是委托人为了让代理人按照委托人的利益行使决策权，必须支付一定的费用用于监督、约束代理人，甚至是承担部分直接利益的损失，这些就是代理成本。

由于具有非对称性的特点，按照这一特点，可以将代理问题划分为两种方式，一种是逆向选择问题，另外一种是道德风险问题。此分类的关键点在于信息不对称出现的时点，如果出现在契约签订之前，则是逆向选择问题，主要表现为由于代理人拥有私人信息而掌握的信息量比较大，而委托人掌握的信息却很少，则没有相应的私人信息。道德风险是指信息不对称存在于双方订立契约之后，而在订立契约之前是不存在的，主要表现为代理人在签订契约之后拥有委托人所不拥有或者花费很高成本才可能拥有的信息优势。因此，委托人只能想办法通过契约来削弱代理人拥有私人信息而可能对委托人带来的损害，从而使得代理成本最小化（黄昌盛等，2005）。

最大限度地保障委托人的利益是解决委托—代理关系的关键所在。于是委托人一方面需要通过有效的激励促使代理人主动将委托人的利益纳入其目标函数内；另一方面需要通过设置可行的监督和约束方式限制代理人的行为，这样做的主要目的是更加有效地利用资源和最大限度地提升效率（倪星，2002）。

从实际来看，委托—代理关系在政府及其相关单位部门中的存在是非常普遍的，同时这一关系在现实的经济问题中也是普遍存在的。于是委托—代理问题也存在于农村公共品的供给过程中。由于公共品具有非竞争性和非排他性，为了实现公共资源的有效配置和社会福利最大化，政府往往在公共品的供给中发挥主导作用。在公共品的供给中，政府和企业形成的就是一种委托—代理关系，政府是委托人，企业是代理人。企业主要负责生产公共品，因此与其相比政府不具有优势，追求利润最大化是企业的目标，而这一目标与政府的社会福利最大化等目标是不一致的。因此，在这个委托—代理关系中，政府必须采取各种手段对企业的行为进行激励，或者监督与约束，确保社会福利最大化目标得以最终实现。

政府的职能是为本国生产和居民提供各种公共品。由于财政分权和公共品的特性不同，不同层级的政府提供的公共品的种类也是不同的，这就导致不同层级的政府提供公共品的具体职责是有差异的，进而所产生的代理成本的表现形式也不同。整体而言，这些代理成本主要表现为六种形式：第一，用以支付给生产和提供公共品的人员的劳动报酬和各种福利，主要包括工资、奖金、津贴及福利等，我国政府官员的相关支出成本要更高一些，因为我国政府机构的臃肿现象比较严重，普遍存在"养人"的现象；第二，在"政绩工程""形象工程"等方面的各种支出，因为地方政府会借此来获得中央财政更多的资金支持，并且也希望借此赢得上级政府与当地人民的好评；第三，各级政府间以及与中央政府间博弈的过程中，由于信息不对称，地方官员可能存在各种虚假申报、隐瞒偏好、假公济私、贪污腐败等，从而谋取私利，这些都会造成各种各样的显性和隐性的成本；第四，完成其应履行职责之外的事务而支出的费用，换句话说，由于自上而下的官员任命与"压力型"体制，上级政府往往将某些其职责范围内提供公共品的事务下放给下级政府，而财权并没有相应下放，因此导致下级政府相关事务未完成和职能缺位，而且导致更多的费用支出成本；第五，社会福利最大化的目标有时可能会与政府决策出现不一致的情况；第六，高成本、低效率的问题，也就是说由于信息不对称、失真、扭曲等使得资金使用缺乏效率，效益损失问题在所难免。

从而，影响农村公共品供给效果的重要因素就是农村公共品供给过程中存在的委托—代理问题。在这种契约关系中，委托人和代理人之间，一是代理人和委托人分别处于信息优势和劣势地位，即双方信息不对称，二是双方的目标函数不一致［见式（9-1）、式

(9-2)]，因此委托—代理问题就应运而生了，这样就会给委托人的利益造成损害。

$$W = U(q) - P(q) \cdot q \qquad [U'(q) > 0, U''(q) < 0] \tag{9-1}$$

$$\pi(q) \geq \pi_c \tag{9-2}$$

式（9-1）、式（9-2）分别代表委托人、代理人的目标函数。政府（委托人）社会福利最大化目标用 W 来表征，消费者的总效用函数和消费的公共品数量分别用 $U(q)$ 和 q 来表征，公共品的反需求函数用 $P(q)$ 来表示；代理人生产或提供公共品和其他产品所能够获取的利润分别用 $\pi(q)$ 和 π_c 来表示。

由于农村公共品供给资金主要来源于中央政府，其供给的具体事务则由地方政府执行，因此中央政府和地方政府之间也存在着委托—代理关系，由地方政府具体来分配和使用这笔资金用于提供农村公共品。因此，地方政府的官员在很大程度上决定了公共资源的利用效率。在这一关系中，中央政府和地方政府之间的信息是不对称的，也就是说作为代理人的地方政府对于地方的情况非常熟悉，具有信息优势，因此作为委托人的中央政府可能会由于成本过高，而难以监督和约束在公共品供给过程中地方政府即代理人的行为及其努力程度，从而导致"内部人"控制问题在农村公共资源使用中越来越凸显。结果可能就是，农村公共品的供给与农户真实需求之间存在一定的差距，农民效用最大化问题未得到实现，公共政策的实施效果就会很差，最终导致农村公共品供给效果及效率低下。

二 优化农村公共品供给效果的政策建议

本课题研究结果对于促进农村公共品有效供给、提高其供给效率具有重要的意义。同时必须注意，农村公共品的供给更多的还是要考虑农户的实际需求意愿，即要立足于农村实际，因地制宜，充分尊重农民意愿，优先考虑农民之所需，从全局出发，做到有的放矢，真正地满足农业、农村、农民的需求。因此，本研究主要提出

第九章　优化农村公共品供给效果的政策措施

以下几点优化农村公共品供给效果的政策建议，尤其是结合案例研究——农村道路、农村饮水供给效率分析情况，给出具体的政策建议。

虽然，在现代经济社会中，农户对公共品的需求偏好呈现出不同的特点，呈现出多样化、高标准化等特征，第一，由于农户患有免费"搭便车"的心理、意识狭隘、利益表达意识薄弱、成本分摊等敏感性问题，农民可能会隐瞒自己对公共品的真实需求偏好，此外，加之现行的"自上而下"的农村公共品供给体制较少顾及农民的需求偏好，因此需要构建健全的农村公共品需求偏好表达机制，同时，需要基层政府引导农民表达自己的真实需求偏好，使政府公共品的供给与农户的需求意愿相一致。第二，由于社会经济发展速度、资源禀赋、国家政策等因素的影响，地区之间农村公共品的供给存在较大的差异，不同农户对公共品的需求也表现出较大的差异性，因此需充分考虑农户需求，因地制宜，选择合适的农村公共品供给模式，构建政府、私人、村集体、非营利组织"四位一体"的供给主体，保证农村公共品的有效供给。第三，要确保农村公共品的有效供给，就必须使其供给满足农民的需求偏好、符合农业生产的需要，于是，需要广泛地征求农民的意见，充分考虑农民的需求偏好，切实有效地满足农民的需求。第四，加快改革村干部选举及其考核制度，督促村干部以农民的利益为出发点，及时转达和回应农民的需求诉讼，促使农村公共品的供给更符合农民的实际需求和农业生产的需要。

（一）优化农村道路供给效果的政策建议

第一，进一步提高农村道路的供给水平。近年来，我国政府对于农村道路给予了高度关注，在农村道路建设方面做出了很大的努力，将大量的人力、物力、财力投放其上，也取得了显著的成效，如解决了农民行路难、拓宽了农民的就业渠道、增加了农民收入等。但是从调查情况来看，农户对农村道路供给效果的评价较低，具体而言，农户评价结果为"很不好"和"不好"的概率分别为

5.28%和54.44%，概率合计超过了一半（59.72%），评价结果为"一般"的概率为14.16%，评价结果为"较好"的概率为20%，评价结果为"很好"的概率仅为6.12%。此外，农村道路供给农户参与满意度较低，道路管理维护状况较差（主要是损坏失修严重），同时，农村道路供求不均衡的现状比较严峻，这一结果说明农村道路供给水平还需进一步提高。因此，针对农民对农村道路的巨大需求，要继续加大财政资金的投入力度，重点投向农民急需的、与农户生活生产经营关系密切，并具有较强连带效应的农村道路建设方面（王明昊，赵阳，2008），提升农村道路的供给水平，促进城乡一体化发展。

　　第二，优化乡镇政府的承上启下的职能，不断优化和健全其治理机制与公共品政策执行机制。随着"多予、少取、放活"方针的执行，基层政府的运转问题逐步得到解决，基层政府的职能也逐渐得到转变，即将其政治职能逐渐向经济职能转变，这有助于基层政府更好地提供农村公共品。但是，农户对乡镇政府评价的满意度较低，"非常不满意"的比例为36.1%，"不满意"的比例为19.2%。这表明，乡镇政府作为基层政府，并没有确保农民对农村道路的需求意愿得以实现。实际上，乡镇政府对于农户的需求意愿并未顺利地转达，也未能完全履行其提供道路的职责，或者乡镇政府提供的道路并未能符合农户的需求，在一定程度上激起了农民的不满。因此，要进一步强化基层政府职能，增强基层政府供给农村道路的能力。同时，在农村道路的供给方面，农户对乡镇政府评价对五个收入组农户评价的影响均不显著，且在中高收入组中的系数为负，这是需要注意的问题。原因是多方面的，最为根本的就是要迫切完善乡镇政府治理机制。造成乡镇政府在提供农村道路过程中评价效果不理想的原因可能是上级政府将财权上收，而将更多的事权下放给乡镇政府，道路供给过程中不公开与夹杂利益因素等。

　　研究表明，参与机制越完善，农户的需求意愿越能得以顺畅、真正的表达，农户对其的评价就越高。因此，在完善乡镇政府治理机制的同时，需要完善和健全村民自治制度，构建农村公共品管理制度，体现公平公正透明制度，形成良性运转机制。

第三，完善和健全农村道路建设体制。农村道路的供给不能单纯依靠政府的力量来解决，很重要的一点还需要完善和健全农村道路建设体制，逐步建立以政府为主导，多渠道、多层次、多元化的供给体系。道路维护状况是影响农户评价农村道路供给效果的关键因素，然而目前农村道路管理维护较差，大多数道路处于无人问津的状态，无人管理和维护，已严重被破坏，其比例达到60.9%，维护管理很好的比例仅为16.2%，这一状况亟须改善；由于农村道路的大范围破损，已不能满足大多数农户对道路的需求，因此不能满足农村经济发展需要的比例较高，为59.3%，这说明加强农村道路管理与维护对于提高农户评价显得尤为重要。研究也表明，如果道路维护不好，会对农民的生产生活造成很大的影响，给农民外出和经济活动带来不便，阻碍农村经济的发展；反之亦然。因此，需要设立农村道路养护基金，加强农村道路的管理与维护，提高农村道路的供给质量，不断完善和健全农村道路建设体制。

第四，完善农村道路需求的表达机制。不同特征的农户，对农村道路的需求不同，即不同特征的农户对农村道路供给效果的评价会存在差异性。不同特征农户在公共品方面凸显出个体行为偏好与需求偏好，于是，农户特征对农村道路等公共品供给效果评价有显著影响。从收入分组情况来看，不同的因素产生的影响和作用程度不同，但是对其产生共同影响的关键因素有农村道路的维护状况；村内道路类型、能否满足经济发展需要、变化情况、比较优势、农户对交通状况满意度对部分收入组农户评价农村道路供给效果的影响显著。因此，要充分考虑不同收入层次农户对农村道路需求的差异化，要广开言路，从多个渠道来收集农户不同的需求信息，切实以农户需求为目标对农村道路的供给方式进行改进，做到针对性更强，目标更明确，使道路供给的受益面更广，从而提高供给的有效性。

(二) 优化农村饮水供给效果的政策建议

第一，多方筹措资金，进一步提升农村饮水的供给水平。近些年来，随着农村社会经济的迅速发展及其国家对农村投入力度的不断加大，农村饮水设施得到了较大的改善，但相对于其他基础设施而言，饮水设施明显滞后，饮水安全问题也比较突出。同时，由于农村地区的特殊性，农村饮水工程建设成本较高，单纯靠政府或农民筹措资金很难解决问题，因此应多方筹集资金，拓宽筹资渠道，构建多元化的投资体系，为农村饮水工程建设提供资金保障。调查表明，农村饮水的供给效果虽然较为理想，但也有11.08%的农户认为农村饮水的供给效果不好，主要原因是饮水不是自来水、饮水不能满足生活需要、水质不好等。于是，可以按照"谁投资、谁受益"的市场化原则，实行饮水安全工程产权制度改革，部分农村地区的安全饮水可以交由私人供给和管理，即变"公"管为"私"管，变"官"办为"民"办（杨雪冰，刘玉璋，2008），进一步提升农村饮水的供给水平。

第二，充分发挥政府在农村饮水安全中的主导作用。饮水设施是与农民生活息息相关的生活类基础设施，其需求收入弹性非常小，政府在其供给中具有重要的主导作用。农村饮水安全涉及水资源、治污防污、饮水工程、公共卫生、医疗保障等多个公共领域，应明确政府的主要职责，防止政府"寻租"行为的发生，确保农户需求意愿不被扭曲。研究表明，农户对政府评价的满意度虽然较高，但不满意度也达2.97%，同时农户对政府的评价是影响不同收入层次农户评价农村饮水供给效果的重要因素，因此，应充分发挥政府在农村饮水供给中的主导作用，健全村民自治制度，建立相关的水资源保护制度，制定科学合理的水质监测标准。

第三，诱导和鼓励农户积极参与农村饮水的供给和管理。随着我国经济的快速发展及其政府职能的转变，加之农村饮水的竞争性和非排他性两大特性，长时期完全由政府供给饮水是不太现实的。研究表明，农户对农村饮水供给参与满意度较高，为94.34%，同时，农户参与满意度对其的影响不容忽视。因此，政府应营造良好的政策环境，制定相关的农户参与饮水供给管理准则，加强宣传，诱导和鼓励农户积极参与农村饮水的供给和管理。

第四，立足农村实际，因地制宜，有针对性地选择农村饮水的供给方式，发挥供水的规模效应。各农村地区要根据本地区的自然资源、农民生活习惯、水资源的分布情况等，合理地选择农村饮水的供给方式，避免采取"一刀切"的模式，防止资源的浪费，发挥供水的规模效应。

参考文献

［美］埃莉诺·奥斯特罗姆、拉里·施罗德、苏珊温：《制度激励与可持续发展》，上海三联书店 2000 年版，第 204 页。

［美］彼得·布劳：《不平等和异质性》，王春光、谢圣赞译，中国社会科学出版社 1991 年版。

［美］戴维·奥斯本、特德·盖布勒：《改革政府：企业精神如何改革着公营部门》，上海译文出版社 1996 年版，第 21 页。

［美］罗伯特·B. 登哈特、珍尼特·V. 登哈特：《新公共服务：服务而不是掌舵》，丁煌译，中国人民大学出版社 2004 年版，第 197 页。

［美］曼瑟尔·奥尔森：《集体行动的逻辑》，陈郁、郭宇峰、李崇新译，上海人民出版社 1995 年版，第 115—117 页。

［日］速水佑次郎：《发展经济学——从贫困到富裕》，李周译，社会科学文献出版社 2003 年版，第 288 页。

［美］布莱克维尔：《政治学百科全书》，中国政法大学出版社 1992 年版。

陈锡文：《中国农村公共财政制度》，中国发展出版社 2005 年版。

陈郁编：《所有权、控制权与激励——代理经济学文选》，上海人民出版社 1998 年版。

樊胜根、Connic Chan - Kang：《中国的道路发展、经济增长和减少贫困》，中国农业出版社 2006 年版。

樊胜根、张林秀：《WTO 和中国农村公共投资》，中国农业出版社 2003 年版。

参考文献

樊胜根、张林秀、张晓波:《经济增长、地区差异与贫困——中国农村公共投资研究》,中国农业出版社 2002 年版。

李卫东:《应用多元统计分析》,北京大学出版社 2008 年版。

联合国开发计划署驻华代表处、中国(海南)改革发展研究院:《中国人民发展报告 2007/2008——惠及 13 亿人的基本公共服务》,中国出版集团公司 2008 年版。

世界银行:《2005 年世界发展报告:改善投资环境促使人人受益》,清华大学出版社 2005 年版。

张维迎:《博弈论与信息经济学》,上海人民出版社 1996 年版。

张学敏:《公共经济学概论》,西南师范大学出版社 2004 年版。

白南生、李靖、辛本胜:《村民对基础设施的需求强度和融资意愿——基于安徽凤阳农村居民的调查》,《农业经济问题》2007 年第 7 期。

蔡起华、朱玉春:《社会信任、收入水平与农村公共产品农户参与供给》,《南京农业大学学报》(社会科学版) 2015 年第 1 期。

陈洁、赵冬缓、齐顾波等:《村级债务的现状、体制成因及其化解——对 223 个行政村及 3 个样本县(市)的调查》,《管理世界》2006 年第 5 期。

陈诗一、张军:《中国地方政府财政支出效率研究:1978—2005》,《中国社会科学》2008 年第 4 期。

陈英姿、满海霞:《中国养老公共服务供给研究》,《人口学刊》2013 年第 1 期。

陈振明:《非市场缺陷的政治经济学分析——公共选择政策分析学者的政府失灵论》,《中国社会科学》1998 年第 6 期。

陈子年、徐建求、曾国栋:《实施农村饮水工程改善民生》,《湘湖三农论坛》2008 年第 5 期(上)。

仇晓洁、温振华:《中国农村社会保障财政支出效率分析》,《经济问题》2012 年第 3 期。

楚永生、丁子信:《农村公共物品供给与消费水平相关性分析》,《农业经济问题》2004 年第 7 期。

崔元锋、严立冬：《基于 DEA 的财政农业支出资金绩效评价》，《农业经济问题》2006 年第 9 期。

邓蒙芝、罗仁福、张林秀：《道路基础设施建设与农村劳动力非农就业——基于 5 省 2000 个农户的调查》，《农业技术经济》2011 年第 2 期。

丁煜、柏雪：《我国城市最低生活保障水平的综合评估》，《东南学术》2012 年第 4 期。

杜平、米贤儒：《公共选择理论视角下的农村公共产品供给》，《现代商业》2010 年第 32 期。

杜晓荣、吴晓婕、谢旭：《农村饮水安全工程绩效的经济学分析》，《生态经济》2013 年第 11 期。

樊丽明、骆永民：《农民对农村基础设施满意度的影响因素分析——基于 670 份调查问卷的结构方程模型分析》，《农业经济问题》2009 年第 9 期。

樊丽明、解垩、石绍宾：《基于农户视角的农村公共品供需均衡研究》，《当代经济科学》2008 年第 5 期。

樊丽明、解垩、尹琳：《农民参与新型农村合作医疗及满意度分析——基于 3 省 245 户农户的调查》，《山东大学学报》（哲学社会科学版）2009 年第 1 期。

方鸿、曹明华：《西部地区乡镇农村基础设施建设对农业收入水平影响的实证分析》，《山东农业大学学报》（社会科学版）2006 年第 2 期。

冯海波：《公共品需求偏好显示机制：一个理论回顾》，《产经评论》2012 年第 2 期。

丰景春、戚昌青：《农村饮水安全工程运行管理绩效考核研究》，《中国农村水利水电》2012 年第 8 期。

付林、荣红霞：《东北老工业基地改造中的地方政府公共服务能力的提升》，《商业研究》2007 年第 12 期。

甘霖、张强、李大斌等：《基于熵权的尼梅罗指数法在农村生活饮用水评价中的应用》，《现代预防医学》2010 年第 20 期。

高慧：《乡村道路建设中的村民满意度研究》，《经济师》2006 年第 2 期。

管新帅、王思文：《中国地方公共品供给效率地区差异测度》，《兰州大学学报》（社会科学版）2009 年第 4 期。

郭瑞萍、苟娟娟：《农村基础设施"民办公助"模式农民满意度研究——以甘肃省某镇的个案调查为例》，《西北大学学报》（哲学社会科学版）2013 年第 1 期。

韩华为、苗艳青：《地方政府卫生支出效率核算及影响因素实证研究——以中国 31 个省份面板数据为依据的 DEA – Tobit 分析》，《财经研究》2010 年第 5 期。

何晖、邓大松：《中国农村最低生活保障制度运行绩效评价——基于中国 31 个省区的 AHP 法研究》，《江西社会科学》2010 年第 11 期。

何精华、岳海鹰、杨瑞梅等：《农村公共服务满意度及其差距的实证分析——以长江三角洲为案例》，《中国行政管理》2006 年第 5 期。

何寿奎、胡明洋：《基于用户需求的农村安全饮水工程契合度评价模型构建分析》，《南水北调与水利科技》2014 年第 4 期。

何植民、熊小刚：《农村最低生活保障政策实施绩效的综合评价——基于我国东中西部地区 20 个县的调查数据分析》，《中国行政管理》2015 年第 12 期。

胡华、刘毅：《农村公共产品问题文献综述》，《理论探讨》2006 年第 2 期。

胡其昌、王生云：《基于因子分析法的浙江农村饮水工程绩效评估》，《行政事业资产与财务》2008 年第 6 期。

胡晓宇：《农业水利建设投入对粮食产量影响的实证分析》，《中国集体经济》2012 年第 19 期。

胡颖廉：《地方政府竞争与公共服务：基于中部六省数据的实证研究（1996—2005）》，《兰州大学学报》（社会科学版）2008 年第 1 期。

黄昌盛、司有和、范守智：《准公共品供给市场化中委托代理的特殊性问题》,《统计与决策》2005 年第 4 期。

贾康、孙洁:《农村公共产品与服务提供机制的研究》,《管理世界》2006 年第 12 期。

贾智莲、卢洪友:《财政分权与教育及民生类公共品供给的有效性》,《数量经济技术经济研究》2010 年第 6 期。

姜岩、陈通、田翠杰:《农村乡镇公共服务体系评价研究》,《经济问题》2006 年第 6 期。

孔祥智、涂圣伟:《新农村建设中农户对公共物品的需求偏好及影响因素研究——以农田水利设施为例》,《农业经济问题》2006 年第 10 期。

乐为、钟意:《农民负担率与农村公共物品供给效率失衡研究》,《农业经济问题》2014 年第 10 期。

雷晓康、方媛、王少博:《强县扩权背景下我国基层政府公共服务供给能力研究》,《中国行政管理》2011 年第 3 期。

李伯华、刘传明、曾菊新:《基于公共物品理论的农村饮水安全问题研究——以江汉平原为例》,《农业经济问题》2007 年第 4 期。

李伯华、刘传明、曾菊新:《基于农户视角的江汉平原农村饮水安全支付意愿的实证分析——以石首市个案为例》,《中国农村观察》2008 年第 3 期。

李林君、杨斌:《公共服务增量供给不平等测度与分解》,《数量经济技术经济研究》2013 年第 10 期。

黎明强、刘韧、梁庆香:《主成分分析法在农村生活饮用水水质综合评价中的应用》,《现代预防医学》2009 年第 4 期。

李强、罗仁福、刘承芳等:《新农村建设中农民最需要什么样的公共服务——农民对农村公共物品投资的意愿分析》,《农业经济问题》2006 年第 10 期。

李清娥:《我国农村公共产品供给的效率分析》,《商场现代化》2006 年第 29 期。

李伟、燕星池、华凡凡:《基于因子分析的农村公共品需求满意度研究》,《统计与信息论坛》2014 年第 5 期。

李雪松、李林鑫：《农村饮水安全工程供给机制的博弈分析》，《生态经济》2011 年第 5 期。

李燕凌：《农村公共品供给效率实证研究》，《公共管理学报》2008 年第 2 期。

李燕凌：《基于 DEA – Tobit 模型的财政支农效率分析——以湖南省为例》，《中国农村经济》2008 年第 9 期。

李燕凌、李立清：《我国农村公共支出政策效果的定量分析》，《农业技术经济》2005 年第 2 期。

李燕凌、曾福生：《农村公共支出效果的理论与实证研究》，《中国农村经济》2006 年第 8 期。

李燕凌、曾福生：《农村公共品供给农民满意度及其影响因素分析》，《数量经济技术经济研究》2008 年第 8 期。

梁雅莉、张开云：《我国农村最低生活保障制度实施效果评价——基于 31 个省域的宏观数据研究》，《西部学刊》2014 年第 2 期。

廖小东、丰凤：《西部欠发达地区农村公共品需求研究》，《贵州财经学院学报》2012 年第 5 期。

林万龙：《经济发展水平制约下的城乡公共产品统筹供给：理论分析及其现实含义》，《中国农村观察》2005 年第 2 期。

林万龙：《中国农村公共服务供求的结构性失衡：表现及成因》，《管理世界》2007 年第 9 期。

林万龙、刘仙娟：《税费改革后农村公共产品供给机制创新：基于交易成本角度的探讨》，《农业经济问题》2006 年第 4 期。

刘波、崔鹏鹏：《省级政府公共服务供给能力评价》，《西安交通大学学报》（社会科学版）2010 年第 4 期。

刘承芳、张林秀、Scott Rozelle：《我国农村公共品质量的影响因素分析——以道路、饮用水和灌溉项目为例》，《农业技术经济》2007 年第 2 期。

刘成奎、桂大一：《财政分权、民主、媒体意识对农村公共产品供给影响分析——以我国农村公路为例》，《当代经济科学》2009 年第 5 期。

刘海英、李大胜：《农田水利设施多中心治理研究——基于供给效率的分析》，《贵州社会科学》2014年第5期。

刘辉、陈思羽：《农户参与小型农田水利建设意愿影响因素的实证分析——基于对湖南省粮食主产区475户农户的调查》，《中国农村观察》2012年第2期。

刘利霞、王凤兰、徐永新：《基于熵权法的区域农村饮水安全评价——以云南省为例》，《水资源与水工程学报》2009年第1期。

刘伦武：《农业基础设施发展与农村经济增长的动态关系》，《财经科学》2006年第10期。

刘晓民、刘廷玺、万峥：《浅论通辽市农村人畜饮水安全问题》，《中国农村水利水电》2007年第5期。

罗光强：《农村公共物品供给的双效应分析》，《数量经济技术经济研究》2002年第8期。

骆永民、樊丽明：《农村基础设施的经济效应及农民满意度研究——基于山东省44个行政村的实地调查分析》，《经济问题探索》2008年第12期。

马改艳、徐学荣：《我国村级公共品需求偏好表达机制的构建》，《贵州大学学报》（社会科学版）2013年第4期。

马林靖、张林秀：《农户对灌溉设施投资满意度的影响因素分析》，《农业技术经济》2008年第1期。

马林靖、张林秀：《农村地区的饮用水现状与农民满意度研究——基于全国800个农户的抽样调查结果》，《西部论坛》2010年第2期。

闵琪：《税收负担、公共品层次与私人公共品需求——以山东省面板数据为例》，《公共管理学报》2010年第1期。

倪星：《论民主政治中的委托—代理关系》，《武汉大学学报》（社会科学版）2002年第6期。

潘丹：《中国农村居民医疗服务利用影响因素分析》，《农业技术经济》2010年第7期。

彭代彦：《农村基础设施投资与农业解困》，《经济学家》2002年第5期。

邱士利：《农田水利基础设施建设与粮食产出关系实证研究——以福建省为例》，《福建论坛》（人文社会科学版）2013年第12期。

任维德：《现状、原因、对策：中国政府公共服务的地区差距研究》，《内蒙古大学学报》2008年第3期。

阮守武：《公共选择理论的方法与研究框架》，《经济问题探索》2009年第11期。

沈坤荣、张璟：《中国农村公共支出及其绩效分析——基于农民收入增长和城乡收入差距的经验研究》，《管理世界》2007年第1期。

苏时鹏、张春霞：《农村公共服务的差距分析与体系建构——以福建为例》，《华南农业大学学报》（社会科学版）2006年第1期。

孙翠清、林万龙：《农户对农村公共服务的需求意愿分析——基于一项全国范围农户调查的实证研究》，《中国农业大学学报》（社会科学版）2008年第3期。

孙璐、吴瑞明、李韵：《公共服务绩效评价》，《统计与决策》2007年第24期。

唐娟莉：《农村饮水供给效果及影响因素：收入异质性视角的解析》，《农业现代化研究》2016年第4期。

唐娟莉：《农村公共品供给的消费效应：来自于三大经济地区的解析》，《统计与信息论坛》2015年第10期。

唐娟莉：《农村公共服务投资技术效率测算及其影响因素分析》，《统计与信息论坛》2014年第2期。

唐云锋：《公共选择理论视角下地方债务的成因分析》，《财经论丛》2005年第1期。

田秀娟、侯建林、董竹敏：《农民对新型农村合作医疗制度的综合评价——基于13省916个农户调查的分析》，《中国农村经济》2010年第5期。

王春娟：《农民公共产品需求表达机制的建构——基于公共选择的视角》，《农村经济》2012年第9期。

王格玲、陆迁：《意愿与行为的悖离：农村社区小型水利设施农户合作意愿及合作行为的影响因素分析》,《华中科技大学学报》(社会科学版) 2013 年第 3 期。

王俊霞、王静:《农村公共产品供给绩效评价指标体系的构建与实证性检验》,《当代经济科学》2008 年第 2 期。

王俊霞、张玉、鄢哲明等:《基于组合赋权方法的农村公共产品供给绩效评价研究》,《西北大学学报》(哲学社会科学版) 2013 年第 2 期。

王蕾、朱玉春:《基于农户收入异质性视角的农田水利设施供给效果分析》,《软科学》2013 年第 9 期。

王明昊、赵阳:《准公共品供给机制与需求满意度的实证研究——以农村公路为例》,《农业经济问题》2008 年第 9 期。

王宁、姜凡:《各地区城市最低生活保障制度运行有效性分析》,《统计与决策》2007 年第 3 期。

王谦:《基于农民视角的农村公共服务供给合意度和需求程度分析——以山东省三县市的调研为例》,《山东社会科学》2008 年第 3 期。

王西琴、王佳敏、张远:《基于粮食安全的河南省农业用水分析及其保障对策》,《中国人口·资源与环境》2014 年第 3 期。

王昕、陆迁:《农村小型水利设施管护方式与农户满意度——基于泾惠渠灌区 811 户农户数据的实证分析》,《南京农业大学学报》(社会科学版) 2015 年第 1 期。

王延中、江翠萍:《农村居民医疗服务满意度影响因素分析》,《中国农村经济》2010 年第 8 期。

王增文、邓大松:《农村低保及配套政策发展水平的地区性差异——基于 29 省市相关数据》,《中国地质大学学报》(社会科学版) 2012 年第 1 期。

卫龙宝、朱西湖、伍骏骞:《农户公共品需求偏好影响因素分析》,《西北农林科技大学学报》(社会科学版) 2015 年第 5 期。

魏亚平、贾志慧:《创新型城市创新驱动要素评价研究》,《科技管理研究》2014 年第 19 期。

吴丹、朱玉春：《农村公共产品供给能力评价体系的多维观察》，《改革》2011年第9期。

吴丹、朱玉春：《基于随机森林方法的农村公共产品供给能力影响因素分析》，《财贸研究》2012年第2期。

吴开松、周薇：《论需求导向型的民族地区农村公共产品供给机制》，《中南民族大学学报》（人文社会科学版）2011年第5期。

吴孔凡：《新时期农民公共需求的特点与农村公共服务供给的取向》，《经济研究参考》2008年第69期。

吴孔凡：《健全完善需求导向型的农村公共品供给制度》，《社会主义研究》2008年第3期。

吴孔凡：《构建需求导向型的农村公共品供给制度》，《财政研究》2007年第11期。

吴平、谭琼：《我国粮食主产区农田水利设施配置效率及区域差异分析——基于DEA和动态Malmquist指数的实证研究》，《农业现代化研究》2012年第3期。

肖结红：《关于提升我国地方政府公共服务供给能力的思考》，《内蒙古农业大学学报》（社会科学版）2011年第3期。

熊巍：《我国农村公共产品供给分析与模式选择》，《中国农村经济》2002年第7期。

徐慧、黄贤金：《土地利用政策与盐碱地农田水利设施管理农户参与意愿研究》，《中国人口·资源与环境》2014年第3期。

杨丹晖：《公共选择理论及其启示》，《山东大学学报》（哲学社会科学版）1994年第1期。

杨继：《公共选择中的公正与效率——公共支出隐含的一个悖论》，《道德与文明》2010年第5期。

杨建、韩花：《大通县农村人畜饮水工程水费征收初探》，《中国农村水利水电》2001年第10期。

杨雪冰、刘玉璋：《加快饮水设施建设 确保村民饮水安全》，《中国财政》2008年第18期。

叶文辉、郭唐兵：《我国农田水利运营效率的实证研究——基于

2003—2010 年省际面板数据的 DEA – TOBIT 两阶段法》,《山西财经大学学报》2014 年第 2 期。

易红梅、张林秀、Denise Hare 等:《农村基础设施投资与农民投资需求的关系——来自 5 省的实证分析》,《中国软科学》2008 年第 11 期。

易雯、吕小明、付青等:《饮用水源水质安全预警监控体系构建框架研究》,《中国环境监测》2011 年第 5 期。

于文龙:《关于建立农村饮水工程运行管理长效机制的思考》,《北京农业》2011 年第 6 期。

俞雅乖:《我国农田水利财政支出效率的省际差异分析》,《农业经济问题》2013 年第 4 期。

曾福生、郭珍:《中国省际农业基础设施供给效率及影响因素研究——基于 DEA – Tobit 两步法的分析》,《求索》2013 年第 4 期。

张朝华:《农户农业基础设施需求及其影响因素——来自广东的证据》,《经济问题》2010 年第 12 期。

张春荣:《泰安市旧县水源地水质评价及保护措施》,《地下水》2007 年第 1 期。

张东豫、莫光财:《基本公共服务均等化:基于地区差异及分析》,《甘肃行政学院学报》2007 年第 4 期。

张国山、黄喜良:《淮阳区域农村饮水安全》,《河南科技》2012 年第 7 期(上)。

张红宇:《关于城乡统筹推进过程中若干问题的思考》,《管理世界》2005 年第 9 期。

张开华、万敏:《农村基础设施建设投资中的农民意愿研究——以河南省为例》,《中南财经政法大学学报》2009 年第 5 期。

张开云:《农村公共产品供给效率的影响因素分析与路径构建》,《东岳论丛》2009 年第 6 期。

张开云、张兴杰、李倩:《地方政府公共服务供给能力:影响因素与实现路径》,《中国行政管理》2010 年第 1 期。

张林秀、罗仁福、刘承芳等：《中国农村社区公共物品投资的决定因素分析》，《经济研究》2005年第11期。

张宁、陆文聪、董宏纪：《中国农田水利管理效率及其农户参与性机制研究——基于随机前沿面的实证分析》，《自然资源学报》2012年第3期。

张兆新、李开月：《临泽县农村饮水现状及对策》，《甘肃水利水电技术》2007年第2期。

赵农、刘小鲁：《区位性因素与公共品的最优供给》，《经济研究》2008年第10期。

赵宇：《农村公共品需求表达与供给决策问题分析——理论考察和山东调研》，《财政研究》2009年第7期。

赵泽洪、吴义慈：《责任政府视角下的公共服务供给能力建构》，《科技管理研究》2010年第7期。

郑发平：《新农村建设中农村水利面临的问题及对策》，《安徽农业科学》2007年第23期。

钟建华、于澜：《浅谈农村人畜饮水安全》，《内蒙古水利》2006年第3期。

周晓东：《辽宁省农村饮水安全水质检测指标与频次对比分析》，《水利技术监督》2015年第4期。

周志霞、柯兵、黄大寒等：《农村饮水安全项目绩效评价体系研究》，《行政事业资产与财务》2008年第6期。

朱红根、翁贞林、康兰媛：《农户参与农田水利建设意愿影响因素的理论与实证分析——基于江西省619户种粮大户的微观调查数据》，《自然资源学报》2010年第4期。

朱玉春、唐娟莉：《农村公共品投资满意度影响因素分析——基于西北五省农户的调查》，《公共管理学报》2010年第3期。

朱玉春、唐娟莉：《农民对农村公共服务投资的意愿分析——基于陕西关中地区24个乡镇102个村的调查》，《华东经济管理》2009年第8期。

朱玉春、唐娟莉、刘春梅：《基于DEA方法的中国农村公共服务效率评价》,《软科学》2010 年第 3 期。

朱玉春、唐娟莉、罗丹:《农村公共品供给效果评估:来自农户收入差距的响应》,《管理世界》2011 年第 9 期。

朱玉春、唐娟莉、郑英宁:《欠发达地区农村公共服务满意度及其影响因素分析——基于西北五省 1478 户农户调查数据》,《中国人口科学》2010 年第 2 期。

朱玉春、王蕾:《不同收入水平农户对农田水利设施需求意愿分析——基于陕西、河南调查数据的验证》,《中国农村经济》2014 年第 1 期。

庄承彬、黄河鸿、林娴:《基于云理论与层次分析法的农村饮用水安全诊断》,《灌溉排水学报》2010 年第 4 期。

江明融:《公共服务均等化问题研究》,博士学位论文,厦门大学,2007 年,第 79 页。

刘苏社:《我国政府农业投资效率研究》,博士学位论文,中国农业科学院,2009 年,第 27—28 页。

任立兵:《大连城市公共服务问题及对策研究》,硕士学位论文,东北财经大学,2006 年,第 13 页。

谭清香:《农村公路基础设施对减缓贫困的影响评估》,硕士学位论文,中国社会科学院,2003 年,第 23 页。

Calderon, C., Serven L., *The Effects of Infrastructure Development on Growth and Income Distribution*, Washington D. C., The World Bank, LACVP, processed, 2004.

Jocelyn A. Songco, *Do Rural Infrastructure Investments Benefit the poor? Evaluating Linkages: A Global view, A Focus or Vietnam*, Social Science Electronic Publishing, 2010.

March, J. G., *A Primer on Decision Making: How Decisions Happen*, New York: Free Press, 2009.

Ostrom E., *Crafting Institutions for Self - governing Irrigation Systems*, San Francisco: Institute for Contemporary Studies Press, 1992.

Rawls J., *The Agenda of Social Justice*, Anamika Publishers & Distributors (P) Ltd. , 1999.

Sen. Amartya, *Development as Freedom*, Oxford University Press, New York: Knopf, 1999.

Afonso A. , Fernandes S. , "Assessing and Explaining the Relative Efficiency of Local Government", *The Journal of Socio - Economics*, Vol. 37, No. 5, 2008.

Bruce Hamilton, "The Flypaper Effect and Other Anomalies", *Journal of Public Economics*, Vol. 22, No. 3, 1983.

Buchanan J. M. , "Federalism and Fiscal Equity", *American Economic Review*, Vol. 40, No. 4, 1950.

Ciriacy - Wantrup S. V. , "Capital Returns from Soil - Conservation Practices", *American Journal of Agricultural Economics*, Vol. 29, No. 3, 1947.

Fan Shenggen, Connie ChanKang, "Regional Road Development, Rural and Urban Poverty: Evidence from China", *Transport Policy*, Vol. 15, No. 5, 2008.

Fletcher D. , Kenny L. W. , "The Influence of the Elderly on School Spending in a Median Voter Framework Education", *Education Finance & Policy*, Vol. 3, No. 3, 2005.

Fried H. O. , Lovell C. A. K. , Schmidt S. S. , et al. , "Accounting for Environmental Effects and Statistical Noise in Data Envelopment Analysis", *Journal of Productivity Analysis*, Vol. 17, No. 1 - 2, 2002.

Goldberg I. , Roosen J. , "Scope Insensitivity in Health Risk Reduction Studies: A Comparison of Choice Experiments and the Contingent Valuation Method for Valuing Safer Foods", *Journal of Risk Uncertainty*, Vol. 34, No. 2, 2007.

Green J. , Laffont J. J. , "Imperfect Personal Information and the Demand Revealing Process: A Sampling Approach", *Public Choice*, Vol. 29, No. 2, 1977.

Gunnar Rongen, "Efficiency in the Provision of Local Public Goods in Norway", *European Journal of Political Economy*, Vol. 11, No. 2, 1995.

Jacoby H. G., "Access to Markets and the Benefits of Rural Roads: A Nonparametric Approach", *Economic Journal*, Vol. 110, No. 465, June 2010.

James M. Ferris, Elizabeth Graddy, "Organizational Choices for Public Service Supply", *Journal of Law, Economics & Organization*, Vol. 10, No. 1, January 1994.

Jondrow J., CAK Lovell, Materov I. S., et al., "On the Estimation of Technical Inefficiency in the Stochastic Frontier Production Model", *Journal of Econometrics*, Vol. 19, No. 2, 1981.

Khwaja Asim Ijaz, "Is Increasing Community Participation always a Good Thing?", *Journal of the European Economic Association*, Vol. 2, No. 2-3, 2004.

Maya P. A., KSörensen, Goos P., "An Efficient Metaheuristic to Improve Accessibility by Rural Road Network Planning", *Electronic Notes in Discrete Mathematics*, Vol. 36, No. C, 2010.

Milligan K., Moretti E., Oreopoulos P., "Does Education Improve Citizenship? Evidence from the United States and the United Kingdom", *Journal of Public Economics*, Vol. 88, No. 9, 2005.

Nallathiga R., "An Assessment of the Willingness to Pay for Reliable Water Supply in NCT – Delhi", *Water Policy*, Vol. 11, No. 11, 2009.

Philip Grossman, Panayiotis Mavros, Robert Wassmer, "Public Sector Technical Inefficiency in Large U.S. Cities", *Journal of Urban Economics*, Vol. 46, No. 2, 1999.

Rasch A., Hodek J., Runge C., et al., "Determinants of Willingness to Pay for New Therapy in a Sample of Menopausal – aged Women", *Pharmacoeconomics*, Vol. 27, No. 8, 2009.

Romer T., Rosenthal H., "Bureaucrats Versus Voters: On the Political Economy of Resource Allocation by Direct Democracy", *Quarterly Journal of Economics*, Vol. 93, No. 4, 1979.

参考文献

Stigler, Geoage, "Directors Law of Public Income Redistribution", *Journal of Law and Economics*, Vol. 13, No. 1, 1970.

Tiebout C. M., "A Pure Theory of Local Expenditures", *Journal of Political Economy*, Vol. 64, No. 5, 1956.

Yang Meini, Li Dingfang, Yang Jinbo, et al, "FANN – Based Surface Water Quality Evaluation Model and Its Application in the Shaoguan Area", *Geo – spatial Information Science*, Vol. 10, No. 4, 2007.

Yilmaz Icaga, "Fuzzy Evaluation of Water Quality Classification", *Ecological Indicators*, Vol. 7, No. 3, 2007.

Devres, Ine, *Socio – economic and Environmental Impacts of Low – volume Rural Roads – a Review of the Literature*, AID Program Discussion Paper 7, U.S. Agency for International Development, Washington, DC, 1980.

Fan Shenggen, Zhang Linxiu, Zhang Xiaobo, Growth, Inequality, and Poverty in Rural China: The Role of Public Investments, *IFPRI Research Report*, No. 125, 2002.

FAO, *The State of Food and Agriculture*, Rome, FAO, 1998.

Sanjay Pradhan, *Evaluating Public Spending: A Framework for Public Expenditure Reviews*, Copyright by The International Bank for Reconstruction and Development, The World Bank, 1818 H Street, N. W., Washington, D. C., 20433, U. S. A. 1996.

Han – ming Fang, Peter Norman, "An Efficiency Rationale for Bundling of Public Goods", http://ideas.repec.org/p/cwl/cwldpp/1441.html, 2003 – 10 – 21.